KB166919

장자

장자

초판 1쇄 발행 | 1999년 1월 15일
초판 40쇄 발행 | 2024년 3월 5일

풀이 | 오강남
펴낸이 | 조미현

펴낸곳 | (주)현암사
등록 | 1951년 12월 24일 · 제10-126호
주소 | 04029 서울시 마포구 동교로12안길 35
전화 | 365-5051 · 팩스 | 313-2729
전자우편 | editor@hyeonamsa.com
홈페이지 | www.hyeonamsa.com

ISBN 978-89-323-0977-4 03150

우주와 인생의 깊은 뜻

장자

오강남 풀이

ㅎ현암사

Thinking with Chuang Tzu:
A New Translation of the Inner Chapters and Some Reflective Notes

오늘의 제가 있도록 도와 주신 일본 형님을 비롯하여
미국에 사시는 형님 누님들께 삼가 이 책을 바칩니다.

독자들에게

캐나다에 와 살면서 얼큰한 김치찌개를 먹을 때마다 이렇게 맛있는 음식을 먹어 보지 못하고 한평생을 마치는 이곳 서양 사람들은 참으로 불쌍하다는 생각을 하였습니다. 그런데 처음 『장자(莊子)』를 접한 이후, 그리고 지금껏 이곳 캐나다 대학생들과 『장자』를 읽을 때마다, 이렇게 신나는 책을 읽어 보지 못하고 일생을 마치는 사람은 김치찌개의 맛을 모르고 한평생을 마치는 사람보다 훨씬 더 불쌍한 사람이 아닌가 하는 생각을 떨칠 수 없게 되었습니다. 김치찌개가 제게 가장 맛있는 음식이듯이 한마디로 『장자』는 저에게 가장 신나는 책입니다. 이것이 제게는 더할 수 없이 행복한 '운명적 해후'인 듯합니다.

사실 『장자』를 좋아하는 사람은 저만이 아닙니다. 중국의 당(唐)나라 현종(玄宗)은 장자를 좋아해서 '남화진인(南華眞人)'이라 칭하고, 『장자』를 『남화진경(南華眞經)』이라 고쳐 부를 정도였습니다. 이런 역사적 사례는 말할 것도 없고 요즘 사람 중에서, 중국 고전 번역가로 유명한 웨일리(Arthur Waley)는 『장자』를 두고, '세계에서 가장 심오하고 가장 재미있는 책'이라고 서슴없이 말했습니다. 선불교(禪佛敎)를 서양에 소개하여 세계적으로 유명해진 일본의 스즈키 다이세츠(鈴木大拙)도 장자가 중국 철학자 중에서 가장 위대한 사람이라 했습니다. 20세기 미국의 가장 위대한 사상가로 알려진 토머스 머튼(Thomas

Merton)도 "나는 장자가 장자이기에 그저 좋아한다"고 하고 장자를 '나와 같은 사람'이라고 불렀습니다. 이런 식으로 말하자면 한이 없습니다. 몇 사람만 더 예로 듭니다.

중국 사상사의 대가로 꼽히는 크릴(Herrlee G. Creel)은 "이 세상에서 지성이 뛰어나게 예리한 사람들이 여러 언어로 많은 철학서를 지었는데 그 중에서 『장자』가 가장 훌륭하다" 했습니다. 세계적인 유대인 철학자 부버(Martin Buber)도 『장자』를 좋아하여 영어 번역서들을 기초로 해서 그 일부를 독일어로 번역했고, 독일 실존주의 철학의 거장 하이데거(Martin Heidegger)는 부버의 번역을 통해 장자를 몹시 좋아하였습니다(Parkes, 105). 노벨 문학상을 받은 헤세(Hermann Hesse)도 『장자』를 읽고, "내가 아는 모든 중국 사상 서적 중에서 가장 명료하고 매력 있는 책"이라 했습니다(Herman, 241). 하버드 대학교 세계종교연구소 소장을 지낸 캐나다 종교학자 윌프레드 캔트월 스미스(Wilfred Cantwell Smith) 교수도 장자를 가리켜 자기의 가장 훌륭한 친구라고 했습니다. 그야말로 이 모든 사람이 장자를 향해 다 함께 "어찌 좋은 친군지!"를 합창하고 있는 셈입니다.

사실은 이런 사람들의 말을 빌릴 필요도 없습니다. 우리 스스로 『장자』의 어느 부분을 펴서 조금이라도 읽어 보면, 이 책이 기발한 상상력, 박력 있는 표현, 자유분방한 해학과 풍자와 상징을 통해 우리에게 우주와 인생의 깊은 뜻을 일깨워 주는 책이라는 것을 금방 알 수 있기 때문입니다.

저는 얼마 전에 출판사 현암사를 통해 노자(老子)의 『도덕경』 풀이를 써서 펴낸 적이 있는데, 내친걸음에 『장자』에 대해 무엇이고 쓰고 싶었습니다. 처음에는 그 동안의 강의록이나 교과서를 정리하여『장자』에 대한 연구서나 해설서를 쓸까 하다가 현암사와 의논한 결과, 먼저 펴낸『도덕경』풀이와 형식, 모양, 길이가 거의 같은 책을 쓰기로 결정했습니다. 그 후 일단『장자』에 손을 대고 얼마 동안은, 먹는 둥 마는 둥, 자는 둥 마는 둥, 일주일 여섯 시간 강의하는 최소한의 시간을 제외하고는 장자에서 헤어나질 못했습니다. 꿈을 꾸면서도, 버스를 타고 가면서도, 책을 읽으면서도, 다른 사람과 이야기하면서도 그야말로 '앉으나 서나' 장자 생각뿐. 정말 신들린 듯했습니다. 여기 나온 기본적인 것들은 그야말로 불철주야 이렇게 신들린 상태에서 한 작업의 결과인 셈입니다. 머튼이 자신의『장자의 길』서문에서 "나는 이 책을 쓰면서 내가 기억하는 어느 다른 책을 쓸 때보다 더 큰 기쁨을 맛보았다"고 한 말이나 김달진 선생님이 번역한『장자』서문에서 "걷잡을 수 없는 번역 의욕과 충동에 휘몰려 붓을 들었다"고 한 말을 이해할 수 있을 것 같았습니다.

그 후 1996년 여름 캐나다 밴쿠버에 있는 '길벗들의 모임' 회원들과 매주 머리를 맞대고 함께 읽고 토의하면서 다듬고, 다시 가을 학기에 접어들어 차분히 앉아 새로운 생각을 덧붙여 초벌 원고를 재정리하였습니다. 그 후 뜸을 좀 들였다가 봄에 다시 한 번 읽으면서 고치고 보완했습니다. 이 자리를 빌려 그 때 여러 가지로 좋은 생각을 나누어 주신 밴쿠버의 여러 '길벗들'께 감사합니다.

『도덕경』풀이 때와 마찬가지로 여기 나온 번역도 본문을 경어체로 쓰고, 원문에 충실하면서도 문장을 최대한 우리말답게, 일반 독자가 원문 없이 읽어도 뜻이 통하도록 옮긴다는 원칙을 고수했습니다. 문단 분류는 독자의 편의를 위해 현암사가 발행한 『莊子』(안동림 번역)의 분류를 그대로 따랐지만, 이런 소문단 분류와 상관없이, 제가 봐서 내용이 한 단위를 이루었다고 생각한 데를 끊고 거기다 각각 제 나름대로 소제목을 붙였습니다.

본문을 번역하는 데 안동림 번역 등 한국어 번역 몇 가지를 비롯하여 일본어, 중국어 그리고 열 가지쯤의 영어 번역을, 한 문장 한 문장 낱낱이 대조하고 참조했습니다. 물론 여러 번역이 다 다르다는 것은 모두 아는 일이지만, 그래도 이렇게 다를 수 있을까 놀라울 정도였습니다. 결국 여기서도 그때그때 다양한 번역이나 주석서 중에서 어느 한 가지 해석을 선택하는 결단을 내릴 수밖에 없었습니다. 『장자』 번역은 어쩔 수 없이 "원문의 번역이기보다는 주석서의 번역이 대부분"이라는 웨일리의 말을 실감했습니다. 이렇게 여러 주석서나 번역서를 놓고 어느 것을 따를까 하는 것을 결정했지만, 그런 결정을 할 때마다 참조하고 의존한 것을 하나하나 다 적어 놓고, 그 상이점을 이야기할 수는 없었습니다. 그렇게 하면 그것만도 본문의 여러 배로 길어지므로 이런 여러 가지 자구 해설 중에서 불가피한 것만 남기고 모두 생략했습니다. 그렇지만 특히 왓슨(Burton Watson) 교수, 필라델피아 대학교의 메이어(Victor H. Maier) 교수, 위스콘신 대학의 광밍 우(Kuang-ming Wu, 吳光明) 교수에게 이 자리를 빌려 감사합니다. 그분들이 쓴 『장자』 번역과 연구서는 장자를 깊이 읽으려는 모든 사람이 반드시 참고해야 할 책으로, 저에게도 큰 도움을 주었기 때문입니다. 권말에 이 책들과 그 밖에 참고한 문헌 그리고 독자가 참고할 수 있는 문헌의 목록을 실었습니다.

제가 써낸 『도덕경』 풀이를 읽으시고 여러 가지로 격려해 주신 여러 '길벗들'의 덕택으로 이렇게 『장자』 풀이도 써낼 마음을 먹게 되었기에 이 자리를 빌려 그분들에게 깊이 감사하는 뜻을 전합니다. 특히 서평을 쓰시거나 출판을 기념하여 조촐한 자리를 마련해 주시거나 책을 널리 소개해 주신 밴쿠버의 심선식 박사님, 반병섭 목사님, 윤명중 장로님, 정봉석 선생님, 청원 지용운 선생님, 위니펙의 문우일 교수님, 임봉재 선생님, 권병현 선생님, 윤복남 교수님, 토론토의 여동원 선생님, 변창섭 선생님, 김영곤 교수님, 미국 조지 메이슨 대학의 노영찬 교수님, 홍콩 과기대의 김복자 교수님, 미국 드류 대학의 고 이정용 교수님, 프린스턴 대학의 박영남 형, 한국에 사는 친구 문수웅 사장 그리고 집사람과 세 아들, 그 밖에 일일이 이름을 열거할 수 없는 많은 분께 감사합니다. 현암사의 조근태 사장님과 형난옥 주간, 조금이라도 더 읽기 좋고 보기 좋은 책이 되도록 편집을 맡아 수고해 주신 김현림 편집부장과 편집실 여러분, 교열해 주신 이수열님께도 고마움의 뜻을 전합니다.

이렇게 고마운 분들의 도움으로 지은 이 책이 도(道)를 따르려는 '길벗' 여러분에게 조그마한 덕(德)이라도 될 수 있으면 하는 것이 저의 조그만 바람입니다.

1998년 11월
캐나다 리자이나 대학교에서
오강남(吳剛男) 드림

차 례

제3편 생명을 북돋는 데 중요한 일들(養生主)

제4편 사람 사는 세상(人間世)

제5편 덕이 가득함의 표시(德充符)

제6편 큰 스승(大宗師)

제7편 황제와 임금의 자격(應帝王)

부록 | 외편 · 잡편에서 중요한 구절들

『장자』를 읽기 전에

『장자』의 사상사적 위치

중국, 한국, 일본에서는 전통적으로 유교와 불교와 도교가 정신적 기둥이 되었다. 그 중에서 특히 유교와 도교는 동양 사상사에서 서로 대칭을 이루는 양대 산맥으로 꼽힌다. 윤리와 실용을 강조하는 유교의 가르침을 양(陽)이라 한다면, 좀더 신비한 내면을 강조하는 도교의 가르침을 음(陰)이라 할 수 있다. 이 둘은 서로 배척하는 관계가 아니라 보완하는 관계로 조화와 균형을 이상으로 삼는 동양인의 정신적 필요에 부응해 온 셈이다.

이 중에서 일반적으로 도교(道敎, Taoism)라 하는 것은, 엄격하게 따져, '도가 사상'과 '도교 신앙'으로 양분할 수 있다. 도가 사상이 인간의 내면적 초월과 자유를 추구한 것이라면, 도교 신앙은 주로 육체의 장생불사를 우선으로 생각한 것이다. 도가 사상의 근간은 노자(老子)와 장자(莊子)의 사상이다. 그래서 후대에 와서 그것을 흔히 '노장 사상(老莊思想)'이라고도 한다. 노자의 사상은 『도덕경』이라는 책에서, 장자의 사상은 『장자』라는 책에서 찾아볼 수 있다.

사상가 장자

장자의 생애에 대한 기록으로 가장 오래된 것은 기원전 2세기 전한(前漢) 시대의 유명한 역사가 사마천(司馬遷)의 『사기(史記)』에 275자로 기록한 간략한 이야기이다. 그 기록을 보면 장자는 몽(蒙)이라는 곳의 사람으로, 이름이 장주(莊周)이다. 몽은 현재 하남성(河南省) 상구현(商丘縣) 동북 어디쯤일 것이라 하는데, 장자가 살던 전국시대(戰國時代)에는 송(宋)이라는 조그마한 나라에 속하였다. 젊어서 칠원(漆園)이라는 옻나무 밭에서 일했다는데, 그 일이 무엇인지는 확실하지 않다.

장자는 양(梁)의 혜왕(惠王)이나 제(齊)의 선왕(宣王)과 같은 때의 사람이라고 하므로, 서력 기원전 390년에서 359년 사이에 나서 300년에서 270년 사이에 죽었을 것이라 추측하는데 학자들은 보통 그 생존 연대를 대략 기원전 369~286년이라고 한다. 그렇다면 맹자(孟子, 371~289)와 거의 같은 때 사람인 셈이다. 그러나 맹자의 책에 장자에 대한 언급이 없고, 장자의 책에도 맹자에 대한 언급이 없는 것을 보면 그 당시에 둘은 서로 알지 못한 것 같다.

아무튼 그 때는 전국시대(戰國時代)로 정치적으로나 사회적으로 극히 어지럽고 불안정한 시기였다. 이런 환경에서 많은 사상가가 나와 자기들 나름의 해결책을 제시했다. 소위 '제자백가(諸子百家)'의 시대였다. 장자도 이런 시대적 환경에서 태어나 자신의 사상을 피력한 사상가 중의 하나이다.

장자의 도가 사상이 중국 철학사에서 문학, 예술 등에 큰 영향을 끼쳤지만, 특히 당대(唐代)에 와서 그것은 선(禪) 불교를 꽃피우는 직접 계기가 되었다. 따라서 선승(禪僧)들, 특히 9세기 임제(臨濟)야말로 장자의 진정한 계승자라 여겨질 정도이다.

고전 『장자』

『장자』는 장자라는 사상가의 이름에서 유래한 책을 의미하기도 한다. 장자가 죽은 지 200년 뒤에 사마천이 쓴 『사기』를 보면, 그 당시 "10여 만 자"로 된 『장자』라는 책이 있었다고 하고, 전한(前漢) 말 유향(劉向)의 기록을 인용한 『한서예문지(漢書藝文志)』에는 모두 52편으로 구성한 『장자』라는 책이 있었다고 한다. 그러다가 기원후 4세기 노장 사상이 전성기를 맞은 당시 북송(北宋)의 곽상(郭象, 기원후 312년 사망)이라는 사람이 그 때까지 돌아다니던 여러 가지 사본들을 정리하여 65,000여 자, 33편으로 줄여서 편집하고, 거기에다 자기 나름으로 주(注)를 달았다. 이렇게 곽상이 편집한 『장자』가 바로 우리가 지금 보는 『장자』라는 책이다.

곽상은 『장자』를 33편으로 하고 이를 내편(內篇) 7편, 외편(外篇) 15편, 잡편(雜篇) 11편으로 나누었다. 왜 이렇게 나누었는지는 분명하지 않다. 다만 이 중 내편 7편은 곽상이 편집하기 전부터 묶여 있었는데, 그것은 이 내편 7편을 대체적으로 장자 자신의 저술로 여겼기 때문이었을 것이라는 데 많은 학자가 동의한다.

물론 냉철하게 관찰하면, 내편 7편도 모두 장자 자신의 글이라고 단정할 수는 없지만, 그래도 전체적으로 일관한 내용이나 심오한 사상, 정연한 문장을 고려하여, 적어도 내편 7편의 기본적인 것은 장자 자신의 생각으로 보는 데 별 무리가 없다. 내편 각 편의 제목들은 모두 「소요유(逍遙遊)」처럼 세 글자로 된 것이 특색이다. 내편에 비해,

외편과 잡편은 거의 모두 장자의 후학들이나 그 사상에 공명한 사람들이 자기들 나름으로 계속 글을 지어서 일종의 '장자 시리즈'가 되어 나온 것이라 보는 것이 보통이다.

『장자』와 노자 『도덕경』

사마천의 『사기』를 보면, 장자의 사상이 여러 분야에 관계가 있지만 "그 근본은 노자의 설에 귀일한다"고 하였다. 장자의 사상이 노자의 사상과 근본적으로 궤를 같이 한다는 데 이의(異意)를 제기할 사람은 없다. 그러나 한마디로 "장자는 노자를 주석한 것"이라고 한 명(明)나라의 고승 감산(憨山)의 말이나 기타 제임스 레그(James Legge) 같은 학자들의 주장과 같이 『장자』가 단순히 노자를 주석한 것에 불과하다고 한 것은 지나친 말이다. 화이트헤드(Alfred N. Whitehead)가 서양 철학사는 플라톤 철학의 각주(脚註)라고 한 것처럼 넓게 해석하면, 장자가 노자의 주석이라는 말도 가능할 수 있겠지만, 장자가 노자를 그대로 받아 주석이나 한 것이라고 생각할 수는 없다.

여기서 역사적인 문제를 길게 논의할 필요는 없다. 아무튼 처음에는 노자 철학과 장자 철학이 따로 발전해 오다가 기원전 2세기경에 합쳐서 한 학파가 된 것으로 볼 수 있다. 그 당시에 나온 『회남자(淮南子)』에 처음으로 '노장(老莊)'이라고 합쳐서 한 철학 체계로 다루었다. 최근 그레엄(A. C. Graham)을 포함하는 학자들 사이에서는 이런 과정에서 장자 사상에 노자 사상을 첨가했다고 보고, 그런 의미에서 차라리 장자를 '노장 철학'의 주축으로 봐야 한다고까지 주장한다. 사실 『장자』 내편에는 노자에 관한 이야기가 나오지만 노자를 직접 인용하거나 그 사상을 그대로 반영한 것으로 보이는 부분이 전혀 없다.

그렇다고 노자와 장자가 무관하다고 할 수는 없다. 장자는 노자가 제기한 문제를 자신의 처지에서 새롭게 해석하고 표현했다고 보는 것이 무난한 생각이다. 도(道)를 포함하는 몇 가지 중심 사상에서 둘은 보는 눈이 서로 같았겠지만, 300년 가까운 세월이 흐른 다음 새로운 역사적 배경에서 등장한 장자는 마땅히 자기 나름의 형식으로 접근했다고 보아야 할 것이다. 그러면 이 둘 사이에서 쉽게 발견할 수 있는 기본적 차이점들은 무엇인가? 가장 두드러지게 차이나는 점을 몇 가지만 들어 보자.

첫째, 노자의 『도덕경』이 주로 간략한 어록이나 시(詩)나 아름다운 산문 형식인 데 반하여, 『장자』는 주로 이야기 형식이다. 노자가 "도라고 할 수 있는 도는 영원한 도가 아닙니다." 하는 엄숙한 선언으로 『도덕경』 첫머리를 시작한 데 반해, 장자는 "북쪽 깊은 바다에 물고기 한 마리가 살았는데, 그 이름을 곤(鯤)이라 하였습니다." 하는 이야기로 운을 떼었다. 물론 『장자』도 문단 하나하나가 시적 형식으로 꾸며지지는 않았지만, 『장자』 전체가 시적 상상력을 표현하고 있다는 데 이의를 제기할 사람은 없다. 아무튼 노자가 자상하면서 근엄한 철인의 풍모를 지녔다면, 장자는 투철한 눈매로, 때로는 크게 껄껄 웃고, 가끔은 험구도 불사하는 재기발랄(才氣潑刺)한 야인의 모습을 지녔다고 하겠다.

둘째, 노자의 『도덕경』은 어느 면에서 정치 지도자를 위한 지침서라고 할 수 있을 정도로 정치 참여를 염두에 두었다. 물론 장자도 제4편에서 궁극적으로 마음을 비운 상태에서 정치에 참여하는 문제를 이야기하고, 여기저기 사회에서 처신할 태도를 논의했지만, 장자의 일차적 관심은 무엇보다 개인이 내적으로 성장하고 깨닫기 위해 힘쓸 것을 강조한 것이라고 볼 수 있다. 노자가 도가적 '정치' 실현을 이상으로 삼았다면, 장자는 도가적 '삶'의 완성에 초점을 맞춘 셈이다.

셋째, 조금 철학적인 표현을 빌리면, 노자가 도(道)를 주로 생성 변화의 '근원'으로 파악하고 우리가 본받고 따라야 할 궁극적인 귀착점이라고 강조한 데 반하여, 장자는 도를 무궁한 생성 변화 그 자체로 파악하고, 근원으로 돌아가기보다는 그냥 그 변화에 몸을 맡겨 함께 흐르거나 그대로 변하기를 더욱 강조하였다고 볼 수 있다. 『도덕경』은 주로 도의 '생(生)'하는 측면을 말하였는데, 『장자』는 도의 '화(化)'하는 기능을 부각한다.(Girardot, 79)

넷째, 노자도 그 당시에 많이 알려진 경구나 속담을 가끔 인용하였지만 대체로 자기의 생각을 홀로 개진한 데 반하여, 장자는 그 당시에 유행하던 사상들, 특히 이론학파들과 부단히 대화하고 대결하면서 자신의 생각을 첨예하게 전개하였다. 따라서 『장자』에는 풍자와 해학과 비유는 물론 여기저기서 예리한 이론의 칼날이 번쩍인다.

『장자』가 우리에게 보내는 초청장

그러면 장자는 우리에게 기본적으로 무엇을 가르쳐 주려 하는가? 엄격히 말하면 가르쳐 주려는 것이 없다. 무엇을 가르쳐 주기보다는 우리가 떠받드는 상식적인 고정 관념, 이분법적 사고 방식, 거기에 기초를 둔 맹목적인 가치관, 윤리관, 종교관 등을 우리에게 스스로 깊이 살펴보게 해서 이런 것들의 내재적 모순과 불합리함을 발견해 없애도록 도와 줄 뿐이다. 우리 얼굴을 씻어 주고 단장해 주는 것이 아니라 우리 앞에 거울을 들어 주는 셈이다. 좀 어렵게 말하면 『장자』는 한 가지 체계적인 '인식 내용(cognitive contents)'을 제공하기 위한 책이 아니라 '일깨움(evocativeness)'을 목적으로 하는 책이라 할 수 있다. 이렇게 우리 스스로가 깨달을 때, 우리는 부자연한 삶에서 자연스럽게 풀려날 수 있는 것이다.

이런 의미에서 우리는 『장자』에서도, 노자의 『도덕경』에서와 같이, 인위적이고 작위적이고 부자연스런 모든 행동을 초극한 상태, 분별지(分別智), 소지(小智), 차별지(差別智) 등 모든 이분법적 사고 방식을 넘어선 상태, 야심과 욕망과 우월감 등 일체의 자의식(自意識)을 극복한 상태, 이런 빈 마음의 상태에서 도(道)와 하나가 되어 진정한 자기를 발견하고, '신나는' 삶, 힘있는 삶, 풍요한 삶, 활력이 넘치는 삶, 절대적인 자유(自由)의 삶으로 이끄는 장자의 초청을 발견한다.

이 책으로 할 일

『장자』는 죽은 책이 아니다. 죽은 책이 되게 해서는 안 된다고 생각한다. 지금까지의 『장자』 주석서를 보면, 본문의 어려운 자구에 대한 종래의 주해를 다시 주해하고, 거기다 가끔 자기의 견해를 덧붙인 것이 보통인데, 이렇게 사전적으로 고증하는 문헌학적 작업도 중요하긴 하지만 그것으로 끝나서는 별로 의미가 없을 것 같다. 『장자』가 오늘을 사는 우리에게 무슨 의미가 있는가 하는 실존적 질문에 무관심할 수 없다는 말이다. 말하자면 다른 어느 고전 문헌을 읽을 때와 마찬가지로 이 책을 읽을 때도 궁극적으로 이 책이 전하려는 '구속론적 관심(soteriological concern)'을 감지해야 한다는 것이다.

따라서 이 책으로 우리가 할 일은 『장자』내편 7편 모두를, 그리고 외편·잡편에서 우리에게 많이 알려지고 중요하게 보이는 부분들을, 원문에 충실히 따르면서 완전히 우리말답게 새로 옮기고, 그 내용의 구조와 철학적 종교학적 의미는 무엇일까, 이것들이 오늘을 사는 우리들에게 시사하는 것 그리고 그것에 대한 우리 나름의 실존적 반응은 어떤 것일까 하는 문제들을 염두에 두면서 장자가 하는 이야기에 조용히 귀기울여 보는 작업이다.

원문을 될 수 있는 대로 쉬운 우리말로 번역하여, 그 자체로 뜻이 통하고 재미있게 하려고 노력했다. 본문이 너무나 명쾌한 부분은 거기에 사족을 붙이는 것이 오히려 송구하다고 느껴질 때도 있었다. 그런 경우에 구태여 풀이를 하는 대신, 독자 스스로 마음껏 상상의 날개를 펴도록 '여백'을 남겼다.

이제 더 길게 끌 것 없이 장자의 이야기를 직접 들어 보자.

제 1 편

자유롭게 노닐다(逍遙遊)

『장자』제1편은 '훨훨 날아 자유롭게 노닐다'라는 제목이 보여 주
듯이 인간이 누릴 수 있는 절대 자유의 경지를 이야기하고 있다. 고대
문헌에서는 그 책에서 가장 중요한 문제를 맨 앞에 두는 것이 보통이
다. 그런 의미에서 이 편에서 말하는 절대 '자유'와 그것을 가능하게
해주는 '변화(變化)'와 '초월(超越)', 이것이『장자』전체의 주제이며 가
르침의 궁극 목표라 할 수 있다.

물고기가 변하여 새가 되고

1. '북쪽 깊은 바다'에 물고기 한 마리가 살았는데, 그 이름을 곤(鯤)이라 하였습니다. 그 크기가 몇천 리인지 알 수 없었습니다. 이 물고기가 변하여 새가 되었는데, 이름을 붕(鵬)이라 하였습니다. 그 등 길이가 몇천 리인지 알 수 없었습니다. 한번 기운을 모아 힘차게 날아오르면 날개는 하늘에 드리운 구름 같았습니다. 이 새는 바다 기운이 움직여 물결이 흉흉해지면, 남쪽 깊은 바다로 가는데, 그 바다를 예로부터 '하늘 못(天池)'이라 하였습니다.

이 첫 부분과『장자』전체를 통해서, 가장 중요한 글자는 '화이위조(化而爲鳥)'의 '화(化)'이다. 앞에서 지적한 대로『장자』의 주제는 자유로운 존재가 되는 '변화(變化)'의 가능성과 그 실현이다. '곤(鯤)'은 '작

---

1. 北冥有魚 其名爲鯤 鯤之大 不知其幾千里也 化而爲鳥 其名爲鵬 鵬之背 不知其幾千里也 怒而飛 其翼若垂天之雲 是鳥也 海運則將徙於南冥 南冥者 天池也

☞ 北冥(북명) - 북쪽의 '까마득하고 깊은' 곳. 그 당시 사람들은 그것을 물로 된 바다라고 생각했다. 북쪽은 음(陰)을, 남쪽은 양(陽)을 상징한다. '冥'은 '혼돈(混沌)'과 상통하는 말 / 鯤(곤) - 본래는 작은 물고기나 그 알이라는 뜻이었는데 여기서는 큰 물고기 이름으로 썼다. 두 가지 뜻을 다 포함하였다고 볼 수 있다 / 鵬(붕) - '鳳'과 같은 뜻 / 徙(사) - 옮긴다, 이사(移徙)한다고 할 때의 徙.

은 물고기'나 '그 알'을 뜻하는데 이렇게 작은 물고기와 그 알이 여기서는 등이 얼마나 긴지 알 수 없을 정도로 엄청나게 큰 물고기로 등장하고, 그것이 또 등 길이가 몇천 리인지 알 수 없을 만큼 엄청나게 큰 새가 되어 구만 리나 되는 하늘 길에 올랐다(鵬程)는 이야기이다.

여기서 붕새는 이런 엄청난 변화의 가능성을 실현한 사람을, 그리고 그 거침없는 비상(飛翔)은 이런 '변화(變化)'나 '변혁(變革)'을 이룬 사람이 경험할 수 있는 '초월(超越)'을 상징한다. 『장자』 첫머리는 이처럼 인간이 생래적으로 지닌 실존적 한계를 초월할 가능성이 있다는 이야기로 시작된다. 이는 인간이 지닌 무한한 가능성에 대한 선언(宣言)이다. 속이 후련하다.

이 이야기를 좀더 자세히 살펴보면 한두 가지 흥미로운 사실이 보인다. 첫째, 이런 엄청난 변화가 자연과 동떨어진 어떤 초자연적 힘이나 기적으로 된 것이 아니라는 사실이다. "바다 기운이 움직여 물결이 흉흉해지"거나 "회오리바람을 일으켜 그것을 타고" 날듯이 모두 자연 안에서, 그것에 순응하고 힘입어, 가능했다는 것이다. 초자연이 작용한 것이 아니라 각자의 생래적 가능성이 자연스럽게 발현해서 생긴 일임을 말한 셈이다.

둘째, 여기 나오는 알, 물고기, 붕새가 겉으로 엄청나게 달라 보이는 것들이지만 본질을 보면 본래 따로 독립한 사물이 아니라 모두 동일한 것이었다는 점이다. 거대하기 그지없는 물고기나 붕새도 본래는 알이었다. 그렇게 큰 것들도 조그만 알에서 나온 것이다. 우리는 모두 이런 씨올을 품고 있다. 우리 속에 있는 이런 무한한 가능성을 자각하고 이를 현실화하는 일이 중요하다.

2. 이상한 일을 다룬『제해(齊諧)』라는 책에도 이 새에 대한 기록이 있습니다. "붕이 남쪽 깊은 바다로 갈 때, 파도가 일어 삼천리 밖까지 퍼진다. 회오리바람을 일으켜 그것을 타고 여섯 달 동안 구만리 장천을 날고 내려와 쉰다."

3. [저 아래 땅 위에는] 아지랑이가 피어 오르고, 티끌이 날고, 생물들이 서로 숨을 불어 주고, 하늘은 푸른데, 그것이 하늘의 본래 색깔입니까? 끝없이 멀기 때문에 푸르게 보이는 것은 아닙니까? 붕새가 높이 떠서 내려다보니까 이처럼 까마득하고 푸르게 보일 뿐입니다.

4. 괸 물이 깊지 않으면 큰 배를 띄울 힘이 없습니다. 물 한 잔을 방바닥 우묵한 곳에 부으면 그 위에 검불은 띄울 수 있지만, 잔을 얹으면 바닥에 닿아 버리고 맙니다. 물이 얕은데 배가 너무 크기 때문입니다. 바람이 충분하지 못하면 큰 날개를 띄울 힘이 없습니다. 구만리 창공에 오른 붕새는 큰 바람을 타야 푸른 하늘

2. 齊諧者 志怪者也 諧之言曰 鵬之徙於南冥也 水擊三千里 搏扶搖而上者九萬里 去以六月息者也 ☞ 齊諧(제해) - 주석가에 따라서 사람 이름이라 하기도 하고 책 이름이라고도 한다 / 搏(박) - 두드리다. 여기서는 회오리바람을 날개로 친다는 뜻 / 扶搖(부요) - 회오리바람 / 六月息 - '6월에 부는 바람'이라고 푸는 주석가도 있다.

3. 野馬也 塵埃也 生物之以息相吹也 天之蒼蒼 其正色耶 其遠而無所至極耶 其視下也 亦若是則已矣 ☞ 野馬(야마) - '아지랑이' 혹은 '흘러 다니는 기운'이라 한다 / 塵埃(진애) - 티끌, 먼지. '野馬', '塵埃', '生物之以相吹'는 뜻이 분명하지 않다. 붕새가 까마득하게 높은 곳에서 땅을 내려다보면 땅에서 생기는 봄 기운 같은 기후 현상이나 태풍 같은 기상 현상이 모두 생물의 숨결처럼 작게 보일 뿐이라는 뜻으로 여겨진다. 붕새가 떠서 땅을 보면 '까마득하고 푸르게 보일 뿐'이라는 말은 우주선에서 찍은 지구의 사진을 연상케 한다.

을 등에 지고 거침이 없이 남쪽으로 날아갑니다.

⚜

여기서 주목할 일은 물이 깊지 않으면 큰 배를 띄울 수 없듯이 "바람이 충분하지 못하면 큰 날개를 띄울 힘이 없다"고 하여, 붕새의 초월적 비상(飛翔)을 위해 특히 '바람'이 필요하다는 것을 강조한 점이다. 왜 바람이 필요하다고 하였을까? 바람이 무슨 뜻일까?

여러 종교를 살펴보면 거의 모두, 바람은 '신바람'이라고 할 때처럼, 우리 속에서 움직이는 생기(生氣) 같은 것을 의미한다. 희랍어의 '프뉴마', 히브리어의 '루악', 산스크리트어의 '아트만', '프라나' 그리고 한문의 '기(氣)'는 모두 바람이나 숨이나 생기를 뜻한다.

특히 히브리 지혜서에 나오는 창조 설화를 보면, '신령한 바람(ruach)'이 혼돈 위에 앉아서 마치 알을 품고 있는 새와 같이 만물에게 각각 생명의 기운을 나누어 주었다고 한다. 히브리 성서 창세기의 둘째 설화를 보면 하느님이 손수 흙으로 사람의 모양을 빚어 코에다 이 '바람', 생기, 생명의 기운을 불어넣으니 그 생명 없던 사람의 모양이 드디어 '생령'으로 변하였다고 했다. 장자가, 바람이 충분하지 못하면 우리가 초월할 수 없다고 할 때의 '바람'일까? 물론 확인할 길이 없다. 그러나 『장자』 제2편 '제물론'에 나오는 '하늘의 퉁소 소리' 이야기에

---

4. 且夫水之積也不厚 則負大舟也無力 覆杯水於坳堂之上 則芥爲之舟 置杯焉則膠 水淺而舟大也 風之積也不厚 則其負大翼也無力 故九萬里則風斯在下矣 而後乃今培風 背負靑天 而莫之夭閼者 而後乃今將圖南.

☞ 坳(요) — 오목한 곳 / 芥(개) — 겨자나 검불 / 夭閼(요알) — 앞길을 가로막음.

서도 보이듯이 장자가 '바람'을 특히 중요하게 여긴다는 것은 틀림없는 사실이고, 또 종교사에서 거의 모든 종교는 우주의 바람, 이 바람이 사람에게 작용해서, 그것이 사람을 신바람이 넘치는 사람, 생기에 찬 사람, 진정으로 살아 있는 자유인이 되게 한다는 기본 진리를 가르치고 있다는 것도 확실한 사실이다. 그런 의미에서 종교는 우리에게 외친다. "바람을 타라. 생기를 찾아라. 그리하여 활기찬 삶을 살아라!" 이것이 건조하고 무의미한 인간의 현존을 뛰어넘는 진정한 초월이라는 것이다.

매미와 새끼 비둘기

5. 매미와 새끼 비둘기가 그것을 보고 함께 웃으면서 말합니다. "우리는 한껏 날아 보아야 겨우 느릅나무나 다목나무에 이를 뿐이고, 어떤 때는 거기에도 못 미쳐 땅에 내려앉고 마는데, 구만 리를 날아 남쪽으로 간다니."

가까운 숲으로 놀러 가는 사람은 세 끼 먹을 것만 가지고 가도 돌아올 때까지 배고픈 줄 모르지만, 백리 길을 가는 사람은 하룻밤 지낼 양식을 준비해야 하고, 천리 길을 가는 사람은 석 달 먹을 양식을 준비해야 합니다. 매미나 새끼 비둘기 같은 미물이 어찌 이를 알 수 있겠습니까? 조금 아는 것(小知)으로 많이 아는 것(大知)을 헤아릴 수 없고, 짧은 삶(小年)으로 긴 삶(大年)을 헤아릴 수 없습니다.

---

5. 蜩與鷽鳩笑之曰 我決起而飛 槍楡枋 時則不至 而控於地而已矣 奚以之九萬里而南爲 適莽蒼者三湌 而反 腹猶果然 適百里者宿舂糧 適千里者三月聚糧 之二蟲又何知 小知不及大知 小年不及大年 奚以 知其然也 朝菌不知晦朔 蟪蛄不知春秋 此小年也 楚之南有冥靈者 以五百歲爲春 五百歲爲秋 上古有 大椿者 以八千歲爲春 八千歲爲秋 而彭祖乃今以久特聞 衆人匹之 不亦悲乎

☞ 蜩(조) - 매미 / 鷽鳩(학구) - 겨우 나는 법을 배운 새끼 비둘기. 鷽鳩笑飄(학구소봉) / 槍(창) - 다다르다 / 楡枋(유방) - 느릅나무와 다목나무 / 奚(해) - 어찌. '何'와 같은 뜻 / 適(적) - 여기서는 '가다' / 莽(망) - 풀이 우거진 곳 / 舂(용) - 절구질하다 / 宿舂糧(숙용량) - '전날 밤에 양식을 찧어 둔다'고 번역할 수도 있음 / 三月聚糧(삼월취량) - '석 달 전부터 양식을 준비한다'고 번역하기도 함 / 蟪蛄(혜고) - 쓰르라미, 혹은 매미라고도 함 / 冥靈(명령) - 나무 이름이라고도 하고 거북이 이름이라고도 함.

이런 사실을 어떻게 알 수 있습니까? 아침에 잠깐 났다가 시드는 버섯은 저녁과 새벽을 알 수 없습니다. 여름 한철 사는 메뚜기는 봄과 가을을 알 수 없습니다. 이것이 '짧은 삶'입니다.

초나라 남쪽에 명령(冥靈)이라는 신령한 거북이 살았습니다. 이 거북에게는 봄·가을이 오백 년씩이었습니다. 그보다 더 오랜 옛날에 춘(椿)이라는 큰 나무가 있었습니다. 이 나무에게는 봄·가을이 각각 팔천 년씩이었습니다. 이런 것이 '긴 삶'입니다. 그런데 팽조(彭祖)가 〔700년 혹은 800년을 살았다 하여〕 오래 살았다고 사람들이 부러워하니 슬프지 않습니까?

어떤 의미에서 우리는 모두 이 매미와 새끼 비둘기 같은 존재이다. 그 동안 '인간의 조건'으로 숙명처럼 뒤집어쓰고 다니던 실존적 한계의 껍질을 완전히 벗어 버리고 훌훌 날아다닐 수 있게 된 사람들의 초월적 삶은 우리 보통 인간으로서는 도저히 이해할 수 없다. 눈이 어두운 우리에게는 하루하루 먹고살기도 바쁜 세상에 도대체 뭘 먹자고 저렇게 높이 날아다닐까? 정신 나간 짓이 아닌가? 하는 냉소의 대상일 뿐이다.

『갈매기의 꿈(Jonathan Livingston Seagull)』이 생각난다. 1970년대 초반에 나온 이 베스트셀러 책을 보면, 조나단이라는 주인공 갈매기는 다른 갈매기와 달랐다. 보통 갈매기가 눈만 뜨면 어선 뒤나 쫓아다니면서 생선을 잡아먹는 일상의 일을 숙명처럼 생각하고 거기에 골몰하고 있을 때, 조나단은 보통 갈매기의 한계를 넘어서, 더 높이, 더 빨리, 더 아름답게 나는 것, 궁극적으로 비상(飛翔)의 신비스러운 경지를 찾는 데 시간과 정력을 바친다. 드디어 그런 경지를 터득하고, 자기의 그런 체험을 다른 갈매기들과 나누려고 하지만, 다른 갈매기들은 이렇게 허황한 짓은 갈매기 사회의 안정과 평화를 파괴하는 못된 짓이라 하여 이 갈매기를 추방하고 만다. 매일 매일 먹고살기도 바쁜데 그런 구름 잡는 소리같이 당치도 않는 소리를 해서 자신들을 현혹하지 말라는 것이었다.

우리 보통 사람들이 이렇게 변해서 새로워진 사람들을 이해하지 못하는 것도 무리는 아니다. 우리는 모두 여름 한철을 사는 메뚜기들이므로 봄이나 가을을 모른다. 아니 아침에 나서 잠시 후에 시들고 마는 버섯이기 때문에 새벽과 저녁도 알 길이 없다. 영원이니 초월이니 변화니 하는 것은 모두 우리의 이성으로 도저히 이해할 수 없는 헛소리로밖에 들리지 않는다. 그저 악착같이 돈이나 벌어 남보다 조금이라도 더 잘살겠다고 하는 이 '건전한 상식' 외에 무엇이 있겠느냐는 것이다. 그 이상의 무엇이 있다면 그것은 모두 냉소의 대상일 뿐이다. 그러면서 우리는 자부한다. 우리야말로 건실한 '현실주의자들'이라고.

같은 도가(道家) 사상가로 장자보다 먼저 살다 간 노자(老子)는 『도덕경』에서, 세상에 세 종류의 사람이 있다고 했다. "뛰어난 사람은 도를 들으면 힘써 행하려 하고, 어중간한 사람은 도를 들으면 이런가 저런가 망설이고, 못난 사람은 도를 들으면 몹시 비웃습니다. 웃음거리가 되지 않는 것은 도라고 할 수가 없습니다."(제41장) 했다. 기독교 사

상의 초석을 놓았다고 하는 바울도 속세의 지혜로 보면 하느님의 도
(道)는 '거리끼는 것', '미련한 것'으로 보일 뿐이라고 했다(고린도전서
1 : 19~26). 극도로 '엄청난 진리'는 본래 '역설적'이어서 형식 논리에
사로잡혀 명석하다고 자부하는 사람들에게는 차라리 웃음거리일 수
밖에 없다. 그래서 웃음거리가 아닌 것은 진리가 아니라는 말이다.

마침내 우리도 붕새처럼 변해 자유를 누려야 하겠지만, 당장은 매
미나 새끼 비둘기처럼 어리석은 짓이나 말아야겠다. 그러고 나서 차
분하게 이런 편견과 선입견을 '나날이 없애 가는' 도(道)의 길을 걸으
며 이런 어리석음에서 벗어나, 지금의 부자유한 삶의 모습을 직시하
고, 붕새처럼 이를 초월해서 살 수 있다는 것, 그렇게 될 때 우리의
삶이 참으로 신나는 삶이 된다는 것을 꿰뚫어 봐야 하겠다. 이런 자각
이 건전하고 싱싱한 종교를 추구하는 시발점이기 때문이다.

다른 이야기 하나

6.『상(商)나라 시조 탕왕(湯王)이 신하 하극(夏棘)에게 물음』이라는 책에도 이와 같은 이야기가 있습니다.

"북쪽 메마른 땅에 깊은 바다가 있었는데, 이를 '하늘 못(天池)'이라 했습니다. 거기에 곤(鯤)이라는 물고기 한 마리가 있었는데, 그 폭이 수천 리나 되고 그 길이는 알 수가 없었습니다. 붕(鵬)이라는 새도 한 마리 있었는데 그 등이 태산 같고, 날개는 하늘에 드리운 구름 같았습니다. 회오리바람을 타고 구름 위로 솟아올라 푸른 하늘을 등에 지고 구만 리를 날아 '남쪽 깊은 바다'로 갔습니다.

메추라기가 이를 보고 비웃으면서 말했습니다. '저 새는 저렇게 날아서 어디로 간단 말인가? 나는 한껏 뛰어올라도 몇 길을 못 올랐다가 내려앉아서 기껏해야 이 숲에서 저 덤불로 날아가는데, 도대체 저 붕새는 저렇게 날아서 어디로 가는 것인가?'

---

6. 湯之問棘也是已 窮髮之北有冥海者 天池也 有魚焉 其廣數千里 未有知其修者 其名爲鯤 有鳥焉 其名爲鵬 背若泰山 翼若垂天之雲 搏扶搖羊角而上者九萬里 絶雲氣 負靑天 然後圖南 且適南冥也 斥鴳笑之曰 彼且奚適也 我騰躍而上 不過數仞而下 翶翔蓬蒿之間 此亦飛之至也 而彼且奚適也 此小大之辯也

☞ 羊角 - 바람이 양의 뿔처럼 돌면서 올라감을 표현 / 斥鴳(척안) - 메추라기 / 仞(인) - 한 길, 여덟 자 / 蓬蒿(봉호) - 쑥대밭 같은 잡목이나 덤불.

큼과 작음의 차이가 이렇습니다."

여기에서는 첫머리에 이야기한 것과 비슷한 이야기를 다른 자료를 인용해 반복하였다. 이것은 마치 히브리 성서 창세기 1장과 2장에 거듭 나오는 창조 설화와 같다. 거기에도 우주를 창조한 이야기를 1장과 2장에 약간 다르게 반복했다. 성서학자들 중에는 이를 각각 '제사(P) 문서'에 속하는 것과 '야훼(J) 문서'에 속하는 것이라고 구분하는 사람도 있다.

『장자』첫머리에 나오는 이 두 이야기에서 가장 두드러지게 다른 점은 첫째 이야기에서는 큰 물고기가 '변해서' 큰 새가 되었다고 하였는데, 둘째 이야기에서는 이 사실을 얘기하지 않았다는 것이다. 그러면 이 두 자료 중에서 어느 것이 역사적으로나 과학적으로 더 정확한 것일까? 이런 질문은 그야말로 우문(愚問)이다.

『장자』에 나오는 이야기든 성서에 나오는 이야기든 이런 이야기의 일차적 목적은 우리들에게 정확한 역사적, 혹은 과학적 사실에 대한 정보(information)를 제공하자는 것이 아니라, 우리의 변화(transformation)를 일깨우려는 것임을 깊이 명심해야 한다. 사실『장자』가 이렇게 신화(神話) 같은 이야기로 시작한다는 것은 몇 가지로 시사하는 바가 크다.

첫째,『장자』에서 지금부터 말하는 것은 현실적인 말로 표현할 수 없는 엄청난 무엇에 관한 이야기라는 뜻이다. 신화란 우리의 상식적인 말로 표현할 수 없는 엄청난 무엇을 가장 효과적으로, 가장 힘있게 표현하는 것이기 때문이다. 그렇다고 해서 신화가 허황한 이야기나 거짓말은 아니다. 사실이나 진실과 맞서는 것도 아니다. 신화란 이성(理性)을 초월한 세계의 엄청난 진실을 상징적으로 표현해 주는 특수 전달 수단이다.

둘째, 이 말은 결국 『장자』라는 책이 '문자로' 이해할 자료가 아니라는 점이다. 『장자』는 기본적으로 우리에게 '문자적 진리'를 안겨다 주려는 책이 아니라 '상징들'을 통해 우리 스스로 '깨닫게' 하려는 것이다. 상징은 '달을 가리키는 손가락'처럼 그 자체를 넘어서는 어떤 것으로 우리의 시선을 돌리게 해준다. 손가락의 생물학적 성격이나 물리적 구조에만 관심을 쏟으면 달을 볼 수 없다. 상징을 문자로 읽으면, 그 환기적(喚起的) 기능, 영어의 'evocative' 기능이 완전히 죽어 버리고 싸늘하게 죽은 문자만 남는다. 바울의 말과 같이, "문자적인 것은 죽이는 것이고 '영'은 살리는 것"이다.(고린도후서 3:6)

셋째, 이렇게 '상징'을 넘어서 '상징이 가리키는 바'를 바라볼 때 우리는 '변해서' 새로운 실재에 동참한다는 것이다. 그러므로 붕새의 이야기가 시사하는 것은 붕새의 날개가 미터법으로 환산하면 몇 킬로미터냐, 그런 큰 새가 하늘을 나는 것이 기체역학상 가능하냐는 따위의 문제가 아니라, 붕새의 변화와 초월과 자유에서 우리가 가진 실존의 한계를 초극할 수 있다는 메시지를 보고, 우리 스스로 변혁(變革)의 날개를 펴는 것이다.

자유의 네 단계

7. 그러므로 그 아는 것이 벼슬자리 하나 채울 만한 사람, 그 행위가 마을 하나를 돌볼 만한 사람, 그 덕이 임금 하나를 섬길 만한 사람, 그 재능이 한 나라를 맡을 만한 사람. 이런 사람들은 그 기량(器量)이 저 메추라기만한 사람들입니다.

그래서 송영자(宋榮子)는 그런 사람들을 비웃었으며, 그는 온 세상이 자신을 칭찬해도 우쭐하지 않고, 비난해도 기죽지 않았습니다. 내실(內實)과 외식(外飾)을 분명히 구별하고, 영광과 치욕의 경계를 확실히 알았기 때문입니다. 세상일을 서두르지 않았습니다. 그러나 그도 아직 이르지 못한 경지가 있었습니다.

열자(列子)는 바람을 타고 올라가 마음대로 노닐다가 열 닷새가 지나서 돌아왔습니다. 세상의 행복에 연연하지 않고 초연히 노닐었습니다. 그러나 아직 아무것도 의지하지 않을 만큼 초연하지는 못했습니다.

어떤 사람이 하늘땅의 바름(正)을 타고, 여섯 가지 기(氣)의 변화를 부려, 무한한 경지에서 노닐 수 있다고 생각해 보십시오. 그 사람이 무엇을 더 바라겠습니까?

그러므로 지인(至人)은 자신에 집착하지 않으며, 신인(神人)은 공적에 무관하고, 성인(聖人)은 명예를 탐내지 않습니다.

꽃

장자는 여기서 인간이 잠재력을 살려 변혁(變革)하는 데에 네 가지 단계가 있음을 암시한다. 그것을 설명하기 위하여 네 부류의 사람을 예로 보여 준다.

첫째는 아직 변하지 못한 상식인(常識人)이다. 이런 사람들은 기껏해야 과장, 군수, 장관, 국무총리 따위 사다리를 하나하나 오르는 것을 인생의 유일한 목표로 삼고 이를 향해 일로매진(一路邁進)하면서 살아가는 사람들이다. 이들은 이렇게 현실적이고 실감나는 일을 모르고 인간의 한계 밖을 넘보는 것은 부질없는 짓이므로 거들떠보지도 말아야 한다고 주장한다. 모두 메추라기처럼 시야가 좁기 때문에 자기들의 무한한 가능성을 찾지 못할 뿐 아니라, 그런 가능성을 말하는 사람들과 실현하려는 사람들, 실현한 사람들을 비웃기까지 한다. "도대체 어디로 저렇게 날아간단 말인가" 하고.

둘째는 송영자 같은 사람이다. 송영자는 송(宋)나라의 사상가로 『맹자(孟子)』, 『순자(荀子)』에도 등장한 인물이다. 전쟁을 반대하는 평

---

7. 故夫知效一官 行比一鄉 德合一君 而徵一國者 其自視也 亦若此矣 而宋榮子猶然笑之 且舉世而譽之 而不加勸 舉世而非之 而不加沮 定乎內外之分 辯乎榮辱之竟 斯已矣 彼其於世 未數數然也 雖然 猶有未樹也 夫列子御風而行 泠然善也 旬有五日而後反 彼於致福者 未數數然也 此雖免乎行 猶有所待者也 若乎乘天地之正 而御六氣之辯 以遊無窮者 彼且惡乎待哉 故曰 至人無己 神人無功 聖人無名
☞ 沮(저) - 기죽다. 意氣沮喪(의기저상) / 數數(삭삭) - 안달하다, 바둥대다, 서두르다. / 所待 - 의지하는 바. 의지함이 있으면 아직도 부자유, 없으면 자유. '유대(有待)'와 '무대(無待)'의 개념이 여기서 나옴. / 辯 - '變'과 같은 것으로 봄.

화주의자로, 전쟁의 근본 원인이 칭찬받기를 좋아하고 비난을 싫어하는 속물 근성(俗物根性) 때문이라는 사실을 간파하고 그런 것을 초월하라고 가르쳤다. 그리고 자신이 칭찬이나 비난에 "육중한 바위처럼" 움직이지 않고 영광과 치욕을 분별해 세속(世俗)에 구애(拘礙)되지 않고 초연한 경지에 도달했다. 그러나 이런 송영자의 경지도 아직 완전한 것이 아니라고 했다. 스스로 칭찬이나 비난에 초연(超然)하지만, 아직도 칭찬과 비난을 칭찬과 비난으로 의식하고 칭찬받으려는 사람들을 못마땅하게 여기는 분별의 마음이 있기 때문일까?

셋째는 열자(列子)와 같은 사람이다. 열자는 세상사에 초연할 뿐 아니라, 바람을 타고 아무데나 마음대로 떠다니며 자유를 누렸다. 그러나 그것도 완전한 절대 자유의 경지는 아니다. 자유자재로 노닐다가 15일이면 돌아왔는데 그것은 15일마다 불어오는 새 바람을 기다려야 하기 때문이었다. 또 이렇게 훨훨 떠다니기 위해서 어쩔 수 없이 바람이라는 외부 요인에 의지했다. 말하자면 열자는 아직 '기대는(有待)' 상태에 머문 것이다.

넷째, 사람이 열자처럼 살기도 어렵지만,『장자』의 궁극적 이상(理想)은 우주의 원리에 따라 자연과 하나가 돼 무한한 경지에 노니는 '절대 자유'의 단계이다. 아무것에도 '기대지 않는(無待)' 완전한 자유를 만끽하고 구가하는 무애(無礙)의 삶이다.

이렇게 최종의 절대 자유를 누리는 진정한 자유인을 무엇이라고 불러야 할까? 바로 '구경(究竟)에 이른' 지인(至人)이요, 신인(神人)이요, 성인(聖人)이다. 달리 표현하면 무기(無己), 무공(無功), 무명(無名)한 사람들이다. 자기가 없고, 공로가 없고, 이름이 없는 것이 아니라,

이런 것들에 집착하거나 연연해 하지 않는 것이다. 이런 사람들은 자아나 공로나 명예의 굴레에서 완전히 풀려난 사람들이다.

'성인'이라는 말은 노자『도덕경』에도 있지만 '지인'이나 '신인'이라는 말은『장자』에 처음 나왔다.

요(堯) 임금이 나라를 허유(許由)에게

8. 요(堯) 임금이 나라를 허유(許由)에게 넘겨주겠다고 말했습니다. "해나 달이 떴는데도 켜 놓은 관솔불 빛은 헛된 것 아니겠습니까? 때가 되어 비가 오는데도 밭에다 물을 대고 있으면 그 노고도 헛된 것 아니겠습니까? 선생께서 위(位)에 오르셔야 세상이 바르게 될 터인데, 제가 아직 임금 노릇을 하고 있습니다. 제 스스로 부족함을 알고 있으니, 청컨대 세상을 맡아 주십시오."

허유가 대답했습니다. "왕께서 다스려 세상이 이미 좋아졌는데, 제가 왕이 되는 것은 오직 이름을 위한 것 아니겠습니까? 이름은 실재의 껍데기일 뿐. 제가 그것으로 뭘 하겠습니까? 뱁새가 깊은 숲속에 둥지를 트는 데는 가지 하나만 있으면 되고, 두더지가 시내에서 물을 마시는 데는 그 작은 배를 채울 물만 있으면 됩니다. 임금께서는 돌아가 쉬십시오. 저는 세상을 다스릴 필요가 없습니다. 부엌의 요리사가 부엌 일을 잘못해도 제사 시동(尸童)이나 신주(神主)가 술단지와 적대(俎)를 들고 와서 그 노릇을 대신할 수는 없습니다."

장자는 유가(儒家)에서 이상(理想)으로 생각하는 성군(聖君) 요(堯) 임금과 당대의 은자(隱者) 허유(許由)를 등장시켜, 제 몸을 다스리는 일이 나라 다스리는 일보다 중요하다고 말했다. 요 임금은 이제 나라를 위해 할 만큼 했으니 임금 자리를 허유에게 물려주고, 나라 다스리는 일보다 더 중요한 자기 수양에 전념하겠다고 생각했다. 그러나 허유는 거절했다. 이름이 필요 없다는 것이다. 이 세상 사는데, 뱁새나 두더지 같은 동물이 생존에 필요한 최소한의 조건에 만족하고 살아가듯, 자기도 그렇게 살겠다는 것이다. 일설에 허유는 그 말을 듣고 귀가 더러워졌다고 하여 강에 가서 씻었다고 한다. 알렉산더 대왕이 찾아와서 무슨 소원이든 말하라고 했을 때 지금 자기에게 비치는 햇빛을 가리지 말 것밖에는 달리 부탁할 것이 없다고 한 고대 그리스의 철인(哲人) 디오게네스(Diogenes)를 연상시키는 이야기이다.

여기서 장자는 유가에서 하늘처럼 떠받드는 요 임금도 그 자리에 있는 한 은자인 허유만 못하다는 것을 암시하였다. 그러나 모자라기로 말하면 허유도 요 임금보다 별로 나을 것이 없음을 함께 시사한 듯하다. 어느 주석가는 요 임금이 나라를 다스려 쌓은 공을 허유에게

---

8. 堯讓天下於許由 曰 日月出矣 而爝火不息 其於光也 不亦難乎 時雨降矣 而猶浸灌 其於澤也 不亦勞乎 夫子立而天下治 而我猶尸之 吾自視缺然 請致天下 許由曰 子治天下 天下旣已治也 而我猶代子 吾將爲名乎 名者實之賓也 吾將爲賓乎 鷦鷯巢於深林不過一枝 偃鼠飮河不過滿腹 歸休乎君 予無所用天下爲 庖人雖不治庖 尸祝不越樽俎而代之矣

☞ 爝(작) - 횃불, 관솔불 / 尸(시) - 여기서는 '주재하다', '다스리다' / 鷦鷯(초료) - 뱁새 / 偃鼠(언서) - 두더지 / 尸(시) - 제사 때 죽은 사람을 대신하는 아이 / 祝(축) - 산 자와 죽은 자를 매개하는 신주(神主).

돌리려 했다는 뜻에서 '망공(忘功)'한 듯하지만, 자신이 한 일을 알리고 싶어했다는 점에서 '망명(忘名)'하지 못했고, 한편 허유는 임금의 자리라는 명예를 탐하지 않아서 '망명(忘名)'에 이르렀지만, 그 자리를 거절하고 한 몸의 안위에 집착해 '망기(忘己)'의 경지에 이르지는 못했다고 했다. 장자는 다음에 나오는 신인(神人)들의 이야기에서 신인들 이야말로 망기, 망공, 망명을 완전히 이룬 사람으로 내세운다.

막고야산의 신인(神人)

9. 견오(肩吾)가 연숙(連叔)에게 말했습니다. "접여(接輿)가 하는 말을 들었는데, 터무니없이 큰소리를 치면서 일사천리로 나아가기만 하고 돌아올 줄을 모릅디다. 그 하는 말이 실로 놀랍고 두렵더군요. 마치 은하수처럼 끝이 없더이다. 엉터리로 과장하고 겉돌아 사람들의 일상사와는 아무 상관도 없는 이야기들이었소"

연숙이 물었습니다. "그 사람이 무슨 말을 하였기에?"

"멀리 고야산에 신인(神人)이 살았는데 그 살갗이 얼음이나 눈 같고, 처녀처럼 부드럽다고 했소. 오곡을 먹지 않고, 바람을 들이마시고 이슬을 마시면서 살고, 구름을 타고, 나는 용을 몰아, 사해(四海) 밖을 노닌다는 것이었소. 정신을 응집하면 병해(病害)를 막고, 매년 곡식도 잘 익게 한다는 이야기였소. 도무지 미친 사람의 말 같아서 하나도 못 믿겠더구려."

---

9. 肩吾問於連叔曰 吾聞言於接輿 大而無當 往而不反 吾驚怖其言猶河漢而無極也 大有逕庭 不近人情焉 連叔曰 其言謂何哉 曰 藐姑射之山有神人居焉 肌膚若冰雪 淖約若處子 不食五穀 吸風飮露 乘雲氣 御飛龍 而遊乎四海之外 其神凝 使物不疵癘 而年穀熟 吾以是狂而不信也

☞ 河漢 - 은하수 / 逕庭(경정) - 문 앞의 길과 집 앞의 땅처럼 서로 동떨어진 상태 / 藐姑射(막고야) - '먼 고야산' 혹은 '막고야산'이라고 함 / 五穀 - 쌀, 보리, 기장, 조, 콩 / 四海 - 세상 사면을 감싸고 있다고 믿은 네 바다 / 疵癘(자려) - 병해.

10. 연숙이 말했습니다. "그렇군. 눈먼 사람은 아름다운 장식을 볼 수 없고, 귀먹은 사람은 종(鐘)이나 북소리를 들을 수 없지. 몸만 눈멀고 귀먹었겠소, 지각도 그랬겠지. 이것이 바로 그대의 일이구려. 신인(神人)은 그의 덕으로 온갖 것과 어울려 하나가 된 것이오. 세상이 모두 평화를 바라는데, 무엇 때문에 구태여 노심초사하며 애쓸 필요가 있겠소? 아무것도 이 신인을 해칠 수 없지. 홍수가 나서 하늘에 닿아도 빠져 죽지 않고, 가뭄이 들어 쇠붙이와 돌이 녹고 땅과 산이 불에 타도 데지 않으니까. 이 신인은 제 몸의 먼지와 때, 조의 쭉정이와 겨를 가지고도 요 임금이나 순 임금을 만들어 낼 수 있는데, 무엇 때문에 세상일에 몰두하겠소?"

접여(接輿)는 제4편 마지막(4:36)과 제7편 앞부분(7:2)에 나오는 이른바 '미친 사람'이다. 『논어』(18:5)에도 '접여'라는 미친 사람의 이름이 나온다. '미쳤다'는 것이, 자유롭게 노니는 사람을 알아보지 못하는 우리 보통 사람의 눈에 그렇게 보인 것일 수도 있고, 접여 자신이 미친 척하면서 자신의 생각을 마음대로 전하며 돌아다니는 모습인지도

10. 連叔曰 然 瞽者無以與乎文章之觀 聾者無以與乎鐘鼓之聲 豈唯形骸有聾盲哉 夫知亦有之 是其言也 猶時女也 之人也 之德也 將旁礴萬物 以爲一 世蘄乎亂 孰弊弊焉以天下爲事 之人也 物莫之傷 大浸稽天而不溺 大旱金石流 土山焦 而不熱 是其塵垢粃糠 將猶陶鑄堯舜者也 孰肯以物爲事
☞ 瞽者(고자) - 맹인 / 旁礴(방박) - 섞이다. / 蘄(기) - 바라다 / 亂 - 어느 주석가는 '평화'를 의미한다고 했다 / 粃糠(비강) - 쭉정이와 겨 / 孰 - '何(어찌)'와 같은 뜻임 / 肯 - 즐거워하다.

모른다. 아무튼 『장자』는 여기서도 이 '미친 사람'의 입을 통해 자신의 생각을 전했다.

여기 신인(神人)들에 대해 "홍수가 나서 하늘에 닿아도 빠져 죽지 않고, 가뭄이 들어 쇠붙이와 돌이 녹고 땅과 산이 불에 타도 데지 않는다"는 말을 문자적으로 이해할 필요는 없을 것이다. 위대한 사람이 보통 사람과 다름을 이야기하는 방식으로 옛날에는 이런 극적인 방법, 신화적(神話的)인 표현 방법을 써서 말한 것이 보통이었다. 말하자면 이런 신화(神話)적 표현은 보통 말로 묘사할 수 없는 엄청난 진실을 전하려고 할 때 옛사람들이 예사로 쓰던 '문법'인 셈이다.

그러나 한 가지 분명한 사실은 여기 나오는 신인은 앞에 나온 열자(列子)처럼 구름에 의지해서 다니다가 보름 만에 돌아오는 것이 아니라, 스스로 구름을 타고 용을 몰아 자유자재로 돌아다녔다는 것이다. 말하자면 '유대(有待)'에서 '무대(無待)'로 넘어간 완전 자유인이라는 것이다.

견오가 접여에게서 들은 신인(神人) 이야기를 연숙에게 전하면서 도무지 믿을 수 없는 허황한 말이라고 하자, 연숙은 견오에게 마음의 눈이 멀고 귀가 먹어 이런 말을 알아듣지 못하는 것이라고 타이른다. 초월적인 경지와 그런 경지에 도달한 사람을 알아볼 수 없는 우리 속 인들의 '인식 능력의 한계'를 다시 한 번 이야기한 것이다. 견오는 붕(鵬)을 모르는 매미, 비둘기, 메추라기 같은 존재이다. 물고기에게 땅에서 걷는 것에 대해 설명할 수 없고, 음치(音癡)에게 모차르트 음악의 아름다움을 이야기해 줄 수 없다. 신인(神人)들의 능력과 일상의 행동거지, 도피자·은둔자처럼 사는 모습이 보통 사람의 눈에는 모두 터무늬없는 엉터리요 시간 낭비로 보인다. 연숙은 이런 일을 마음을 열어 수용하라고 타이른 것이다. "귀 있는 자는 들어라. 눈 있는 자는 보아라." 이 초대에 응할 수 있는 사람이 얼마나 될까?

여기서 신인(神人)이 세상사에 몰두하지 않는다고 했는데, 이것은 이기적으로 몸을 도사리는 것이 아니다. 신인은 '온갖 것과 하나가 된' 상태로 만물과 자연스럽게 어울려 물처럼 흐르듯 살기 때문이다. 구태여 나서서 뭘 한다고 설칠 필요가 없다. 완전한 무위(無爲)의 상태에서 유유자적(悠悠自適)하게 살면서 세상을 이롭게 한다. 『도덕경』의 말처럼 '함이 없는 함(無爲之爲)'을 실천한다. 이런 사람이 한 일은 너무나 자연스러워서 사람들이 그 행동을 알지 못한다. "그 존재 정도만 알려진" 사람, 그래서 "모든 일이 잘 되면…… 이 모두가 저절로 된 것이라"고 할 뿐이다(제17장). 신인은 그야말로 무공(無功)한 사람, 공로(功勞) 운운하는 데서 풀려난 사람이다. 따라서 요·순 임금처럼 한 일이 사람들에게 알려져서 존경과 칭찬을 받는 사람들은 이런 신인에 비하면 그 몸에 낀 때만도 못하다는 것이다.

송나라 모자 장수와 요 임금

11. 송(宋)나라 사람이 예식 때 쓰는 모자를 잔뜩 가지고 월(越)나라에 팔러 갔습니다. 그러나 월나라 사람들은 모두 머리를 짧게 깎고 몸에는 문신을 해서 모자가 필요 없었습니다.

요 임금은 세상을 잘 다스려 나라가 태평해지자, 멀리 고야산에 사는 네 스승을 뵈러 갔습니다. 돌아오는 길에 분(汾)강 북쪽 기슭에 다다랐을 때, 망연자실(茫然自失)해 자기 나라가 있다는 사실을 까맣게 잊어버렸습니다.

❋

여기 나오는 모자 장수의 이야기와 요 임금의 이야기 사이에 어떤 관계가 있을까? 송나라 모자 장수가 월나라로 모자를 팔러 갔으나 모자가 필요 없는 상황임을 알고 멍해진 것처럼 요 임금은 먼 고야산 신인(神人)들을 찾아가서 세상을 다스리는 일이 필요 없는 경지가 있

---

11. 宋人資章甫而適諸越 越人斷髮文身 無所用之 堯治天下之民 平海內之政 往見四子藐姑射之山 汾水之陽 窅然喪其天下焉

☞ 章甫(장보) - 예식에 쓰는 비단 모자 / 諸越(제월) - '於越'과 같음 / 汾水之陽 - 강에서 해 드는 쪽은 북쪽 연안 / 窅然(요연) - 망연자실(茫然自失)한 상태.

음을 알고 망연자실했다는 것인가? 혹은 월 나라 사람들이 모자 없이 사는 것처럼 고야산을 찾은 요 임금도 이제 더 이상 나라니 정치니 하는 것을 다 잊어버리고 살게 되었다는 뜻인가? 아무튼 요 임금이 신인들을 만나고 나서 자기 나라를 잊어버리는 변화와 초월의 경지에 도달했다는 것은 틀림없는 사실이다. 결국 요 임금이 이런 경지에 이른 것은 이 신인들의 '함이 없는 함' 때문이었던 셈이다. 그런 의미에서 보통 사람들에게 쓸모 없는 사람들처럼 보이는 이 신인들이야말로 '쓸모 없음의 더욱 큰 쓸모(無用之大用)'라는 진리를 실증해 준다.

큰 박과 손 트는 데 쓰는 약

12. 혜자(惠子)가 장자(莊子)에게 말했습니다. "위(魏)나라 임금이 준 큰 박 씨를 심었더니 거기서 다섯 섬들이 박이 열렸네. 거기다 물을 채웠더니 너무 무거워 들 수가 없었지. 쪼개서 바가지를 만들었더니, 깊이가 없이 납작해서 아무것도 담을 수가 없는데 크기만 하고 달리 쓸모도 없어 깨뜨려 버렸네."

장자가 대답했습니다. "여보게, 자네는 큰 것을 쓸 줄 모르는군. 송나라에 손이 트지 않게 하는 약을 만드는 사람이 있었는데, 그 약을 손에 바르고 무명을 빨아서 바래는 일을 대대로 하였다네. 지나가던 길손이 그 말을 듣고, 금 백 냥을 줄 터이니 약 만드는 비방을 팔라고 했지. 그 사람은 가족을 다 모아 놓고 의논하기를 '우리가 대대로 무명을 빨아 바래 왔지만 기껏 금 몇 냥밖에 만져 보지 못했는데, 이제 이 약의 비방을 금 백 냥에 사겠다는 사람이 있으니 팝시다' 하였다네.

---

12. 惠子謂莊子曰 魏王貽我大瓠之種 我樹之 成而實五石 以盛水漿 其堅不能自擧也 剖之以爲瓢 則瓠落無所容 非不呺然大也 吾爲其無用而掊之 莊子曰 夫子固拙於用大矣 宋人有善爲不龜手之藥者 世世以洴澼絖爲事 客聞之 請買其方百金 聚族而謀曰 我世世爲洴澼絖 不過數金 今一朝而鬻技百金 請與之

☞ 貽(이) - 주다 / 瓠(호) - 박 / 剖(부) - 가르다 / 掊(부) - 부수다 / 固 - 진실로 / 洴澼(병벽) - 빨래하다 / 絖(광) - 솜 / 鬻(륙) - 팔다(賣).

13. 그 길손은 오(吳) 왕에게 가서 [그 약의 효험을] 설명했네. 마침 월(越) 왕이 싸움을 걸어오자, 오 왕은 그 길손으로 수군(水軍) 대장을 삼았다네. [그 약으로 수군들의 손이 트지 않도록 할 수 있었기에] 겨울에 수전(水戰)을 벌여 월을 대패시켰다지. 왕은 그 사람에게 땅을 떼어 주고 영주로 삼았다네.

손 트는 것을 막는 약은 한 가지인데, 한 쪽은 그것으로 영주가 되고, 다른 쪽은 무명 빠는 일밖에 못했으니, 똑같은 것을 가지고 쓰기에 따라 이렇게 달라지는 게 아닌가? 자네는 어찌하여 다섯 섬들이 박으로 큰 술통을 만들어 강이나 호수에 띄워 놓고 즐길 생각을 못 하고, 깊이가 너무 얕아서 아무것도 담을 수 없다고만 걱정했단 말인가? 자네는 아직도 작은 [일만 생각하는] '쑥 같은 마음'을 가지고 있네 그려."

---

13. 客得之以說吳王 越有難 吳王使之將 冬與越人水戰 大敗越人 裂地而封之 能不龜手一也 或以封 或不免於洴澼絖 則所用之異也 今子有五石之瓠 何不慮以爲大樽 而浮乎江湖 而憂其瓠落無所容 則夫子猶有蓬之心也夫

☞ 說 - '세'로 읽어, '설득한다'는 뜻. '遊說(유세)'의 경우처럼 / 大樽(대존) - 나무로 만든 큰 술통 / 蓬之心 - 쑥 같은 마음. 꼬불꼬불하고 좀생이 같은 마음.

쓸모 없는 나무?

14. 혜자(惠子)가 장자(莊子)에게 말했습니다. "나에게 큰 나무한 그루가 있는데, 사람들이 가죽나무라 하네. 그 큰 줄기는 뒤틀리고 옹이가 가득해서 먹줄을 칠 수 없고, 작은 가지들은 꼬불꼬불해서 자를 댈 수 없을 정도지. 길가에 서 있지만 대목들이 거들떠보지도 않네. 지금 자네의 말은 이처럼 크기만 하고 쓸모가 없어서 사람들이 거들떠보지 않는 걸세."

장자가 말했습니다. "자네는 너구리나 살쾡이를 본 적이 없는가? 몸을 낮추고 엎드려 먹이를 노리다가, 이리 뛰고 저리 뛰고, 높이 뛰고 낮게 뛰다 결국 그물이나 덫에 걸려 죽고 마네. 이제들소를 보게. 그 크기가 하늘에 뜬구름처럼 크지만 쥐 한 마리도 못 잡네. 이제 자네는 그 큰 나무가 쓸모 없다고 걱정하지 말고,

---

14. 惠子謂莊子曰 吾有大樹 人謂之樗 其大本擁腫而不中繩墨 其小枝卷曲而不中規矩 立之塗 匠者不顧 今子之言 大而無用 衆所同去也 莊子曰 子獨不見狸狌乎 卑身而伏 以候敖者 東西跳梁 不辟高下 中於機辟 死於罔罟 今夫斄牛 其大若垂天之雲 此能爲大矣 而不能執鼠 今子有大樹 患其無用 何不樹之於無何有之鄉 廣莫之野 彷徨乎無爲其側 逍遙乎寢臥其下 不夭斤斧 物無害者 無所可用 安所困苦哉

☞ 樗(저) - 가죽나무 / 擁腫(옹종) - 옹이가 많아 울퉁불퉁함 / 狸狌(리성) - 너구리와 살쾡이 / 候敖(후오) - 먹이를 노림 / 機辟(기피) - 덫 / 罟(고) - 그물 / 斄(리) - 들소 / 無何有之鄕 - 아무것도 없는 고을. 도가(道家)에서 추구하는 무위자연의 이상향(理想鄕). 고정 관념이나 천박한 실용주의를 벗어난 경지이며, 존재론적으로 말하면 '절대무(絶對無)'의 세계이다.

그것을 '아무것도 없는 고을(無何有之鄉)' 넓은 들판에 심어 놓고 그 주위를 '하는 일 없이(無爲)' 배회하기도 하고, 그 밑에서 한가로이 낮잠이나 자게. 도끼에 찍힐 일도, 달리 해치는 자도 없을 걸세. 쓸모 없다고 괴로워하거나 슬퍼할 것이 없지 않은가?"

혜자는 위나라 재상을 지낸 사람. 본명은 혜시(惠施). 고대 중국의 명가(名家), 이론학파의 대가로 『장자』에서 장자의 호적수로 등장한다. 사상은 『장자』 마지막 「천하」 편에 자세히 나와 있다. 장자와 줄곧 마주앉아 말씨름을 했지만 혜자가 죽자 장자는 그 무덤을 찾아가 "나는 이제 같이 이야기할 상대가 없구나." 하고 슬퍼했다고 한다.(제24편 9)

여기서 혜자는 붕(鵬)이니, 바람을 타고 하늘을 나느니 하는 장자의 말이 너무 허황해서 아무짝에도 쓸모가 없다고 반박하고 자신의 주장을 증명하기 위해 너무 커서 쓸모가 없는 박 이야기와 크기만 하고 온통 옹이로 가득한 가죽나무 이야기를 풍자적으로 늘어놓았다. 혜자는 여기서 모든 사물은 그 자체의 쓸모를 본래적으로 타고났다는 이른바 '본질론적 견해'를 말했다. "박은 본질적으로 반드시 물을 담는 데 쓰는 것"이란 고정 관념으로 박을 본 것이다. 이렇게 자기가 이미 설정한 '쓸모'라는 관념으로 박을 보았기 때문에 박을 '물에 띄울' 생각을 못 한 것이다. 이와 같이 경직된 생각으로 나무를 보았기 때문에, '나무는 베어서 재목으로 쓴다'는 생각에서 벗어나지 못했다. 혜자가 말한 사물의 쓸모는 어느 사물에 대해 통상적으로 생각하는 실용성이나 현금 가치로 계산한 것이다. 혜자는 이론파나 궤변론파일 뿐 아니라 여기서는 천박한 '실리주의자'라 할 수 있다.

장자의 가르침이 쓸모 없는 것이라는 '장자 무용론'을 편 혜자에게 장자는 자기의 가르침을 다른 각도에서 보면 더 큰 가치와 뜻이 있다고 했다. 이렇게 자신의 가르침이 쓸모 있다는 장자의 항변에서 우리는 장자가 스스로 자기의 가르침이 한가로운 사변(思辨)이나 허무주의가 아니라고 확신했음을 간파할 수 있다. 아무튼 혜자의 본질론적 견해에 입각한 유용성 시비에 대해 장자는 유용성을 여러 가지 시각과 차원에서 봐야지 어느 한쪽의 어느 한 차원에서만 보고 판단해서는 안 된다고 했다. 사물은 쓰기에 따라 쓸모 있기도 하고 쓸모 없기도 하다는 것이다. 장자의 이런 생각을 '비본질론적 견해'라 할 수 있을 것이다. 우리 머리 속에 이미 형성된 '쓸모'로 사물을 보는 것이 아니라, 사물 자체에서 쓸모를 찾아내야 한다는 것이다. 굽은 나무가 대궐을 짓는 데 재목으로는 쓸모가 없지만 꼬부랑 할머니의 꼬부랑 지팡이로는 쓸모가 있다는 것이다. 감을 따는 연장으로도 쓰고, 물을 건널 때 그 깊이를 알아보는 잣대로도 쓸 수 있다. 모든 나무는 기둥감이어야 한다거나, 굽은 나무는 땔감으로밖에 쓸데가 없다고 하는 고정 관념을 벗으면, 어느 나무든 쓰임새는 무한하다. "집 짓는 자들이 버린 돌이 모퉁이의 머릿돌이" 될 수도 있다. 세상에 버려야 할 것, 쓸데없는 것은 하나도 없다. 이런 비본질론적 견해를 다른 말로 해서 '시각주의적 접근(perspectival approach)'이라 할 수도 있을 것이다. 모든 것이 시각(視角)에 따라 다르다는 것이다. 이런 견해를 장자는 몇 가지 예를 들어 말했다.

바가지는 물을 푸거나 그것을 담는 데 쓴다는 상식에서 벗어나, 강이나 호수에 띄워 놓고 즐기는 데 쓴다면 큰 바가지의 유용성은 조그만 쪽박의 유용성과는 비교할 수 없이 크다. 큰 나무가 뒤틀리고 옹이가 많아 재목으로 쓸 수는 없어도 그 그늘이 주는 시원함은 쪽쪽 곧게 자란 조그만 나무가 제공하는 유용성과 차원이 다르다. 덩치가 너무 커서 쥐 한 마리 잡지 못하는 들소와 재빠르게 쏘다니며 먹이를 구하는 너구리나 살쾡이를 같은 기준으로 비교할 수 없다.

이런 이야기를 하고 있으니 고 함석헌 선생님의 말이 생각난다. 함 선생님은 그의 수상집 『바보새』에 다음과 같이 썼다. "동네 안에 늙은 나무는 왜 서 있습니까? 사람들이 그늘을 찾기 때문입니다. 사람은 일도 하지만 또 쉬기도 합니다…… 현실적으로 살림도 하지만 상상의 세계도 갈구합니다. 그것을 위해 필요한 것이 해묵은 밤나무나 느티나무 가지의 그늘입니다…… 젊은이들이 도시의 맘몬(mammon, 황금신-인용자)의 졸병으로 끌려가는 이 때에 마을의 느티나무는 찍혀 장작 가지로밖에 될 수 없습니다. 마을의 느티나무가 찍히는 날 앉아서 쉴 그늘을 잃은 마을의 늙은 혼은 두견새가 되어 뒷동산으로 날아갈 수밖에 없습니다. 늙은 나무가 찍히고 거기 깃들였던 혼은 산으로 도망갈 때, 마을에 남는 것은 주고받기와 시비와 깔고앉음과 깔리움 밖에 있을 것이 없습니다."(57 - 58)

함 선생님이 장자의 가죽나무 이야기를 염두에 두고 이 글을 쓰셨을까? 아무튼 빙그레 웃으시는 함 선생님의 얼굴이 눈앞에 보이는 것 같고, '무하유지향(無何有之鄕)'의 큰 고목 밑에서 웃음을 머금은 얼굴로 이야기하는 장자의 모습이 보이는 듯하다. 느티나무가 교통을 방해하니까 베어 내어야 할까?

아무튼 이처럼 궁극 변화, 초월, 절대 자유, 해방을 말하는 장자의 가르침이 논 갈고, 길쌈하고, 아기 기저귀 갈고, 장사하고, 돈벌고, 출세하는 일에는 분명 쓸모가 없겠지만, 그것이 우리도 모르는 사이, 현상계의 실상을 궁구하고 인간의 궁극적인 문제를 꿰뚫어 보게 해줄 뿐만 아니라, "주고받기와 시비와 깔고앉음과 깔리움밖에" 있을 수 없는 인간의 정황, 이 숙명적 실존의 한계에서 벗어나, 진정으로 풍요하고 자유롭고 싱그럽게 사는 일에 쓸모가 있다면, 이 어찌 저 자질구레한 일들의 쓰임새와 비교할 수 있겠느냐는 것이다.

특히 손 트는 데 바르는 약 이야기는 다른 이야기들과 성질이 좀 다르다. 이 약은 그것이 쓸모가 있느냐 없느냐 하는 것이 아니라, 쓰임이 있지만 더욱 값진 쓸모가 있는데도 값싸게 쓰이는 것이 딱하다는 것이다. 우리 모두에게 똑같이 주어진 생명을 하루하루 먹고사는 데 써 버리고 말 것이냐 더 원대한 일을 이루는 데 사용할 것이냐 하는 문제를 암시했다고 볼 수 없을까?

아무튼 장자는 자기의 말이 일견 쓸모 없이 보여도 계속 귀를 기울이라고 한다. 매미나 새끼 비둘기, 메추라기처럼, 하늘 높이 날아가는 붕을 비웃는 데 시간을 낭비하지 말고 시야를 넓혀 큰 세계를 보고, 사물의 더 크고 참된 쓸모를 찾으라는 것이다. 우리도 이 초대에 응해 계속 그 가르침에 귀를 기울이자.

이제 그렇게 변혁(變革)하기 위해 구체적으로 무엇을 어떻게 할까 하는 것이 다음에 나오는 제2편의 중심 과제이다. 그리로 넘어가 본다.

제 2 편

사물을 고르게 하다(齊物論)

이 편(篇)의 주제는 우리가 우리의 실존적 한계성을 초월하여 궁극적으로 변하기 위해서는 지금 우리가 살고 있는 이 대립(對立)의 세계에서 대립을 초월(超越)한 '하나'의 세계, 실재(實在)의 세계를 꿰뚫어 보아야 한다는 것이다. 그러면 그 '하나'의 세계, 실재의 세계란 어떤 것인가? 그리고 그 세계를 꿰뚫어 볼 수 있는 길은 무엇인가? 사물의 한쪽만 보는 우리의 상식적, 분석적, 이분법적(二分法的) 사고의 틀에서 벗어나 더 높은 차원에서 사물의 진상을 전체적으로 볼 수 있는 예지와 직관과 통찰을 체득해야 한다는 이야기이다.

이 편은 많은 주석가가 '중국 철학사의 최고봉'으로 여길 만큼 유명하다. 그리고 『장자』 중에서 가장 이해하기가 어렵고, 철학적으로도 가장 많이 논의하는 편이기도 하다. 고금을 통해 수많은 학자가 여러 각도, 여러 차원에서 해석해 왔다.

이 편의 상당 부분이 너무 어려우면 일단 이해할 수 있는 범위에서 읽다가 비교적 이해하기가 쉬운 편을 섭렵하고 다시 돌아와 차근차근 음미하는 것도 좋겠다. 본래 『장자』는 처음부터 미리 짜 놓은 틀에 맞추어 쓴 책이 아니기 때문에 반드시 어디서부터 먼저 읽어야 한다는 법도 없기 때문이다.

이 편은 「제물론(齊物論)」이라는 제목부터 해석이 분분하다. 齊는 '고르게 하다', 物은 '사물', 論은 '이론'. 이 세 개념을 어떻게 연결시키는가에 따라서, 1) '齊物에 대한 論' 즉 '사물을 고르게 하는 데 대한 이론'으로 풀거나, 2) '物論이 齊함'으로 푸는데, 여기서 다시 '物論'이 '物과 論'이냐 혹은 '物에 대한 論'이냐에 따라서, a) '사물과 이론들을 고르게 함'으로 풀 수도 있고, b) '사물에 대한 여러 이론들을 고르게 함'이라고 새길 수도 있다. 그 외에도 몇 가지 해석이 더 가능하지만, 당(唐) 이전에는 주로 2-b의 해석이 지배적이었으나 송(宋) 이후에는 세 가지를 모두 인정해 왔다.

제목을 어떻게 풀든 논의의 초점은 '齊'에 있다. '齊한다'고 하는 것은 '하나로 한다'는 것이다. 하나로 한다고 하여 각각 다른 사물을 일률적으로 획일화한다는 뜻이 아니다. 이 때의 '하나'는 다양함 속에서 찾을 수 있는 조화와 일치를 의미한다. '이것이냐 저것이냐(either / or)'에서 한쪽만을 택하는 것이 아니라 '이것도 저것도(both / and)', 양쪽을 다 보아야 한다는 생각이다. 동일한 것이 보기에 따라 크기도 하고 동시에 작기도 하다는 것이다. 이것이 바로 시비(是非)를 넘어서는 세계, 제일(齊一), 제동(齊同), 여일(如一)의 세계, 서양의 중세 사상가 쿠자누스(Nicholas of Cusa)가 말한 '양극의 조화'가 이루어진 세계, 대립을 초월한 세계에서 사물을 보는 것이다. 그 동안 우리 눈에 씌웠던 눈가리개를 벗긴 셈이다. 이럴 때 우리는 숙명으로 뒤집어쓰고 있던 제약의 굴레를 벗고, 붕새처럼 구만 리 창공을 날아가는 자유를 누릴 수 있다는 것이다.

나는 나를 잃어버렸다

1. 남곽(성곽 남쪽)에 사는 자기(子綦)라는 사람이 책상에 기대 앉아서 하늘을 쳐다보며 긴 한숨을 내쉬었습니다. 멍하니 앉아 있는 모습이 마치 자기 몸과 마음을 다 잃어버린 것 같았습니다.

그 앞에서 모시고 서 있던 제자 안성자유(顏成子游)가 물었습니다. "어찌 된 일입니까? 몸도 이렇게 마른 나무 같아질 수 있고, 마음도 죽은 재(灰) 같아질 수 있습니까? 지금 책상에 기대앉아 계신 분은 이전에 이 책상에 기대앉아 계시던 그 분이 아니십니다."

자기(子綦)가 말했습니다. "언(偃)아, 참 잘 보았구나. 지금 나는 나를 잃어버렸다. 그런데 네가 그 뜻을 알 수 있을까? 너는 사람들이 부는 통소 소리를 들어 보았겠지만, 땅이 부는 통소 소리는 들어 보지 못했겠지. 설령 땅이 부는 통소 소리는 들어 보았

1. 南郭子綦隱几而坐 仰天而噓 荅焉似喪其耦 顏成子游立侍乎前 曰 何居乎 形固可使如槁木 而心固可使如死灰乎 今之隱几者 非昔之隱几者也 子綦曰 偃 不亦善乎 而問之也 今者吾喪我 女知之乎 女聞人籟 而未聞地籟 女聞地籟 而未聞天籟夫

☞ 隱(은) - 여기서는 '기댄다'는 뜻. 그러나 '책상에 푹 파묻힌다'고 새겨도 될 듯하다 / 噓(허) - 숨을 천천히 내쉼 / 荅焉(답언) - 멍한 모습 / 耦(우) - '寓(깃들임)'로 보고 정신이 '깃들이는 곳' 곧 몸으로 해석하는 사람도 있고, '偶(우)'로 보아 정신의 짝인 몸이라 푸는 이도 있다. 여기서는 바로 위에 "몸이 마른 나무 같아지고 마음도 죽은 재 같아진다"는 말이 있음을 감안해서 '몸과 마음'이라는 해석을 택했다 / 何居乎 - 여기서 '居'는 '故'와 같아 '무슨 일인가'의 뜻 / 固 - 부사 '본래' / 籟(뢰) - 통소 혹은 그 소리.

을지 모르지만, 하늘이 부는 퉁소 소리는 들어 보지 못했을 것이다."

제1편이 '북명(北冥)'의 물고기 이야기로 시작한 데 반해 제2편은 '남곽(南郭)'에 사는 자기(子綦)라는 사람의 이야기로 시작했다. 북과 남이 대조를 이루고, 물고기와 사람이라는 점이 다르지만, 둘 다 '변화(變化)'를 이야기한다는 점에 공통점이 있다. 다만 그 변화를 제1편에서는 북명의 물고기가 붕새가 되는 '외형적 변모(變貌)'로 상징했는데 제2편에서는 남곽의 자기가 그것을 "내가 나를 잃었다"고 하는 '내면적 변혁(變革)'으로 표현한 것이 다르다.

자기(子綦)는 책상에 기대어, 혹은 '푹 파묻혀,' 하늘을 멍하니 쳐다보며 긴 한숨을 쉬었다. 정신이 완전히 나간 것 같다. 이를 본 제자가 "몸은 마른 나무 같고, 마음은 죽은 재 같이 되었다"고 묘사했다. 이런 상태를 두고 자기(子綦)는 "내가 나를 잃었다"는 말을 쓰고 있다. '나를 잃음', '나를 비움'의 상태에 들어갔다는 뜻이다.

여기 이 '오상아(吾喪我)'는 『장자』의 핵심 개념에 속한다. 내가 나를 잃어버리거나 잊어버려, 내가 진정한 내가 되었다는 이야기이다. 여기서 '吾'는 어떤 '나'고, '我'는 어떤 '나'인지에 대해 글자의 어원을 따지는 등, 주석가들 사이에 설이 분분하지만, 쉽게 말하면, 우리의 비본래적인 자아(自我), 작은 자아(self)에서 풀려나 본래의 자아, 큰 자아(Self)가 된 것이라고 이해하면 될 것이다.

이런 변화를 의식(意識) 상태로 설명하면, 일상의 이분법적 의식 세계에서 벗어나 초이분법적 의식의 세계로 들어감을 의미한다. 꼭 막힌 자의식(自意識)에서 탁트인 우주 의식(宇宙意識, cosmic consciousness)으로 변한 것이다. 근본적인 '의식 변혁(變革)'으로, 희랍어의 '메타노이아'이다. 뒤에 나오는 '마음 굶김(心齋)'(4 : 11)이나, '앉아서 잊어버림(坐忘)'(6 : 38)과 궤를 같이 하는 생각이다. 이것을 다시 종교적인 용어로 말하면, 옛 자아가 죽고 진정한 새 생명이 탄생하는 것이다. 옛 나를 장사 지내고 새로운 내가 무덤에서 나오는, 깊은 의미의 '죽음과 부활'이다. 불란서 철학자 데카르트가 라틴말로 "나는 생각한다. 고로 나는 존재한다(Cogito, ergo sum)"고 했다지만, 여기서는 "나는 잊었다. 고로 나는 존재한다(Obliviscor, ergo sum)"고 말을 하는지도 모르겠다. 내 일상의 이분법(二分法)적 고정 관념을 버릴 때 진정한 나, 온전하게 된 내가 새롭게 태어난다는 것이다.

몸이 '마른 나무같이' 마음이 '죽은 재'같이 되었다는 '고목사회(槁木死恢)' 이야기는, 똑같지는 않지만, 불교에서 말하는 지관(止觀)이라는 명상법을 상기시킨다. 불교에서는, 명상을 할 때 몸과 마음이 완전히 정지(停止)한 상태를 유지하라고 가르치는데 이를 산스크리트어로 사마타(śamatha)라고 한다. 그러면 거기서 사물에 대한 직관(直觀)과 통찰이 생기게 되는데, 이것을 산스크리트어로 비파샤나(vipaśyanā)라고 한다. 마음과 몸이 완전히 조용하게 가라앉은 것이 정(定)이고, 그렇게 되어 눈이 밝아진 것이 혜(慧)이므로 이를 '정혜(定慧)'라고도 한다. 이른바 삼매(三昧, samādhi)와 반야(般若, prajñā)이다. 여기서도 이것과 비슷한 상태를 이야기하고 있는 것인가?

아무튼 자기를 잃어버리고 비운 상태, 이른바 상아(喪我), 무아(無我), 망아(忘我), 망기(忘己)라는 자기 초월(自己超越)의 경지에 들어가야 비로소 하늘의 소리를 들을 수 있는 '특수 인식 능력(特殊認識能力)의 활성화(活性化)'가 이루어진다는 것이다. 이것이 바로 제물론(齊物論)의 세계에 들어가는 것, 곧 일체의 대립을 초월하여 하나가 되는 차원을 꿰뚫어 볼 수 있는 직관을 얻는 것이다.

남곽자기는 이렇게 '내가 나를 잃어버렸다'고 하다가 왜 갑자기 하늘의 퉁소 소리 이야기를 꺼내었을까? 자유(子遊)가 이 하늘의 소리를 들어 보지 못했을 것이라는 것은 무슨 뜻일까? 여기서 우선 주목할 일은 남곽자기의 제자인 '안성자유(顔成子遊)'라는 이름이다. 이 이름은 공자의 두 제자의 이름인 안회(顔回)와 자유(子游)의 이름을 합한 듯한데, 공자의 제자들처럼 공자가 가르치는 대로 세상을 보면 하늘의 소리를 들을 수 없다는 것을 암시하는 듯하다. 이론에 따라 지적(知的)으로 추구하는 한 하늘의 소리를 들을 수 없고, 스스로를 잃어버린 경지에 이른 사람만이 하늘의 퉁소 소리를 들을 수 있게 됨을 뜻한다고 볼 수 있다. 그러면 하늘의 퉁소 소리는 구체적으로 무엇일까?

하늘의 퉁소 소리

2. 자유(子遊)가 물었습니다. "[어떻게 하면 그 소리를 들을 수 있는지] 감히 물어 보아도 되겠습니까?"

자기(子綦)가 대답했습니다. "땅덩어리가 뿜어내는 숨결을 바람이라고 하지. 그것이 불지 않으면 별일 없이 고요하지만, 한번 불면 수많은 구멍에서 온갖 소리가 나지. 너도 그 윙윙 하는 소리를 들어 보았을 것이다. 산의 숲이 심하게 움직이면, 큰 아름드리 나무의 구멍들, 더러는 코처럼, 더러는 입처럼, 더러는 귀처럼, 더러는 목이 긴 병처럼, 더러는 술잔처럼, 더러는 절구처럼, 더러는 깊은 웅덩이처럼, 더러는 좁은 웅덩이처럼 제각기 생긴 대로, 물이 콸콸 흐르는 소리, 화살이 씽씽 나는 소리, 나직이 꾸짖는 소리, 숨을 가늘게 들이키는 소리, 크게 부르짖는 소리, 울부짖는 소리, 깊은 데서 나오는 듯한 소리, 새가 재잘거리는 소리 등 온

---

2. 子游曰 敢問其方 子綦曰 夫大塊噫氣 其名爲風 是唯無作 作則萬竅怒呺 而獨不聞之翏翏乎 山林之畏佳 大木百圍之竅穴 似鼻 似口 似耳 似枅 似圈 似臼 似洼者 似汚者 激者 謞者 叱者 吸者 叫者 譹者 宎者 咬者 前者唱于 而隨者唱喁 泠風則小和 飄風則大和 厲風濟 則衆竅爲虛 而獨不見之調調之刁刁乎

▷ 方 - 여기서는 '도리(道理)'나 '이치(理致)'의 뜻 / 竅(규) - 구멍 / 而獨 - 여기서 '而'는 '너'라는 뜻, '獨'은 강조하는 조사. 而, 汝, 若 뒤에 붙어서 '너는'이라는 뜻이 됨 / 畏佳(외최) - '바람에 심히 흔들리는 모양' 혹은 '산이 높은 모양'이라고 함 / 枅(계) - 목이 긴 병 / 洼(와) - 웅덩이 / 臼(구) 절구 / 汚(오) 좁은 웅덩이 / 調調·刁刁(조조조조) - 크게 흔들림과 작게 흔들림.

갖 소리를 내지. 앞에서 가볍게 우우 - 하는 소리를 내면, 뒤따라서 무겁게 우우 - 하는 소리를 내고. 산들바람이 불면 가볍게 화답하고, 거센 바람이 불면 크게 화답하지. 그러다가 바람이 멎으면 그 모든 구멍은 다시 고요해진다. 너도 저 나무들이 휘청휘청 구부러지거나 살랑살랑 흔들리기도 하는 것을 보았겠지."

3. 자유가 말했습니다. "땅이 부는 통소 소리란 결국 여러 구멍에서 나는 소리군요. 사람이 부는 통소 소리는 대나무 통소에서 나는 소리인데, 하늘이 부는 통소 소리란 무엇입니까?"

자기가 대답했습니다. "온갖 것에 바람을 모두 다르게 불어넣으니 제 특유한 소리를 내는 것이지. 모두 제 소리를 내고 있다고 하지만, 과연 그 소리가 나게 하는 건 누구겠느냐?

제1편에서 바람 이야기가 나온 것처럼 여기서도 '바람'이 중요한 모티프(motif)로 등장한다(제1편 4 풀이 참조). 제1편의 바람이 우리가 타고 '신바람 나게' 날아가게 하는 바람이라면, 여기 나오는 바람은 통소 속으로 통과하면서 소리를 내듯 속으로 불어 우리를 움직이는 내면적 바람인 셈이다. 사람이 부는 통소 소리는 길이가 각각 다른 대나

---

3. 子游曰 地籟則衆竅是已 人籟則比竹是已 敢問天籟 子綦曰 夫吹萬不同 而使其自己也 咸其自取 怒者其誰邪
☞ 咸(함) - 모두

무를 가지런히 묶어서 거기다 입으로 바람을 불어넣어서 내는 소리이다. 땅의 통소 소리는 땅에 있는 여러 구멍에 바람이 통과하면서 엮어 내는 소리이다. 바람 자체에는 소리가 없지만 그것이 다른 사물과 마주칠 때 사물마다 독특한 소리를 낸다. 같은 바람이라도 구멍이나 거기를 지나는 바람의 세기 등에 따라 여러 가지 소리가 난다. 이처럼 우주의 온갖 사물은 각각의 모양과 환경에 따라 서로 다른 소리를 낸다.

이렇게 바람과 더불어 생겨나는 소리는 이런 물리적 소리만이 아니다. 인간은 이 바람을 어떻게 받아들이고 어떻게 내보내느냐에 따라 나름대로 다양한 소리, 생각, 의견, 심리 작용, 감정, 정서 상태와 다양한 정도의 생동성과 생명력 등을 얻는다.

여기서 땅의 소리를 묘사한 장자의 문장은 중국 문학사에서 최고의 명문(名文)으로 알려져 있다. 송(宋)의 왕안석(王安石)은 "책을 덮고 앉아 있어도 여러 가지 소리가 귀에 윙윙 들려 오는 듯하다"고 했다.

인간과 대지가 부는 통소 소리는 바람과 물체가 어울려 만들어 내는 소리이다. 그러면 하늘이 부는 통소 소리는 무엇인가? 여기서는 무엇이라고 꼭 꼬집어 이야기하지 않았다. 도대체 하늘의 소리가 무엇인가를 독자 스스로 깊이 생각하게 하려고 의도적으로 그런 것일까? 전체 문맥을 살펴보면, 하늘의 통소 소리는 사람이 부는 통소 소리나 땅이 내는 통소 소리와는 근본적으로 성질이 다르다. 하늘 소리는 그 자체로 독립된 소리가 아니라 인간과 대지가 이처럼 다양한 소리를 내도록 해주는 바로 그것, 그 자체로는 들리지 않지만 모든 소리들의 근원이 되는 바로 그것. 바람 혹은 기(氣) 그 자체, 바람이나 기의 근본인 도(道)와 도가 발휘하는 힘을 의미한다. 마치 모든 실체에 형태를 주지만 그 자체는 '형태가 없는 형태,' 모든 존재를 있게 하지만 그 자체는 '존재가 아닌 존재'와 같이 여기서도 하늘의 소리란 모든 소리를 나게 하지만 그 자체로는 '소리가 아닌 소리'이다.

장자가 여기서 이렇게 아리송한 말로 우리에게 전하려는 것이 무엇일까? 우리보고 무엇을 어떻게 하라는 것일까? 첫째, 우리는 모두 제 소리를 낸다고 생각하지만 우리의 소리는 결국 우리도 모르게 그런 소리를 내게 하는 하늘의 힘, 도의 힘이 내는 퉁소 소리인 셈이다. "바람이 멎으면 그 모든 구멍은 다시 조용해진다"고 했다. 그런 의미에서 온 우주에 편만한 소리는 모두 제각각의 소리이면서 그 바탕인 하늘의 소리, 도의 소리라는 뜻을 품고 있다.

둘째, 이 말을 뒤집어 보면, 하늘의 소리는 다른 소리를 떠나서는 존재하지 않고 오로지 다른 소리들 속에 있는 소리, 들리지 않는 소리라는 것이다. 좀 전문적인 용어로 하면 하늘의 소리는 초월(超越)하며 내재(內在)하는 무엇이요, 모든 것과 하나이면서 다른 것이요, 다르면서도 하나인 무엇이다.

우리는 이런 사람의 소리와 땅의 다양한 소리를 들을 때 그 속에서 하늘의 소리를 들을 줄 알아야 한다는 것이다. 하늘의 소리는 우리 몸의 귀로 들을 수 없다. 그것은 남곽자기처럼 바로 '나를 잃어버린 상태'에서 새롭게 열리는 영적인 귀로만 들을 수 있으므로, 하늘의 퉁소 소리를 들어 보라고 하는 것은 결국 이렇게 우리 자신을 잃어 보라고 권하는 것이 아닐까?

지적(知的) 활동과 감정의 작용

4. 큰 꾀는 느긋하고,
   작은 꾀는 좀스럽고.

   큰 말은 담박하고,
   작은 말은 시끄럽고.

   잠잘 때는 꿈으로 뒤숭숭하고,
   깨어 있을 때는 감각 기관이 일을 시작하고.

   접촉하는 일마다 말썽을 일으키고,
   마음은 날마다 싸움질에나 쓰고.

---

4. 大知閑閑 小知閒閒 大言炎炎 小言詹詹 其寐也魂交 其覺也形開 與接爲構 日以心鬪 縵者 窖者 密者 小恐惴惴 大恐縵縵 其發若機栝 其司是非之謂也 其留如詛盟 其守勝之謂也 其殺如秋冬 以言其日消也 其溺之所爲之 不可使復之也 其厭也如緘 以言其老洫也 近死之心 莫使復陽也

☞ 炎炎 - 아름답다. '염염'이 아니라 '淡淡'으로 새겨 '담담'이라 읽음 / 詹詹(첨첨) - 떠들어 수다스러움 / 形開(형개) - '감각 기관이 열려 활동을 개시하는 것'으로 푼다 / 窖(교) - 음흉함 / 惴惴(췌췌) - 무서워서 기죽어 하는 모양 / 縵縵(만만) - 무서워서 정신을 못 차리고 어리병병한 모양 / 詛盟(조맹) - 작고 큰 맹서 / 洫(혁) - 외람됨.

더러는 우물쭈물
더러는 음흉
더러는 좀생이

작은 두려움에는 기죽어하고,
큰 두려움에는 기절하고.

시비를 가릴 때는, 물매나 화살이 날아가듯 날쌔다. 끝내 이기
겠다는 것을 보면, 하늘에 두고 한 맹세 지키듯 끈덕지다. 날로
쇠하는 것 보면, 가을·겨울에 풀과 나무가 말라 가는 것과 같고
하는 일에 빠져들면 헤어날 길이 없다. 늙어서 욕심이 지나친 것
보면, 근심에 눌려 꼭 막힌 것 같다. 죽음에 가까워진 그 마음은
다시 소생시킬 수가 없다.

5. 기쁨과 노여움, 슬픔과 즐거움, 염려와 후회, 변덕과 고집,
아첨과 방자, 터놓음과 꾸밈. 이것들이 모두 빈 데서 나오는 노
래요, 습한 데서 나오는 버섯이다. 우리 안에 밤낮으로 번갈아
나타나지만, 어디서 나오는지 알 수가 없지. 이렇게 아침 저녁으
로 [여러 가지 마음의 변화가] 나타나기에 우리가 삶을 유지하
는 것. 이런 것들이 없으면 내가 있을 수 없고, 내가 없으면 이런

---

5. 喜怒哀樂 慮嘆變慹 姚佚啓態 樂出虛 蒸成菌 日夜相代乎前 而莫知其所萌 已乎已乎 旦暮得此 其所
由以生乎 非彼無我 非我無所取 是亦近矣 而不知其所爲使
☞ 變慹(변접) - 변덕과 고집.

것들이 나타날 턱이 없지. 이야말로 진실에 가까운 것이나 이런 변화가 나타나게 하는 그것이 무엇인지는 알 수가 없구나.

남곽자기가 제자 안성자유에게 계속하여 퉁소 소리에 대하여 이야기한다. 제2편 전체는 남곽자기가 안성자유에게 들려주는 이야기인 듯하다. 그래서 남곽자기가 안성자유에게 하는 말은 모두 제자에게 하는 말투로 옮겼다. 남곽자기는 여기서 사람이 부는 퉁소 소리는 사람들 속에서 일어나는 여러 가지 지적(知的) 활동과 감정이라 했다. 아직 '자기'를 잃어버리지 못한 우리 보통의 인간들, 아직 하늘의 퉁소 소리를 들어 보지 못한 우리 속인들이 불어 대는 퉁소 소리는 부자연스러워, 아름답지가 못하다고 했다. 인간의 지적 활동은 그것이 느긋하든 좀스럽든, 담박하든 시끄럽든, 정도 차이는 있을지 모르지만 모두 자연스런 것이 못 된다. 잠들면 꿈으로 뒤숭숭하고 깨어나면 감각기관이 외부 대상과 열심히 작용하는데, 그 결과는 언제나 말썽과 싸움이다. 시비를 가리며 논쟁하고, 악착같이 이기려 하고, 그러면서 쓸데없는 데 기력을 다 쓰느라 가을 낙엽과 겨울 나무처럼 쇠잔해져 소생하지 못한다는 것이나.

우리의 감정도 마찬가지. 기뻐하고 성내고, 슬퍼하고 즐거워하고, 걱정하고 뉘우치고 변덕을 부리고 고집하는 것은 모두 인간의 퉁소에서 나오는 갖가지 노랫소리라는 것이다. 이 노랫소리가 귀에 거슬리는 불협화음이기는 하지만, 이런 것들이 나의 현실적 삶의 바탕을 이

뤄 지금의 실존적 '나', '잃어버려야 할 나'를 형성하고 있으므로 이런 것들이 없으면 현실적으로 내가 있을 수 없다는 것이다. 그런데 이런 것들이 이렇게 나타나게 하는 바로 그것은 무엇일까?

『장자』에는 '마음'을 묘사하는 말이 많이 나오는데, 크게 두 가지로 나누면, 1) 이분법적 상식의 세계에 머물러서 변하지 못한 마음, 곧 분별심으로서의 마음, 2) 이를 초월한 마음, 곧 이쪽저쪽을 함께 보는 성인(聖人)의 마음이다. 이 문단에서는 아직 성인의 마음으로 변하지 못한 일상적 마음의 상태와 그 작용을 묘사했다. 장자는 이런 일상적인 마음, 우리 속에 일어나는 모든 일을 스스로 주관한다고 착각하고 그 이상의 존재를 모르는 마음이 바로 모든 문제의 근원이라고 보고, 이런 마음의 불완전함을 깨달아 이를 잃고(喪) 초극해야 문제를 해결할 수 있다고 했다. 제2편 전체를 통해 이렇게 변하지 못한 마음에서 나오는 단견과 고집에서 벗어날 것을 촉구하고 이를 위해 그는 일종의 '충격 요법'을 쓴 셈이다.

참주인(眞宰)

6. [이런 변화를 주관하는] 참주인(眞宰)이 분명히 있는데, 그 흔적을 잡을 수 없구나. 참주인이 작용하는 것은 믿을 만한데, 그 모습을 볼 수 없는 셈이지. 실체가 있지만 모양을 알 수 없다는 것이다. 우리 몸에는 뼈마디가 백, 구멍이 아홉, 여섯 가지 내장이 있는데, 그 중에서 어떤 것을 특별히 더 좋아해야 하는 걸까? 자네는 모든 것을 다 좋아하나? 그 중에서 어느 것을 특히 더 좋아하는 것 아닌가? 그러면 [그 좋아하는 것만 떠받들고] 다른 것은 모두 머슴이나 종처럼 취급하나? 머슴이나 종들은 자신들을 스스로 다스릴 수 없는 것인가? 서로 임금과 신하의 입장을 번갈아 하는 것인가? 아니면 그들 속에 참임금이 있는 것은 아닐까? 우리가 그 실체를 알든 모르든 그 참모습에는 보탤 것도 뺄 것도 없다.

---

6. 若有眞宰 而特不得其眹 可行己信 而不見其形 有情而無形 百骸 九竅 六藏 賅而存焉 吾誰與爲親 汝皆說之乎 其有私焉 如是皆有爲臣妾乎 其臣妾不足以相治乎 其遞相爲君臣乎 其有眞君存焉 如求得 其情與不得 無益損乎其眞

☞ 眹(진) - 징조, 흔적 / 特 - 여기서는 특별한 뜻이 없는 조사 / 情 - '본질', '실체' 등으로 풀기도 하고, '느낀다'는 동사로 해석하기도 함 / 賅(해) - 갖추다 / 私 - 편애하다.

7. 일단 온전한 몸을 받았으면, 우리는 그것을 일부러 망치지 말고, 저절로 쇠잔해질 때까지 기다린다. 사물을 대하여 서로 깎고 가는 동안에 우리의 삶은 달리는 말처럼 걷잡을 수 없이 지나가고 마니, 이 또한 슬픈 일이 아니냐? 죽을 때까지 일하고 수고해도 아무것도 잘된 것 보지 못하고, 그저 일에 쫓기고 지쳐 돌아가 쉴 데도 없으니, 이 어찌 애처롭지 않으냐? 그래도 죽지는 않았다고 자위할 사람이 있을지 모르지만, [그렇게 살아 있다는 것] 뭐 그리 대수냐? 어차피 몸도 쇠하고 마음도 그렇게 되고 마니 정말 애처롭기 그지없는 일 아니겠느냐? 사람의 삶이라는 것이 본래 이처럼 엉망진창인 것인가? 오직 나만 이런 것인가? 사람들 중에 이렇게 엉망진창이 아닌 이들도 있다는 것일까?

우리 속에서 일어나는 여러 가지 지적 활동과 감정적 작용을 주관하는 '참주인(眞宰)'이 분명히 있을 것인데 구체적으로 그 흔적을 잡을 수도 없고, 그 모습을 볼 수도 없고, 그 실체를 알 수도 없다고 했다. 노자(老子)가 도(道)를 말하면서, "보아도 보이지 않는 것, 이름하여 이(夷)라고 하여 봅니다. 들어도 들리지 않는 것, 희(希)라고 하여 봅니

---

7. 一受其成形 不亡以待盡 與物相刃相靡 其行盡如馳 而莫之能止 不亦悲乎 終身役役 而不見其成功 苶然疲役 而不知其所歸 可不哀邪 人謂之不死奚益 其形化 其心與之然 可不謂大哀乎 人之生也 固若是芒乎 其我獨芒 而人亦有不芒者乎

☞ 亡 - 망치다, 잊어버리다. '化'로 풀어서 '변화시키다'로 읽는 사람도 있음 / 刃(인) - 칼로 베다 / 苶(날) - 고달픔 / 奚(해) - '何'와 같은 뜻. 앞에 여러 번 나왔고 뒤에서도 계속 나온다 / 芒(망) - 어두움.

다. 잡아도 잡히지 않는 것, 미(微)라고 하여 봅니다."(『도덕경』 14장)
한 말을 연상시킨다.

그러면 그 참주인은 완전히 신비에 싸여 영원히 알아볼 수 없다는
것인가? 우선 짐작이라도 해볼 수 있는 것 아닐까? 그래서 우리 몸에
있는 여러 가지 뼈와 구멍과 장기들 중의 어느 것일까 하고 묻고 나
서, 그럴 수는 없다고 한다. 그것들 속에 있으나 유(類)를 달리하면서
그것들을 움직이는 참주인이 있다는 것이다. 그러면 그 주인은 과연
누구일까?

장자는 여기서 우선 몸의 덧없음을 강조한다. 우리 몸은 일부러 해
치지 않더라도 달리는 말처럼 걷잡을 수 없이 지나가 버리고 마는 것.
허망하기 그지없으니 그 몸이나 몸의 일부가 우리의 참주인일 수 없
다는 것이다. 그러면 우리의 마음이 참주인일까? 유가(儒家)들, 특히
맹자는 마음이 우리의 주인이라고 생각한다. 그러나 장자는 묻는다.
마음이 몸보다 나은가? '몸도 쇠하고 마음도 함께 그렇게 되고 마는
것'이기에 마음이라고 나을 리가 없다는 것이다. 따라서 마음도 우리
의 참주인일 수가 없다. 이분법적 의식으로서의 마음, 우리의 분별하
는 마음은 특별히 딴 기관을 다스릴 자격이 없고, 그럴 성질의 것도
못 된다는 것이다. 마음도 다른 기관과 마찬가지로 덧없이 쇠망해 가
는 여러 사물 중 하나일 뿐이라는 이야기이다. 그러면 참주인은 과연
누구인가? 이렇게 참주인을 알아보지 못하는 것이 문제의 근원이라
는 것이다. 참주인을 왜 알아보지 못하며, 알아보지 못해서 생기는 문
제는 무엇인가?

'굳은 마음(成心)'

8. 우리에게 생긴 '굳은 마음(成心)'을 따라 그것을 스승으로 떠받들면, 스승 없는 사람이 어디 있겠느냐? 그렇게 되면 어찌 변화의 이치를 아는 현명한 사람들만이겠느냐, 우둔한 사람들도 마찬가지지. 아직 이런 굳은 마음이 없는데도 옳고 그름을 따지려는 것은 마치 오늘 월(越)나라를 향해 떠나 어제 그곳에 도착했다는 것과 같이 있을 수 없는 일을 있을 수 있다고 억지를 부리는 것이다. 있을 수 없는 일을 있을 수 있다고 하면 우(禹) 임금처럼 신령한 분이라도 알 수 없을 텐데 하물며 나 같은 사람이 어찌 이를 알 수 있겠느냐?

'成心'을 '온전한 마음,' '하늘이 준 마음,' '참된 마음'이라 보는 주석가도 있고, '굳어진 마음,' '시비를 따지는 마음,' 편견, 선입견 등 '꼴을

---

8. 夫隨其成心而師之 誰獨且無師乎 奚必知代而心自取者有之 愚者與有焉 未成乎心而有是非 是今日
適越而昔至也 是以無有爲有 無有爲有 雖有神禹 且不能知 吾獨且奈何哉
☞ 師 - 스승, 안내자, 혹은 표준, 척도, 지침 등으로 풂 / 代 - 앞에서 말한 '번갈아 가며 나타나는 감정들'. 이런 변화의 이치를 가리킨다고 풂 / 奈何(내하) - '如何'와 같음.

이룬 마음'을 뜻하는 것이라고 나쁘게 보는 주석가도 있다. 여기서는 전체적 맥락으로 보아 둘째 해석을 따랐다. 따라서 성심(成心)을 좋지 못한 마음, 고쳐야 할 마음, 우리를 분별과 대립의 세계에 묶어 놓는 딱딱한 마음 등으로 풀었다.『도덕경』49장에서 말하는 '고정된 마음 (常心)'과 같은 뜻으로 본 것이다. 시비를 따지는 것은 이렇게 틀에 박혀 유연성이 없이 분별하는 마음이 있기 때문인데, 이렇게 '굳은 마음' 이 생기기도 전에 시비를 따진다는 것은 오늘 떠나서 어제 도착했다 는 말처럼 터무니없는 일이라는 것이다. 뒤집어 말하면 이런 분별심, 성심이 있는 곳에는 반드시 시비를 따지는 일이 있을 수밖에 없다는 말이다. 이런 정신적 병폐 때문에 나의 '참주인,' 나의 '참 나'를 알아보 지 못한다는 뜻이다.

말을 한다는 것은

9. 말을 한다는 것은 그저 숨을 내쉬는 것만이 아니다. 말에는 뜻이 있지. 말을 했지만 말하려는 바가 뚜렷하지 않다면, 말을 했다고 해야 할까, 아직 하지 않았다고 해야 할까? 말은 새끼 새들이 재잘거리는 소리와 다르다고 하는데 정말 다른 것일까, 다르지 않은 것일까?

도(道)가 무엇에 가리어 참과 거짓의 분별이 생긴 것일까? 참말은 무엇에 가리어 옳고 그름의 차이가 생긴 것일까? 도가 어디로 사라지고 없어진 걸까? 참말이 어디에 있기에 제구실을 못 하는가? 도는 자질구레한 이룸에 가리고, 참말은 현란한 말장난에 가리었다. 그리하여 유가(儒家)와 묵가(墨家)가 시비를 다투어, 한쪽에서 옳다 하면 다른 쪽에서 그르다 하고, 한쪽에서 그르다 하면 다른 쪽에서 옳다 하는 것이다. 이들이 그르다 하는 것을 옳다 하고, 이들이 옳다 하는 것을 그르다 하려면, 무엇보다도 〔이들

---

9. 夫言非吹也 言者有言 其所言者 特未定也 果有言邪 其未嘗有言邪 其以爲異於鷇音 亦有辯乎 其無辯乎 道惡乎隱而有眞僞 言惡乎隱而有是非 道惡乎往而不存 言惡乎存而不可 道隱於小成 言隱於榮華 故有儒墨之是非 以是其所非 而非其所是 欲是其所非 而非其所是 則莫若以明

☞ 鷇(구) - 먹이를 받아먹는 종류의 새 새끼 / 惡(오) - '어떻게', '어찌하여' / 隱(은) - 앞에 나온 것과 같이 '기댄다'로 보는 사람도 있다 / 小成 - 앞의 '成心'과 궤를 같이 한 것으로 본 전목(錢穆)의 해석을 따를 경우 '자질구레한 편견'이나 '고정 관념들'이라 할 수 있다.

78

의 옳고 그름을 초월하여 모든 것을 꿰뚫어 볼 수 있는] 밝음(明)이 있어야 한다.

✺

사람들이 말을 한다. 그런데 이 말은 단순한 바람 소리가 아니다. 말은 사람이 뜻을 실어 불어 내는 바람 소리이다. 이렇게 뜻을 실어 하는 말이 분명하지 않으면 말을 했다고 할지 안 했다고 할지. 혹은 그것이 새끼 새들이 재잘거리는 소리와 같다고 할지 다르다고 할지.

지금 세상에는 이러니저러니 말이 많다. 왜 그럴까? 도가 가리고, 참말이 사라져서 참과 거짓의 분별이 생기고, 옳고 그름의 차이가 생겼기 때문이다. 도와 참말이 어디에 가리었는가? 도는 조그만 이룸(小成), 곧 여러 가지 사소한 편견과 선입견에 가리고, 참말은 알맹이 없이 겉만 번드레한 말장난(榮華)에 가리고 말았다. 그래서 유가(儒家)와 묵가(墨家) 같은 논객들이 나타나 서로 말로 시비를 따지며 논쟁을 일삼는다. 한쪽에서 그렇다 하면 다른 쪽에서 그렇지 않다 하고, 다른 쪽에서 그렇다 하면 한쪽에서 그렇지 않다고 한다.

역사적으로 가장 뚜렷한 예가 묵가(墨家)와 유가(儒家) 사이의 논쟁이라고 보았다. 묵자(墨子, 기원전 약 468~376)는 공자의 가르침을 반박하여 겸애(兼愛), 절용(節用) 등을 가르쳤는데 맹자(孟子, 기원전 약 371~289)가 나와 묵자를 반박하고…….

이 같은 일은 지금 우리 주위에서도 볼 수 있다. 모두 코끼리를 만지는 장님들처럼 자기가 만져 본 일방적이고 부분적인 단견(短見)을 내세워 서로 분쟁하고 있는 것이 아닌가? 코끼리가 구렁이처럼 생겼나? 문제를 해결하려면 눈을 뜨고 코끼리를 전체적으로 보아야 한다. 눈을 떠야 구렁이 같은 면과 기둥 같은 면을 다 본다. 이를 일러 '밝음(明)'을 얻음이라 한다.

'이것'과 '저것'

10. 사물은 모두 '저것' 아닌 것이 없고, 동시에 모두 '이것' 아닌 것이 없다. 자기를 상대방이 보면 '저것'이 되는 줄을 모르고, 자기가 자기에 대한 것만 알 뿐이다. 그러기에 이르기를 '저것'은 '이것'에서 나오고, '이것'은 '저것' 때문에 생긴다고 하였다. 이것이 바로 '이것'과 '저것'이 서로를 생겨나게 한다는 '방생(方生)'이라는 것이지.

삶이 있기에 죽음이 있고, 죽음이 있기에 삶이 있다. 됨이 있기에 안 됨이 있고, 안 됨이 있기에 됨이 있다. 옳음이 있기에 그름이 있고, 그름이 있기에 옳음이 있다. 그러므로 성인(聖人)은 일방적 방법에 의지하지 않고, 〔전체를 동시에 볼 수 있는〕 하늘의 빛에 비추어 보는 것이다. 이것이 바로 '있는 그대로를 그렇다 함(因是)'이다.

〔하늘의 빛에 비추어 보면〕 '이것'은 동시에 '저것'이고, '저것'은 동시에 '이것'이다. 성인의 '저것'에는 옳고 그름이 동시에 있고, '이

---

10. 物無非彼 物無非是 自彼則不見 自知則知之 故曰 彼出於是 是亦因彼 彼是方生之說也 雖然 方生方死 方死方生 方可方不可 方不可方可 因是因非 因非因是 是以聖人不由而照之於天 亦因是也 是亦彼也 彼亦是也 彼亦一是非 此亦一是非 果且有彼是乎哉 果且無彼是乎哉 彼是莫得其偶 謂之道樞 樞始得其環中 以應無窮 是亦一無窮 非亦一無窮也 故曰 莫若以明

것'에도 옳고 그름이 동시에 있다. 그러면 '저것'과 '이것'은 따로 있다는 것인가? 그렇지 않다는 것인가? '저것'과 '이것'이 상대적 대립 관계를 넘어서서 없어지는 경지를 일컬어 '도의 지도리(道樞)'라 한다. 지도리이기에 회전의 중심에서 무한한 변화에 대응한다. 옳음도 무한한 변화의 하나요, 그름도 무한한 변화의 하나. 그러므로 '무엇보다 [옳고 그름을 넘어서서 모든 것을 꿰뚫어 보는] 밝음(明)이 있어야 한다'고 한 것이다.

❀

이렇게 시비를 따지는 병폐를 고치려면 '밝음(明)'이 있어야 한다고 했는데, 여기서는 그것을 구체적으로 말했다. 한마디로 하면, 이분법 적 사고 방식에서 나오는 일방적 편견을 버리라는 것이다. 사물을 한 쪽에서만 보는 편견을 버리고 전체적으로 보면, 동일한 사물이 '이것' 도 되면서 '저것'도 된다는 것을 안다. '이것이냐 저것이냐'가 아니라 '이것도 저것도' 본다는 말이다. 내가 지금 내 앞에 있는 책상을 보면 '이것'이지만, 저쪽에 앉은 사람이 보면 '저것'이다. 나에게 사물을 전 체적으로 볼 수 있는 안목이 조금이라도 있으면, 나는 이 책상을 두고 '이것만'이라고 고집하고 그것을 절대화하지 않는다.

그뿐만 아니다. '이것'이라는 말은 '저것'이라는 말이 없을 때는 의 미가 없다. '이것'이라는 말은 반드시 '저것'이라는 말을 전제로 하고 있다. '이것'이라는 말 속에는 '저것'이라는 말이 이미 내포되어 있다. '이것'이 없으면 '저것'이 없고, '저것'이 없으면 '이것'도 없다. 그런 의미에서 '이것'은 '저것'을 낳고 '저것'은 '이것'을 낳는 셈이다. 아버지만 아들을 낳는 것이 아니라 아들이 없이는 아버지도 있을 수 없으므로 아들도 아버지를 낳는 셈이다. 아버지도 원인인 동시에 결과이고, 아들도 결과인 동시에 원인이다. 이렇게 서로가 서로를 가능하게 하는 것을 '방생(方生)'이라고 했다. '방(方)'의 어원이 배들을 나란히 놓아둔다는 뜻이다. '방생'을 영어로 'mutual production' 혹은 'interdependence' 라 할 수 있을 것이다.

이처럼 언뜻 보기에 대립하고 모순하는 것 같은 개념들, 예를 들면 앞서 언급한 죽음과 삶, 됨과 안 됨, 옳음과 그름이나,『도덕경』제2장에 열거한 선악(善惡), 미추(美醜), 고저(高低), 장단(長短) 같은 것들이, 결국 독립한 절대 개념이 아니라 빙글빙글 돌며 어울려 서로 의존하는 상관 개념이라는 사실을 깨달아야 한다는 것이다.

사실 여기 본문에서 "그러므로 이르기를(故曰)"부터 나오는 몇 문장은 혜자(惠子)의 논리학파에서 주장하는 것을 장자가 그대로 인용한 것이다. 그러나 장자가 여기서 이 말을 인용한 것은 혜자의 궤변 철학에서 보이는 것과 같이 말장난을 하자거나 어느 한편을 옹호하자는 것이 아니라, 우리가 진정으로 자유로우려면, 사물의 한 면만을 보고 거기에 집착하는 옹고집과 다툼을 버려야 한다는 것을 '일깨워 주기' 위한 '구속론적 관심' 때문이라고 볼 수 있다.

아무튼 사물을 이렇게 통째로 보는 것이 '하늘의 빛에 비추어 보는 것(照之於天)'이고, '도의 지도리(道樞, pivot, 'Still Point')'에서 보는 것이라고 했다. 이것이 바로 '실재를 있는 그대로 그렇다 함(因是)'이요, 모든 것을 꿰뚫어 보는 '밝음(明)'이다. 중세 철학자 쿠자누스(Nicolas

of Cusa)가 말한 'coincidentia oppositorum(반대의 일치, 양극의 조화)'
이다.*

---

* 제2편에는 '亦因是也'라는 문구가 계속 나온다. '因是'가 정확하게 무슨 뜻일까? 주석가들 중에는
별 뜻이 없는 것으로 취급해 버리는 이도 있고 또 풀이를 하는 사람들 간에도 의견이 각양각색이다.
Wing-tsit Chan(陳榮捷)은 '因是'를 문맥에 따라 그때그때 달리 번역해서 이 문단에서는 "This is the
reason(이것이 이유이다)"이라 하고, 다른 데서는 "let things take their own course(사물이 제 길을 가
도록 한다)"라 했다(183, 184). 그레함(Graham)은 '因是'는 장자가 "'That's it' by circumstance(상황에
따라 그러함)"로 인정한 것이고, 이와 대조되는 '爲是'는 "That's it' which deems(그렇다고 여기는 인
간의 판단에 따라서 그러함)"로 장자가 거부한 것이라 했다(54). Kwang-ming Wu(吳光明)는 "going
along with things(사물과 어울려 간다)"라 하고(1983, 53) 나중 나온 책에서는 "going according
to the (self-) affirmation of all things(사물의 자기 긍정에 따라감)"(1990, 193)나 "following whatever
actually is(실재하는 것을 그대로 따름)"(244)라 했다. 아베 요시오(阿部吉雄)는 "大是에 因함"이라
하고, "大自然의 大肯定에 因함"이라고 풀었다(82). 안동림은 '因'을 '任'으로 보고 "커다란 긍정(肯
定)의 세계에 의존한다"고 번역했다(65).
  여기서는 일단 '실재를 있는 그대로 인정하고 그대로 놓아두는 것'이란 뜻에서 '있는 그대로를
그렇다 함'이라 옮겼다. '정말 그런 것', '실재 그대로를 그렇다 함'이라는 방향으로 풀어 보면, 영어
의 'Reality', 산스크리트어의 'tathatā'('정말로 그러함,' 眞如, suchness), 독일어의 'Gelassenheit'(그대
로 놓아둠, letting-be) 같은 단어를 연상하게 한다. 모두 실재를 있는 그대로 보았기에 그것을 인위적
으로 좌지우지하지 않는다는 뜻이다. 한마디로 무위자연(無爲自然)과 통하는 마음의 태도이다.

손가락과 말(馬)

11. 손가락을 가지고 그 손가락이 손가락 아님을 밝히는 것은 손가락 아닌 것을 가지고 손가락이 손가락 아님을 밝히는 것보다 못하다. 말(馬)을 가지고 말이 말 아님을 밝히는 것은 말 아닌 것을 가지고 말이 말 아님을 밝히는 것보다 못하다. 하늘과 땅도 하나의 손가락. 만물도 하나의 말.

[일반적으로] 되는 것을 일러 됨이라 하고 되지 않는 것을 일러 되지 않음이라 한다. 길은 다녀서 생기고 사물도 그렇게 불러서 그렇게 된다. 어찌해서 그렇게 되는가? 그렇다고 하니까 그렇게 되는 것이다. 어찌해서 그렇지 않게 되는가? 그렇지 않다고 하니까 그렇지 않게 되는 것이다. 사물에는 본래 그럴 까닭이 있고, 그럴 가능성도 있지. 그렇지 못한 것은 하나도 없고, 그럴 수 없는 것도 하나도 없다.

---

11. 以指喩指之非指 不若以非指喩指之非指也 以馬喩馬之非馬 不若以非馬喩馬之非馬也 天地一指也 萬物一馬也 可乎可 不可乎不可 道行之而成 物謂之而然 惡乎然 然於然 惡乎不然 不然於不然 物固有所然 物固有所可 無物不然 無物不可

여기서 손가락이라고 번역한 글자 '指'는 물론 손가락을 뜻하지만, 무엇을 '가리키는 물건'이라는 뜻도 있다. 또 '指'에서 '손수변(扌)'을 빼고 '旨'로 읽어 '취지(趣旨)'라고 할 때처럼 '뜻'으로 풀 수도 있다. 따라서 '손가락이 손가락 아님'이라는 구절이 '뜻하는 바가 본래 뜻이 아님' 즉 이름과 실체가 다르다는 뜻으로 새길 수 있고, 또 이렇게 해석하는 주석가도 더러 있다. 그러나 여기서는 일단 '指'를 그냥 손가락으로 새기기로 한다.

이 단은 논리학파의 거장 공손룡(公孫龍)의 설에 대한 장자의 반론이나 수정론인 셈이다. 공손룡은 자신의 『지물론(指物論)』에서 '손가락을 가지고 손가락이 손가락 아님'을 밝히려고 했다. 내가 지금 가지고 있는 구체적이고 특수한 손가락은 보편적이고 추상적인 개념을 지닌 손가락이 아니다. 따라서 "내 손가락은 손가락이 아니다." 했다. 말(馬)의 경우도 마찬가지로, 흰 말은 구체적이고 특수한 말이기 때문에 보편적이고 추상적인 '말 그 자체(有馬如已耳)'와 같을 수 없다. 그러므로 흰 말은 말이 아니라는 이론을 폈다. 수학 담당 김 선생님은 선생님의 기본 자질을 갖추지 못했기에 '김 선생님은 선생님이 아니다.' 그뿐 아니라 물리 담당 박 선생님은 보통 선생님보다 너무 월등하기에 '박 선생님도 선생님이 아니다.' 그 외에 이 선생님, 장 선생님 모두 이런저런 이유로 우리가 머리에서 그리고 있는 선생님이 아니다. 이처럼 구체적인 선생님 하나하나는 결국 '선생님이 아니다.' 손가락을 가지고 손가락이 손가락 아님을, 말을 가지고 말이 말 아님을, 선생님

을 가지고 선생님이 선생님 아님을 밝히려는 것이다. A를 가지고 A가
A 아님을 밝히는 셈이다.

그러나 장자는 이렇게 손가락을 놓고 손가락이 손가락이 아니라고
하는 논증법 대신 "손가락이 아닌 것을 가지고 손가락이 손가락 아님
을 밝히고, 말이 아닌 것을 가지고 말이 말 아님을 밝히는 것"이 낫다
고 역설했다. '非A'를 가지고 A가 A 아님을 밝혀야 한다는 것이다. 어
떻게 하는 것이 그렇게 하는 것일까?

말(馬)을 놓고 생각해 보자. 장자도 말이 말이 아니라고 하는 점에
서는 이론학파의 주장과 같다. 그러나 말을 말이 아니라고 말하는 방
법이 그 사람들과 다르다. 공손룡이 갖다 댄 특수한 개체인 말과 보편
적 추상 개념인 말이 서로 다르기 때문이라고 하는 식으로 '말을 가지
고' 말을 말이 아니라고 하는 대신 장자는 '말이 아닌 것' 즉 소나 개를
가지고 말이 말 아닌 까닭을 밝히는 것이 낫다는 것이다.

복잡하여 이해하기 어렵지만, 우리 나름대로 생각해 보자. 말이 아
닌 짐승, 예를 들면 소를 가지고 말이 말 아님을 밝힌다고 하자. 소는
말이 아니다. 소와 말은 다르다. 그러나 소와 말은 둘 다 짐승이라는
점에서 같다. 한편 사과와 오렌지는 다르다. 그러나 과일이라는 점에
서 같다. 소와 말은 짐승이고 사과나 오렌지라는 과일과는 다르다. 그
러나 짐승과 과일은 생물이라는 점에서 같다. 이런 생물과 철이나 금
같은 광물은 물론 다르다. 그러나 생물과 광물도 물질이라는 점에서
는 같다. 이런 식으로 범주를 넓혀서 궁극에 이르면 모든 것이 같다.
이제 이렇게 하여 모든 것을 하나로 보는 견지에서 본 말(馬)과 처음
에 개별적으로 독립한 개체로 본 말을 비교하면 둘은 같은 말이 아니

다. 따라서 "말이 말이 아니다." 그러나 이런 결론은 이런 식으로 처음부터 말에다 말이 아닌 소를 갖다 대고 풀어 갈 때 쉽게 얻을 수 있고 그 뜻하는 바가 중대하다는 것이다. 대략 이런 뜻이 아닐까 생각한다.

그 뜻하는 바가 왜 중대하다는 것인가? 이렇게 도의 견지에서 보면 모든 것이 하나일 수밖에 없다. 따라서 "하늘과 땅도 한 손가락. 만물도 한 필의 말"이라고 할 수 있다. 사과와 오렌지를 과일이라는 개념으로 보면 하나이듯, 하늘, 땅, 손가락, 말, 그 밖의 세상 모든 것이 도의 견지에서 보면 모두 하나이기 때문이다.

사실 이 문단은 이런 논리보다 더 차원 높은 형이상학적 경지를 말했다고 보는 것이 더 옳을 것 같다. 그 당시 유가(儒家)들은 '정명(正名)' 사상에 근거를 두고 모든 사물에는 그 이름에 상응하는 '본질'이 있다는 '본질론적' 견해를 보였다. 이에 반해 장자는 철두철미 '비본질론적' 견해를 내세웠다. 만물에는 고정한 실체(實體)나 본질(本質)이라는 것이 없다는 주장이다. 각각의 사물은 독립한 개체로 따로 존재하지 않는다는 것이다. 이렇게 보면, 일상적인 의식으로 각 개체 사이에 있다고 생각한 경계나 구분이 완전히 없어진다. 따라서 손가락과 손가락 아닌 것들, 예를 들면 손가락과 나뭇가지 사이에는 아무런 경계가 있을 수 없다. 따라서 손가락과 나무는 하나이다. 이렇게 보면 "하늘과 땅도 한 손가락. 만물도 한 필의 말"이라는 통찰을 자연스럽게 할 수 있다. 화엄(華嚴) 철학의 용어를 빌리면 만물은 모두 상즉(相卽), 상입(相入)이다. 이것을 영어로는 'mutual identification'과 'interpenetration'으로 옮긴다. '일즉다 다즉일(一卽多 多卽一), 일중다 다중일(一中多 多中一)'이다.

12. 이와 같은 이유로 작은 풀줄기든 큰 기둥이든, 추한 사람이든 서시(西施)든, 사물은 아무리 엉뚱하고 이상야릇한 것이라도, 도의 견지에서 보면 모두 통하여 하나가 된다. 나누어짐이 있으면 이루어짐도 있고, 이루어짐이 있으면 허물어짐도 있다. 모든 사물에는 본래 이루어짐과 허물어짐이 따로 없이 모두 통하는 하나이다. 오로지 높은 경지에 도달한 사람만이 모두 통하는 하나를 깨닫고, 〔이것이냐 저것이냐 하는 차별의〕 범주 대신, 〔양쪽을 포괄하는〕 '보편적인 것(庸)'에 머무를 수 있다.

보편적인 것이란 쓸모 있음을 말한다. 쓸모 있음이란 통함이고 통함이란 즐김이다. 즐김은 도에 가까움이다. 있는 그대로를 그렇다 하는 것(因是)이다. 그러면서도 그런 줄 모르는 것. 그것을 도(道)라 한다.

사과와 오렌지를 과일이라는 개념으로 보면 하나인 것과 같이 이 세상 모든 것을 도의 견지에서 보면 하나라는 것을, 문둥이와 미인 서

---

12. 故爲是擧莛與楹 厲與西施 恢恑憰怪 道通爲一 其分也 成也 其成也 毁也 凡物無成與毁 復通爲一 唯達者知通爲一 爲是不用而寓諸庸 庸也者 用也 用也者 通也 通也者 得也 適得而幾矣 因是已 已而不知其然 謂之道

☞ 莛·楹(정·영) - 풀줄기와 기둥 / 厲(려) - 나병, 추함 / 西施 - 유명한 미녀. 월(越) 왕이 오(吳) 왕에게 패하고 그에게 미인계로 보낸 여자. 그의 얼굴 찌푸림이 이쁘다고 딴 여자들이 흉내냄. 矉倣(빈방). 效矉(膑)(효빈). (14 : 8에 나옴) / 恢恑憰怪(회궤휼괴) - 엉뚱하고 괴상함 / 爲是不用 - 이때의 '用'은 차별의 범주를 쓰는 분별지(分別智) / 得 - 여기서는 '즐김'이라는 뜻. / 幾 - 여기서는 도에 '가까움'.

시가 다 같이 인간이라는 점에서 보면 하나라는 등 구체적인 예를 들어 더욱 극적으로 강조하였다.

도(道)는 절대적이므로 가장 큰 것보다도 더 크고, 동시에 가장 작은 것보다도 더 작다. 도는 매듭이나 경계, 끝, 구분, 꿰맨 줄이 없는 '전체', '온전함', '하나', '포괄자', '분별되지 않은 것', '무조건적인 것', 인간의 생각이 전혀 먹혀 들어갈 수 없이 '빈 것(空)', 보통 사물과 완전히 달라 그냥 사물이라 할 수 '없는 것(無)'이다. 만물이 도와 하나라고 생각하면 거기엔 장단(長短), 고하(高下), 미추(美醜), 시비(是非) 등의 구별이 없다는 것이다. 이것이 앞에서 여러 번 지적한 절대적이고 궁극적인 것의 특성인 '양극의 조화'라는 것이다.

이것은 논리적으로 유추하는 것만이 아니라 사물의 가장 깊은 차원을 체험적으로 꿰뚫어 보는 형안이 열려야 진정으로 볼 수 있는 무엇이라고 한다. 그러기에 그것은 '어느 경지에 도달한 사람만'이 알 수 있는 일이라고 했다.

아무튼 이렇게 보편적인 것(庸)에 머무르면 그 힘으로 만물과 통하고 다시 그 힘으로 즐거움을 얻고, 또 만물을 있는 그대로 인정하고 수납하는 것이다. 이렇게 도에 가깝지만, 구태여 자기의 행동이나 처지를 객관화하여 의식하지도 않는다. 이것이 도의 경지라는 것이다.

조삼모사(朝三暮四)

13. 사물이 본래 하나임을 알지 못하고 죽도록 한쪽에만 집착하는 것을 일러 '아침에 셋'이라 한다. '아침에 셋'이 무슨 뜻인가? 원숭이 치는 사람이 원숭이들에게 도토리를 주면서, '아침에 셋, 저녁에 넷을 주겠다'고 했다. 원숭이들이 모두 성을 냈다. 그러자 그 사람은 '그러면 아침에 넷, 저녁에 셋을 주겠다'고 했다. 원숭이들이 모두 기뻐했다. 명목이나 실질에 아무런 차이가 없는데도 원숭이들은 성을 내다가 기뻐했다. 있는 그대로 인정(因是)해야 한다. 그러므로 성인은 옳고 그름의 양극을 조화시킨다. 그리고 모든 것을 고르게 하는 '하늘의 고름(天鈞)'에 머문다. 이를 일러 '두 길을 걸음(兩行)'이라고 한다.

『열자(列子)』에도 있는 이야기이다. 이 원숭이 이야기는 원숭이들

---

13. 勞神明爲一 而不知其同也 謂之朝三 何謂朝三 曰 狙公賦芧曰 朝三而暮四 衆狙皆怒 曰 然則朝四而暮三 衆狙皆悅 名實未虧而喜怒爲用 亦因是也 是以聖人和之以是非 而休乎天鈞 是之謂兩行
芧(서) - 상수리·도토리 열매 / 虧(휴) - 이지러짐. 毁損 / 天鈞(천균) - 鈞을 均과 같이 '고르게 한다'는 뜻으로 봄.

이 셈을 할 줄 몰라 어리석게 울고불고 하는데 우리는 그러지 말아야 함을 가르친다고 산술이나 윤리적인 뜻으로 푸는 이가 많지만, 그보다는 깨치지 못한 인간들이 사물의 양면을 동시에 보지 못함과, 궁극 실재가 하나임을 모르는 것을 지적한 철학적 종교적 의미를 함축한 이야기로 보아야 한다. 만약 산술적인 이야기라면 원숭이들이 주인보다 더 똑똑하다고 볼 수도 있다. 원숭이들은 아침에 넷을 받아서 저녁 때까지 붙을 '이자'를 계산했을지도 모르기 때문이다. 달로 계산한다면, 하루 일곱 개씩이니, 한 달에 이백 열 개, 한 달에 받는 분량은 같지만 이것을 월초에 한 개, 월말에 이백 아홉 개 받을 때와 월초에 이백 아홉 개, 월말에 한 개 받을 때 이자(利子)에 큰 차이가 있다. 원숭이들의 문제는 이렇게 영악스럽게 따지고 계산하는 이분의 세계, 분별의 차원 너머에 있는 또 하나의 경지를 통찰하지 못했다고 하는 것이다. 자기들이 지금 믿고 있는 신념 체계를 절대적인 것으로 생각하는 독선에 빠진 것이다. 장자의 눈에는 그 당시 서로 다른 이론을 내놓고 서로 자기들만 옳다고 배타적인 주장을 하는 제자백가(諸子百家)가 모두 이렇게 보인 것이다.

이렇게 한쪽만을 절대시하는 독선에 빠지지 않고 양쪽을 전체적으로 보는 것을 여기서는 '하늘의 고름(天鈞)'에 머무르는 것, '두 길을 걸음(兩行)'이라고 했다.

'하늘의 고름'이란, 의인의 밭에도 악인의 밭에도 고르게 비를 내리는 하늘의 공정함이고, '두 길을 걸음'이란 시비 등 이분의 세계에서 어느 한쪽에 기울지 않는 경지이다. 이런 것은 역시 사물의 본질을 있는 그대로 보고 인정하는 '인시(因是)'의 문제라는 것이다.

우리 중에 원숭이에게 돌을 던지거나 비웃을 수 있는 사람이 몇이나 될까? 현재의 우리는 어쩔 수 없이 모두 원숭이들이 아닌가.

세 가지 지극한 경지

14. 옛 사람들 중에는 지혜가 지극한 경지에 이른 이들이 있었다. 얼마나 깊은 경지에 이르렀을까? 아직 사물이 생겨나기 전의 상태를 아는 사람이 있었다. 이것은 지극하고 완전한 경지로 더 이상 덧붙일 것이 없다. 그 다음은 사물이 생겨나긴 했으나 거기에 아직 경계가 없던 상태를 아는 사람이 있었다. 그 다음은 사물에 구별은 있으나 아직 옳고 그름이 없던 상태를 아는 사람이 있었다. 옳고 그름을 따지면 도(道)가 허물어진다. 도가 허물어지면 욕망(愛)이 생겨난다. 그러나 이루고 허물어지는 것이 과연 있는 것일까? 이룸과 허물어짐이라는 것이 따로 없는 것 아닐까?

15. 이룸과 허물어짐이 있다는 것은 소문(昭文)이 거문고를 타는 것에 해당하는 것이고, 이룸과 허물어짐이 없다는 것은 소문이 거문고를 타지 않음에 해당하는 것이다. 소문이 거문고 타는 솜씨, 사광(師曠)이 북채를 들고 장단 맞추는 솜씨, 혜자(惠子)가

---

14. 古之人 其知有所至矣 惡乎至 有以爲未始有物者 至矣 盡矣 不可以加矣 其次以爲有物矣 而未始有
封也 其次以爲有封焉 而未始有是非也 是非之彰也 道之所以虧也 道之所以虧 愛之所以成 果且有成
與虧乎哉 果且無成與虧乎哉

☞ 封(봉) – 두 쪽을 붙일 때 생기는 금, 경계, 구별 / 彰(창) – 나타나다.

94

책상에 기대어 변론하는 솜씨는 모두 완벽에 가까워 그 이름이 후세에 남았다. 세 사람은 자신들이 좋아하는 일에 다른 사람들이 따를 수 없을 만큼 특출해서, 자기들이 좋아하는 일로 남을 깨우치려 했다. 그러나 남을 깨우칠 수 없는 것을 가지고 남을 깨우치려 했기 때문에 〔혜자 같은 사람은〕 '단단한 것, 흰 것(堅白論)' 같은 아리송한 변론으로 끝장나고 말았다.

소문의 아들은 아버지의 거문고 타기를 이어받았지만 일생 동안 아무것도 이루지 못했다. 이런 것을 이룸이라 한다면 나도 이룬 것이 있다 하겠고, 이런 것이 이룸이 아니라면 나나 다른 아무도 이룸이 없다 해야 할 것이다. 성인은 사람들을 현혹하는 현란한 빛을 없애려 한다. 그러기에 이것이냐 저것이냐 구별하려 하지 않고 '보편적인 것(庸)'에 머문다. 이것이 바로 〔대립을 초월하여 모든 것을 꿰뚫어 보는〕 '밝음(明)'이다.

옛날 이상적인 인간이 도달한 세 가지 경지를 이야기하고 있다. 첫째는 모든 분별이 사라지고, 존재와 비존재의 구분마저 없어져 버리

---

15. 有成與虧 故昭氏之鼓琴也, 無成與虧 故昭氏之不鼓琴也. 昭文之鼓琴也, 師曠之枝策也, 惠子之據梧也. 三子之知幾乎 皆其盛者也, 故載之末年. 唯其好之也, 以異於彼. 其好之也, 欲以明之彼 非所明而明之 故以堅白之昧終. 而其子又以文之綸終 終身無成. 若是而可謂成乎 雖我亦成也, 若是而不可謂成乎 物與我無成也. 是故滑疑之耀 聖人之所圖也. 爲是不用而寓諸庸 此之謂以明

☞ 綸(륜) – 거문고 줄 / 滑(골) – 어지럽게 하다 / 堅白論 – 조(趙)나라 공손룡(公孫龍)의 설로 단단한 돌이면 단단한 돌, 흰 돌이면 흰 돌이지, 단단하면서 흰 돌은 있을 수 없다고 하는 궤변. 비슷한 이론으로 "흰 말은 말이 아니다(白馬非馬論)." 하는 것이 있다.

고, 말이나 어떤 다른 수단으로 표현할 도리가 없는 궁극의 경지, 논리나 개념이나 관념이 들어갈 틈이 없는 절대 초월의 경지, 이른바 '없음(無, Non-being)'의 경지이다. 둘째는 사물 자체는 존재하나 아직도 거기에 경계가 생기지 않은 경지, 분화하지 않아서 '하나'인 상태, 이른바 '있음 자체(有, Being-itself)'인 경지이다. 셋째는 사물이 개체(個體)로 분화해서 각각 구분이 있으나 아직 옳고 그름을 가리지 않은 경지이다.

'옛사람'들은 그런 경지에 살았는데 오늘을 사는 우리 범속한 인간들은 앞에 말한 원숭이들처럼 일방적이고 독선적인 아집에 사로잡혀, 밤낮 옳고 그름만 따져 도가 허물어지고 애착이 생겨나 아옹다옹하고 있다는 것이다. 우리는 사물의 실상을 꿰뚫어 보고 그 근원적인 상태로 거슬러 올라가 진정으로 자유스럽고 풍성한 삶을 살아야 한다는 것이다.

그러면 도대체 절대무(絶對無)의 상태에서 어떻게 사물이 생겨, 거기에 다시 구별이 생기고, 시비가 생기는 지경에 이르렀는가? 그것은 소문이 거문고를 탄 것으로 비유할 수 있다는 것이다. 소문이 거문고를 타는 것은 원초의 정적(靜寂)에 음률을 더하는 것이어서 본래의 하나 됨이 허물어져 기호(記號)와 경계(境界)가 생기고 대립과 분별이 생겼다는 것이다. 거문고를 타지 않는다는 것은 다시 원초의 정적, 원초의 하나됨으로 회복되는 것이고 이룸이니 허물어짐이니 하는 따위의 경계나 분별이 있을 수 없는 경지라는 것이다. 사광이 북채로 장단을 맞추고, 혜자가 책상에 기대어 변론하는 것도 원초의 비분화 상태를 흩트려 분화가 생기게 하는 행위이다. 요즘 말로 하면 모두 이분법적 의식(意識)으로 사물을 분별하는 것이다.

이것은 『도덕경』에서 "다듬지 않은 통나무를 쪼개면 그릇이 됩니다(樸散則爲器)"하는 생각과 궤를 같이 한다. 거기서도 본래 비분화된 도(道)가 분화될 때 세상의 여러 가지 구체적 사물이 생겨난다고 했다. 원초의 세계가 분화의 세계로 바뀔 때, 거기에 대립하고 얽히는 세계, '소외(疏外)'의 세계가 나타난다는 것이다. 그러므로 성인은 "가르지 않는다(不割)"고 하고, 또 "멈출 줄 안다(知止)"고도 하였다. 멈출 뿐 아니라 궁극적으로는 이분을 넘어선 하나의 세계로 돌아가야 한다고 가르쳤다. '남성다움과 여성다움', '희고 검음', '영광과 오욕' 등 일견 대립하는 것들을 함께 껴안을 때 '갓난아기'의 상태, '무극'의 상태, '통나무(樸)'의 상태로 돌아갈 수 있다고 하였다.(제28장, 32장)

장자는 이렇게 원초적인 하나의 세계로 돌아가기 위해서 '사람을 현혹하는 현란한 빛'을 없애고, 이것저것을 분별하는 시비를 넘어 모든 것을 포용하는 보편적인 것(庸)에 안주해야 한다고 했다. 이것이 '밝음'(明)이라고 한 결론을 여기서 다시 천명하고 강조했다.

이제 제2편의 남은 부분은 이 세 가지 경지에 대한 이야기이다. 첫째 경지에 대한 이야기가 문단 16~18에, 둘째 경지에 대한 이야기가 문단 19~21에, 셋째 경지에 대한 것이 문단 22~24에 나온다. 그러고 나서 이렇게 '너와 나'의 구별을 넘어선 경지, 이른바 '물화(物化)'의 경지를 극적으로 말해 주는 '나비의 꿈' 이야기로 이 편을 마무리했다.

'있음'과 '없음'

16. 이제 말 한마디 해보자. 이 말이 '이것'과 같은 것인지, 아닌지 모르겠다. 같든지 다르든지 그것들과 한가지임이 분명하므로, 사실 그것들과 다를 바가 없다고도 할 수 있다. 그래도 한번 말해 보자.

17. '시작'이 있으면 아직 '시작하기 이전'이 있게 마련이다. 또 '아직 시작하기 이전의 이전'이 있게 마련이다. '있음(有)'이 있으면 '없음(無)'이 있게 마련이다. 또 '있음(有) 이전의 그 없음(無)'이 아직 있기 이전이 있어야 한다. 또 없음이 아직 있기 이전이 아직 있기 이전, 그것이 아직 있기 이전의 없음이 있어야 한다. 이러한데 갑자기 있음과 없음의 구별이 생긴다. 있음과 없음 중에 어느 쪽이 정말로 있는 것인지 모르겠다. 이제 내가 뭔가 말했지만 이렇게 말한 것이 정말로 뭔가 말한 것인지 말하지 않은 것

---

16. 今且有言於此 不知其與是類乎 其與是不類乎 類與不類 相與爲類 則與彼無以異矣 雖然 請嘗言之

17. 有始也者 有未始有始也者 有未始有夫未始有始也者 有有也者 有無也者 有未始有無也者 有未始有夫未始有無也者 俄而有無矣 而未知有無之果孰有孰無也 今我則已有謂矣 而未知吾所謂之其果有謂乎 其果無謂乎
☞ 俄 - 갑자기.

98

인지 알 수가 없구나.

�֍

어릴 때 "저 멍석 위의 콩깍지 깐 콩깍지냐, 안 깐 콩깍지냐?"를 되풀이하던 일이 생각이 난다. "없음이 아직 있기 이전이 아직 있기 이전, 그것이 아직 있기 이전의 없음이 있어야 한다." 도대체 뭘 이야기하겠다는 소리인가? 사실 여기서는 "뭘 말하겠다"는 것이 아니라 "뭘 말하지 못하겠다"는 말을 하려는 것이다.

절대 궁극의 경지는 말로 할 수 없는 것. 그러니 "이제 말 한마디 해본다"고 말문을 열었다. 말할 수 없는 것이지만 한번 말해 보겠다는 것이요, 개념화할 수 없는 것이지만 한번 개념화해 보겠다는 것이다. 이런 형편이니 자신이 한 말을 두고 "이제 내가 뭔가 말했지만 이렇게 말한 것이 정말로 뭔가 말한 것인지 말하지 않은 것인지 알 수가 없구나." 하는 말로 끝을 맺고 있을 정도이다.

어쨌든 여기서 말하려는 것을 우리도 우리 나름대로 한번 따져 보기로 하자. 태초 a가 있었다면 그 태초 a가 있기 이전의 태초인 태초 b가 있어야 하고 태초 b가 있다면 그 태초 b가 있기 이전의 태초인 태초 c가 있어야 한다는 것이다. 물론 태초 c가 있기 전에 d, e, f 등이 있겠지만, 이렇게 거슬러 올라가면 끝이 없다. 라틴말로 해서 'ad infinitum'이라는 것이다. 이것이 바로 영원이다. 시간은 시작과 끝이 있지만 영원은 이처럼 끝이 있을 수 없다는 것이다.

이제 이것을 존재론적으로 따지면 어떤가? 『도덕경』 제40장에 "온 세상 모든 것 '있음(有)'에서 생겨나고, 있음은 '없음(無)'에서 생겨났습니다." 했다. 장자는 여기서 이 기본적인 사상을 자기 나름대로 더욱 자세하게 말한 셈이다. 장자는 여기서 '無'라는 말을 세 가지 의미로 썼다. 편의상 無a, 無b, 無c라고 한다면, 有와 대칭하는 無a가 있으며 그것에 앞서 無b가 있었고 그 無b에 앞서 無c가 있었다는 것이다. 無a는 有와 대립하는 개념인 無이다. 有에 대한 초극으로서의 無이다. 이런 의미에서 無a는 有가 없으면 상상할 수 없는 無로, 有가 있어야 있을 수 있는 '相對無'인 셈이다. 이런 相對無는 절대성이 없으므로 다시 초극해야 한다. 그래서 無a를 초극한 無b가 등장한다. 이것이 바로 有는 물론 相對無까지도 초극한 '絶對無', '無無'인 셈이다. 그러나 이 絶對無인 無b도 엄격하게 따지면 아직 無a와 관계하고 있으므로 절대적으로 절대적인 無는 아니라고 할 수 있다. 그래서 無b의 초극인 無c가 등장한다. '絶對 絶對無', '無無無'인 셈이다. 그러나 이것도 그 이전의 無b와의 관계에서 완전히 자유스럽지 못하므로 다시 無d에 의해 초극되어야 하고, 이런 식으로 e, f, g······ 무한히 계속될 수밖에 없다. 따라서 이렇게 세 번 정도에서 끝내지만 분명한 사실은 無라고 할 때 최소한 相對無와 絶對無의 구별이 있을 수밖에 없다는 것 그리고 이 絶對無가 바로 끝이나 가장자리가 있을 수 없는 절대의 경지를 말해 주는 것이라는 것이다. 이렇게 말로 할 수 없는 절대적인 경지를 말했으니 그 말이 타당한 말인지 아닌지조차 모르겠다는 것이다. 이렇게 아리송한 말을 따져 본 우리도 정말로 따져 본 것인가 따져 보지 못한 것인가? 그저 멍할 뿐이다!

털끝과 태산

18. 세상에 가을철 짐승 털끝보다 더 큰 것은 없으니 태산도 그지없이 작은 것이다. 갓나서 죽은 아기보다 오래 산 사람은 없으니 팽조도 일찍 요절한 사람. 하늘과 땅이 나와 함께 살아가고, 모든 것이 나와 하나가 되었구나.

모든 것이 원래 하나인데 달리 무엇을 더 말하겠느냐? 그러나 내가 모든 것은 하나라고 했으니, [내가 한 말의 대상이 생긴 셈이라] 어찌 아무것도 없어서 말을 할 수 없다고 할 수 있겠는가? 하나라는 것과 내가 방금 말한 '하나'가 합하여 둘이 되었고, 이 둘과 본래의 하나가 합하여 셋이 된다. 이처럼 계속 뻗어 가면 아무리 셈을 잘하는 사람이라도 그 끝을 따라잡을 수가 없을 것이니 보통 사람들이야 일러 무엇하겠나? 없음에서 있음으로 나아가도 이처럼 금방 셋이 되는데, 하물며 있음에서 있음으로 나아갈 때야 일러 무엇하겠나? 그러니 부산하게 좇아 다니지 말고, 있는 그대로를 그러하다(因是)고 받아들이자.

---

18. 天下莫大於秋毫之末 而大山爲小 莫壽乎殤子 而彭祖爲夭 天地與我竝生 而萬物與我爲一 旣已爲一矣 且得有言乎 旣已謂之一矣 且得無言乎 一與言爲二 二與一爲三 自此以往 巧歷不能得 而況其凡乎 故無適有 以至於三 而況自有適有乎 無適焉因是已

☞ 殤(상) - 일찍 죽다 / 巧歷(교력) - 셈(曆算)에 능한 사람.

가을이 되면 짐승들에게 새 털이 나온다. 가을 털이란 이 때 여린 털을 말한다. 태산(泰山)은 중국에서 가장 유명한 산으로 산동성(山東省)에 있다. 1983년에 걸어서 정상까지 올라가 본 적이 있지만 이 산이 그렇게 유명한 것은 높이 때문이 아니다.

팽조는 700년이나 800년을 살았다는 전설적 인물이다.

도(道)는 절대로 커서 그 밖이 없고(至大無外), 절대로 작아서 그 안이 없다(至小無內). 이를 각각 대일(大一), 소일(小一)이라 했다. 도는 가장 큰 것보다 더 크고, 가장 작은 것보다 더 작다는 뜻이다. 『장자』 제33편 「천하」를 보면 이것은 혜자의 논리학파에서 주장한 기본 명제인데 장자도 이 명제 자체에 대해서는 이의를 제기하지 않았다.

이런 기본 명제로 보면, 세상에서 아무리 큰 것도 이렇게 무한히 큰 도에 비하면 무한히 작고, 세상에서 아무리 작은 것도 이렇게 무한히 작은 도에 비하면 무한히 크다. 따라서 털끝이 태산보다 클 수 있고, 태산이 털끝보다 작을 수 있다. 무한히 작은 도에서 본 털끝은 무한히 크고, 무한히 큰 도에서 본 태산은 무한히 작기 때문이다. 시간도 마찬가지. 도는 아무리 긴 시간보다도 더 길고 아무리 짧은 순간보다도 더 짧다. 따라서 갓나서 죽은 아이도 무한히 짧은 순간에 비하면 무한히 오래 산 것이고, 800년을 살았다는 팽조도 무한히 긴 시간에 비하면 무한히 짧게 산 셈이다. 따라서 나자마자 죽은 아기가 팽조보다 더 오래 살았다고 할 수도 있고, 팽조가 그 아기보다 짧게 살았다고 할 수도 있다. 사물을 양쪽 관점에서 동시에 보기 때문이다. 이것은『장자』「천하」편을 보면 혜자의 열 가지 역설(逆說) 중에 셋째 것에 해당된다. 거기에 "하늘도 땅과 같이 낮고, 산도 늪지와 같이 평평하다(天與地卑 山與澤平)"고 했다.

이렇게 사물을 볼 때 세상의 모든 것이 하나가 된다. 따라서 "하늘과 땅이 나와 함께 살아가고, 모든 것이 나와 하나가 되었다"는 말이 된다. 이것은 혜자의 열 가지 역설 중의 마지막 것인데, 혜자는 "만물을 두루 사랑하면 하늘과 땅이 나와 하나(汎愛萬物 天地一體也)"라고 했다.

이런 기본적인 관점에서는 혜자와 장자가 일치한다.『장자』에서 혜자는 장자의 토론 적수로 등장하지만, 혜자가 장자보다 좀 앞서 났으므로 장자가 그에게 많이 배웠을 것이고, 또 어쩌면 장자가 처음에는 그 제자였을지 모른다고 주장하는 학자도 있다. 그러나 두 사람은 넘나들 수 없이 근본적으로 다른데, 그것은 혜자가 이런 것들을 논리적, 이론적으로 주장하는 데 반하여, 장자는 이런 것을 '자기를 잃어버린' 마음 상태, 뒤에 논의할 '앉아서 잊음(坐忘)'이나 '마음 굶기기(心齋)'처럼 변화한 마음 상태에서 얻은 직관적 체험으로 말했다는 것이다. 그러기에『장자』「천하」편에서 혜자에 대해서는 "다방면에 박식해 저서가 수레 다섯 대에 실을 정도"이고, "스스로 가장 현명한 줄 알지만" 남을 "이기려 할 뿐 도는 없다"고 한 반면, 장자에 대해서는 "그 속이 충만해 어쩔 수 없이 말했을 뿐"이어서 "근본적인 도에 넓고 활달하며, 깊고 시원스럽게 뻗어 만물과 조화를 이루어 도와 일치를 이룬다"고 하였다. 장자가 본 세계는『도덕경』제49장에 나오는 '혼기심(渾其心)'처럼 분별하는 마음이 없어질 때 생기는 관조와 직관, 초월적 혜안(慧眼)으로 본 세계였다.

요는 나와 만물이 하나가 되는 체험의 문제이다. 개별적인 사물들이 독립적으로 존재한다고 보는 상식 세계를 벗어나서 모든 사물은 '다양한 영역'을 넘어 유기적 하나로 존재한다고 보는 초상식의 세계로 들어가 '일원의 영역'을 체득해야 한다는 것이다. 이런 체험의 영역 외에 "달리 무엇이 있어서 거기에 대해 말을 할 수 있겠느냐"는 것이다. 말이나 이론이나 교설이나 개념화나 범주화의 영역을 넘어선 경지라는 것이다.

이런 일원의 세계를 체험하고, 직관으로 터득하여 거기에 합일해야 하는데, 혜자처럼 거기에 대해 말을 해 버리면, 그것은 그 본래의 하나를 객관화된 개체로 대상화하는 셈이다. 말을 했기 때문에 말의 대상이 된 그 세계와 그것에 대해 말하고 있는 내가 분리되어 이원적(二元的) 대립의 관계에 서게 된다. 하나에서 둘이 생겨서 본래의 하나와 새로 생긴 둘이 합하여 결국 벌써 셋이 생겨난 셈이다. 이렇게 본래 하나이던 세계가 우리들의 의식(意識) 작용으로 분화해 무수한 분화, 분별, 다양의 세계로 변해 간다는 것이다. 이렇게 구분하고 따지고 변론하고 시비를 가리면서 "부산하게 좇아다니지 말고", '순수이성의 한계'를 깨닫고 그것을 넘어서는 직관으로 '있는 것을 그대로 인정하고 긍정(因是)'하라 타이른다.

도(道)에는 경계도 이름도 없다

19. 사실 도(道)에는 경계가 없고 말(言)에는 실재가 없다. 말 때문에 분별이 생겨나는데 이 분별에 대해 말해 보기로 하자. 왼쪽(左)과 오른쪽(右), 논의(倫)와 논증(義), 분석(分)과 변론(辯), 앞다툼(競)과 맞겨룸(爭) 등이 있는데 이를 일러 여덟 가지 속성이라 하지. 성인들은 우주 밖에 있는 [초월적인] 것에 대해 존재 정도는 이야기하지만, 논의하려 하지는 않는다. 성인들은 세상 안에 있는 [내재적인] 것에 대해서도 논의하기는 하지만 논증하려 하지는 않는다. 또 역사적인 기록과 선왕들의 역대기에 대해 논증하기는 하지만 변론하려 하지 않는다. 분석하려 해도 분석할 수 없는 것이 있고, 변론하려 해도 변론으로 따질 수 없는 것이 있다. 왜 그럴까? 성인들은 [도를] 마음속에 간직하는데, 보통 사람들은 서로 보이려고 변론을 한다. 그러므로 변론은 [도를] 보지 못해 생겨나는 것이라고 한 것이다.

---

19. 夫道未始有封 言未始有常 爲是而有畛也 請言其畛 有左有右 有倫有義 有分有辯 有競有爭 此之謂八德 六合之外 聖人存而不論 六合之內 聖人論而不議 春秋經世先王之志 聖人議而不辯 故分也者 有不分也 辯也者 有不辯也 曰 何也 聖人懷之 衆人辯之以相示也 故曰 辯也者 有不見也

☞ 有倫有義 - '倫'과 '義'를 '論'과 '議'로 푸는 주석가들이 있다. '論'은 큰 줄기를 논증하는 것이고 '議'는 상세한 것을 따지는 것 / 八德 - '德'은 '得'과 같은 뜻으로 분별이 없는 도의 경지에서 떨어져 나왔을 때 '얻게 되는 속성'이라 푼다 / 六合 - '하늘과 땅과 동서남북', '세상', '우주'라는 뜻.

20. 무릇 위대한 도는 이름이 없다. 위대한 변론은 말이 없다. 위대한 인(仁)은 편애하지 않으며 위대한 겸손은 [밖으로 드러내는] 겸양이 아니다. 위대한 용기는 사람을 해치지 않는다. 도(道)가 훤히 들여다보이면 도가 아니고 말도 변론만을 위한 것이라면 부족하다. 인(仁)이 융통성 없이 굳으면 두루 퍼질 수 없다. 겸손도 드러나게 하면 믿기지 못하며 용기가 사람을 해치는 것이라면 될 성부른 것이 못 된다. 이 다섯 가지는 본래 둥근 것이지만 잘못하면 모가 난다. 그러므로 알지 못함을 알고 멈출 줄 아는 사람은 완전한 사람이다. 누가 말로 하지 않는 변론과 도라고 말할 수 없는 도를 알 수 있을까? 만약 이를 아는 사람이 있다면 그를 하늘의 보고(寶庫)라 하리라. 이 보고는 부어도 차지 않고 퍼낸다고 비는 일도 없다. 그러나 왜 그런지는 모른다. 이런 경지를 일러 '은근한 빛'이라 한다.

문단 19~21은 제2의 단계, 곧 사물 자체는 존재하나 거기에 경계가 없는 초이분화(超二分化)의 경지에 대한 이야기이다. 이 제2의 단계

---

20. 夫大道不稱 大辯不言 大仁不仁 大廉不嗛 大勇不忮 道昭而不道 言辯而不及 仁常而不成 廉淸而不信 勇忮而不成 五者圓 而幾向方矣 故知止其所不知至矣 孰知不言之辯 不道之道 若有能知 此之謂天府 注焉而不滿 酌焉而不竭 而不知其所由來 此之謂葆光

☞ 大仁不仁 – 『도덕경』 제5장에 있는 "하늘과 땅은 편애하지 않습니다(天地不仁)"와 비교됨 / 忮(기) – 해치다 / 仁常而不成 – 여기서 '成'을 '周'로 읽어 '두루 퍼지다'로 풀기도 함 / 幾向方 – '모남에 가깝다' / 葆(보) – 감추다.

의 논지는 도가 절대적인 '하나'이므로 그 안에 아무런 경계가 없고 봉하거나 꿰맨 자리가 없다는 것이다. 영어로는 'seamless'이다. 우리의 의식이 주객 이분의 관념을 넘어설 때 처음으로 도달할 수 있는 '하나'의 경지이다. 그런데, 앞에서 말한 것처럼, 말을 하면 이 '하나'에 경계가 생긴다. 가령 "절대적인 것이 존재한다"고 말하면, '절대적인 것'이라는 말은 벌써 비절대적인 것, 상대적인 무엇과 구별되는 것이요, '존재한다'는 것은 존재하지 않는다는 것과 분리되는 것이다. 그러므로 '절대적인 것'에 대해서는 무슨 말을 하든 말하는 그 순간에 그 절대적인 것에는 경계가 생겨, 절대적이지 않은 것이 되는 셈이다. 그러므로『도덕경』제1장 첫 줄에 "도라고 말할 수 있는 도는 영원한 도가 아니라"고 한 것이다. 절대적인 것은 말로 할 수 없는 것, 말이 없어져 버린 상태이다. 전통적인 용어를 쓰면 언어도단(言語道斷)이요 언설(言說)을 떠난(離) 상태인 것이다.

그런데도 우리 보통 인간들은 본문에 나온 것처럼 '좌우(左右), 윤의(倫義), 분변(分辯), 경쟁(競爭)' 등 이른바 '여덟 가지 덕'이라는 온갖 범주로 절대적인 도를 난도질한다. 이렇게 분석적으로 도에 접근하는 것이 도를 알아보는 최선의 방법이라고 생각한다. 그러나 장자는 이런 식으로 해서 "훤히 들여다보이는 것은 도가 아니라"고 했다.

그러므로 성인은 우주 밖에 있는 초월적인 것에 대해서 이렇다저렇다 분석적으로 논의하지 않는다는 것이다. 석가는 우주가 영원한지 영원하지 않은지, 끝이 있는지 없는지 하는 등의 질문에 침묵을 지켰다. 이것을 '부처의 침묵'라고 하고, 이렇게 대답을 회피한 질문을 '답할 수 없는 질문(avyākrta)'이라 한다. 예수도 공자도 그랬다. 절대 경지를 놓고 사변하거나 논증하거나 변론하거나 꼬치꼬치 따지거나 서로 잘났다 못났다 다투지 않았다. 이런 성인들은 인간의 변론이나 분석의 한계를 넘어서는 영역이 있다는 것을 체험으로 알았기 때문이다. 성인들뿐 아니라 철학자 비트겐슈타인(Ludwig Wittgenstein)도 그의 유명한 책『논고(Tractatus)』끝에 이와 비슷한 말을 했다. "말할 수 없는 것에 대해서는 아무 말도 하지 말아야 한다(Wovon man nicht sprechen kann, darüber muss man schweigen)."

철학자 파스칼(Pascal)도 하느님이 "아브라함과 이삭과 야곱의 하느님"이지 "철학자와 학자들의 하느님이 아니라"고 했다. 도(道)는 마음에 간직하거나 체험으로 알아야지 사변이나 논의의 대상으로 삼아 따지면 영원히 절대타자(絶對他者, the wholly other)일 수밖에 없다. "사람들에게 보이려고 하는 변론"은 "도를 보지 못해 생겨나는 것"이다. 도를 말하려면 도에 대해서는 말할 수 없다는 것만을 말할 수 있을 뿐이다. 도에 대해서 뭔가 말할 수 있다고 하면, 그 자체가 도를 전혀 모른다는 증거이다. 이런 경우를 두고『도덕경』은 "아는 사람은 말하지 않고, 말하는 사람은 알지 못합니다."(56장)라고 했다.

'알지 못함을 알고 멈출 줄 아는 사람,' '말로 하지 않는 변론(不言之辯)'과 '도라고 할 수 없는 도(不道之道)'를 아는 사람, 이런 사람이 '은근한 빛'을 감추고 있는 '하늘의 보고(寶庫)'이다.

요 임금과 세 나라

21. 옛날에 요 임금이 순 임금을 보고 말했다. '내가 종(宗), 회 (膾), 서오(胥敖) 세 나라를 치려 하오. 내가 왕위에 오른 후 [이 나라들이] 마음에 걸려 꺼림칙하니 웬일이오.'

순 임금이 대답했다. '이 세 나라의 왕들은 아직도 잡풀이 우거 진 미개지에 살고 있습니다. 어찌하여 꺼림칙해 하십니까? 전에 해 열 개가 한꺼번에 나와서 온 세상을 비춘 적이 있습니다만 임 금님의 덕을 비춘다면 어찌 해 같은 데 비길 수 있겠습니까?'

✖

여기에 왜 갑자기 요 임금의 얘기가 또 나왔을까? 주석가들 중에는 이 문단이 전체 문맥에 어울리지 않는 것으로 보아 후대에 삽입한 것 이라 주장하는 이들이 있다. 그레엄(Graham)은 의견을 약간 달리하여 후대에 삽입한 것이 아니라 이 편 제10문단 중간, "그러므로 성인(聖 人)은 일방적 방법에 의지하지 않고, [전체를 동시에 볼 수 있는] 하

---

21. 故昔者堯問於舜曰 我欲伐宗膾胥敖 南面而不釋然 其故何也 舜曰 夫三子者 猶存乎蓬艾之間 若不 釋然何哉 昔者十日竝出 萬物皆照 而況德之進乎日者乎
㉑ 南面 – (임금의 용상은 남쪽을 향하므로) 임금이 된다는 뜻 / 蓬艾(봉애) – 쑥풀.

늘의 빛에 비추어 보는 것이다. 이것이 바로 '있는 그대로를 그렇다 함(因是)'이다." 하는 문장 뒤에 들어갈 것이 여기 잘못 들어왔다고 했다.(58)

그러나 여기에 있다고 해서 해석이 전혀 안 되는 것은 아니다. 유가에서는 요 임금을 해와 같은 성군으로 생각했다. 이와 같은 성군이 종(宗), 회(膾), 서오(胥敖)처럼 미개한 나라를 덕으로 교화하지 못하고 무력을 쓰려고 한다는 것, 그러면서 그 세 나라를 치지 못하여 속을 썩인다는 것은 성군답지 못하다는 것을 암시했다고 볼 수 있다. 앞 문단에서 참성인은 '은근한 빛'으로 모두 감싼다고 했는데, 해와 같다는 요 임금이 그렇게 하지 못하니 아직 완전한 경지에 이르지 못한 것이 아니냐는 것이다. 요 임금도 해이지만, 사실 요 임금 같은 해가 옛날에 열이 나와 밝혔어도 진정한 덕에서 나오는 '은근한 빛'보다는 못했다는 것을 말한 셈이다. 순 임금의 입을 통해서 요 임금의 부덕을 지적했다고 볼 수 있다.

이 문단을 달리 해석하는 주석가도 있다. 해는 우리의 이성(理性)을 상징하고, '은근한 빛'은 이성을 초월한 경지를 의미한다고 보고, 아직 이성의 영역에 머무는 한, 도의 경지에 발을 들여놓지 못했음을 의미한다는 것이다.

앎과 모름

22. 설결(齧缺, 이빨 없는 이)이 스승 왕예(王倪, 왕의 후예)에게
물었다. '스승께서는 누구나 그렇다고 동의할 수 있는 무엇을 알
고 계십니까?'

'내가 그것을 어떻게 알겠나?'

'스승께서는, 스승께서 그것을 알 수 없다는 것에 대해 아십니
까?'

'내가 그것을 어떻게 알겠나?'

'그러면, 사물이란 알 수는 없는 것입니까?'

'내가 그것을 어떻게 알겠나? 그러나 그 문제에 대해 말이나
좀 해보세. 도대체 우리가 안다고 생각하는 것이 사실은 모르는
것이 아니라고 [장담]할 수 있겠는가? 우리가 모른다고 생각하
는 것이 사실은 아는 것이 아니라고 [장담]할 수 있겠는가?

---

22. 齧缺問乎王倪曰 子知物之所同是乎 曰 吾惡乎知之 子知子之所不知邪 曰 吾惡乎知之 然則物無知
邪 曰 吾惡乎知之 雖然 嘗試言之 庸詎知吾所謂知之非不知邪 庸詎知吾所謂不知之非知邪

지금까지 먼저 문단 16~18에서 모든 분별이 사라진 경지, 존재와 비존재의 구분도 없는 경지를 이야기하고, 그 다음 문단 19~21에서는 사물 자체는 비존재와 구별되어 존재하나 거기에 경계가 없는 초이분화의 경지에 대해 논했다. 이제 문단 22~24는 제3의 단계, 곧 사물의 구분은 있으나 옳고 그름을 따지지 않는 경지에 대한 이야기이다. 도대체 시비(是非)라는 것이 무엇인가? 도의 차원에서 보면 그것이 완전히 무의미함을 깨닫는 경지이다.

설결이 스승인 왕예에게 질문했다. 이른바 '보편타당(普遍妥當)한 진리'가 있을 수 있는가 하는 질문이다. 그런 보편타당한 진리를 기준으로 하여 사물을 '이것이냐 저것이냐'로 판가름할 수 있느냐는 질문이다. 시비를 가리고 싶어하는 '이것이냐 저것이냐'의 사고 방식에서 나온 질문들이다. 이런 식으로 세 번이나 물었지만 왕예는 점잖게 세 번 다 모른다고 했다. 어떤 잣대로 사물을 이것과 저것으로 가를 수 없다는 것이다. 우리의 판단은 모두 각자의 처지에 따른 것이므로 자신의 견해를 절대화할 수 없다는 것이다. "내가 안다고 생각하는 것이 모르는 것이기도 하고, 내가 모른다고 생각하는 것이 아는 것일 수 있다"는 시각주의(視角主義, perspectivism 혹은 perspectivalism)를 말한 것이다. 이를 더욱 분명히 하기 위해 다음 문단에서 사람과 미꾸라지 등을 예로 들어 자기의 뜻을 더욱 극명히 밝혔다.

사람과 미꾸라지

23. 자네에게 묻겠네. 사람이 습지에서 자면, 허리가 아프고 반신불수가 되겠지. 미꾸라지도 그럴까? 사람이 나무 위에서 산다면 겁이 나서 떨 수밖에 없을 것일세. 원숭이도 그럴까? 이 셋 중에서 어느 쪽이 거처(居處)에 대해 바르게 안 것일까?

사람은 고기를 먹고, 사슴은 풀을 먹고, 지네는 뱀을 달게 먹고, 올빼미는 쥐를 좋다고 먹지. 이 넷 중에서 어느 쪽이 맛을 바르게 안다고 할 수 있겠는가?

원숭이는 비슷한 원숭이와 짝을 맺고, 순록은 사슴과 사귀고, 미꾸라지는 물고기와 놀지 않는가. 모장(毛嬙)이나 여희(麗姬)는 남자들이 모두 아름답다고 하지만, 물고기는 보자마자 물 속 깊이 들어가 숨고, 새는 보자마자 높이 날아가 버리고, 사슴은 보자마자 급히 도망가 버린다. 이 넷 중에서 어느 쪽이 아름다움을

---

23. 且吾嘗試問乎女 民溼寢則腰疾偏死 鰌然乎哉 木處則惴慄恂懼 猨猴然乎哉 三者孰知正處 民食芻豢 麋鹿食薦 蝍蛆甘帶 鴟鴉耆鼠 四者孰知正味 猨猵狙以爲雌 麋與鹿交 鰌與魚游 毛嬙麗姬 人之所美也 魚見之深入 鳥見之高飛 麋鹿見之決驟 四者孰知天下之正色哉 自我觀之 仁義之端 是非之塗 樊然殽亂 吾惡能知其辯

☞ 溼(습) - 습한 곳 / 偏死(편사) - 반신불수 / 鰌(추) - 미꾸라지 / 惴慄恂懼(췌율순구) - 모두 두려움을 나타내는 글자 / 芻豢(추환) - 풀 먹는 짐승과 곡식 먹는 짐승, 가축 / 麋(미) - 순록 사슴 / 蝍蛆(즉저) - 지네 / 鴟鴉(치아) - 올빼미 / 嬙(장) - 궁녀 / 驟(취) - 달리다 / 樊然殽亂(번연효란) - 번잡하고 어수선함.

바르게 안다고 하겠는가?

　내가 보기에, 인의(仁義)의 시작이나 시비(是非)의 길 따위의 것은 [결국 이처럼 주관적 판단 기준에 따라 걷잡을 수 없이] 번잡하고 혼란한데 내 어찌 이런 것이나 따지고 앉아 있겠는가?'

　이렇게 명료한 글에 무슨 풀이를 붙이는 것은 그야말로 군더더기다. 그러나 '시험 삼아' 몇 마디 붙인다. 라틴말 속담에 "입맛은 변론할 것이 못 된다(De gustibus non est disputandum)"는 것이 있다. 우리 식으로 말하면, '제 눈의 안경'이다. 선악(善惡), 미추(美醜), 우열(優劣), 귀천(貴賤) 등은 어떤 가치 기준으로 재느냐에 따라 결정되는 상대적인 개념에 불과하다는 것이다. 물론 사람에게는 방에서 자고, 고기를 먹고, 아름다운 사람과 사귀는 것이 좋지만, 이것을 절대적인 것으로 주장하고 모든 가치 판단의 기준으로 삼을 수는 없다는 것이다. 인의(仁義)니 시비(是非)니 하는 것도 모두 특수한 사회적, 문화적, 역사적 환경과 상황에서 형성된 임의적, 주관적 규범이지, 하늘에서 뚝 떨어진 절대적인 무엇이 아니라는 것이다. 다원성(多元性)과 다양성(多樣性)을 강조하는 이른바 포스트모더니즘이 요즘 한창 이야기하는 것들과 일맥상통하는 생각들이다.

　특히 여기서 주목할 것은 장자가 인간과 동물을 차별하지 않고 동물에게도 인간과 똑같은 권리를 부여하고 있다는 점이다. 인간이 집에서 살기를 바라는 것과 마찬가지로 미꾸라지도 진흙 바닥을 좋아하는 것인데 그것에 대해 인간이 왈가왈부할 수 없다는 것이다. 세상의 뭇 남성들이 미스 유니버스를 아름답다고 선망하듯이 물고기나 새나 사슴은 그 미인을 피하고 싶어할 수 있다는 것이다. 그러고 보면 요즘 동물 권리 주창자나 동물 애호가의 말보다 더 근본적인 생각이 아닌가.

이해 득실에 무관

24. 설결이 말했다. '스승께서는 이로움과 해로움에 무관하신 것 같습니다. 그렇다면 지인(至人)은 이로움이니 해로움이니 하는 것을 마음에 두지 않습니까?'

왕예가 대답했다. '지인(至人)은 신령스럽다. 큰 늪지가 타올라도 뜨거운 줄을 모르고, 황하와 한수가 얼어붙어도 추운 줄을 모르고, 사나운 벼락이 산을 쪼개고 바람이 불어 바다를 뒤흔들어도 놀라지 않는다. 이런 사람은 구름을 타고 해와 달에 올라 사해(四海) 밖에 노닐지. 그에게는 삶과 죽음마저 상관이 없는데, 하물며 이로움이니 해로움이니 하는 것이 무엇이겠느냐?'

❈

훌륭한 사람들은 선악, 미추, 우열, 귀천 등을 따지지 않고 산다고 하는데, 설령 그런 것을 따지지 않고도 어찌 어찌 살아갈 수야 있겠지만, 이해(利害)를 따지지 않고서도 생존할 수 있겠는가? 아무리 끝까

---

24. 齧缺曰 子不知利害 則至人固不知利害乎 王倪曰 至人神矣 大澤焚而不能熱 河漢沍而不能寒 疾雷破山 風振海 而不能驚 若然者 乘雲氣 騎日月 而遊乎四海之外 死生無變於己 而況利害之端乎
☞ 沍(호) - 얼다.

116

지 간 지인(至人)이라 하더라도 이해 관계에까지 무관할 수 있겠는가? 하는 설결의 질문에 대해 왕예는, 지인은 '신령(神靈)'하여 범인과 차원이 다르다. 절대의 세계와 하나가 되어 '나'라는 것이 따로 존재하지 않는 상태가 된 사람이다. 서양 중세 신비가들은 이렇게 독립적인 개체로서의 '나'라는 것이 더 이상 존재하지 않고 신(神)과 하나가 되는 것을 '신격화(神格化, deification)'라고 했다. 이렇게 개별로 독립한 '나'가 없어서 추위와 더위를 모르고 벼락이 쳐도 놀라지 않을 뿐 아니라 구름을 타고 사해 밖을 노닐고 우주와 합일해서 생사마저도 초월한 사람인데, 그까짓 속세의 이해득실을 따질 턱이 있겠느냐고 대답했다.

여기 나온 '지인'은 제1편 「소요유(逍遙遊)」 9~10에 나온 막고야산의 '신인(神人)'과 같이 유대(有待)에서 무대(無待) 상태가 돼 모든 것을 초월해 완전히 자유로워진 사람이다.

성인(聖人)의 경지

25. 구작자(瞿鵲子, 겁 많은 까치 선생)가 장오자(長梧子, 키다리 오동나무 선생)에게 물었다. '내가 큰 스승 〔공자님〕께 들었네만, 성인은 세상일에 종사하지 않고, 이익을 추구하거나 손해를 피하지 않고, 사람들이 희구하는 것을 즐거워하지 않고, 도(道)를 일부러 따르려고 하지 않고, 말없이 말을 하고, 말을 하면서 말하지 않고, 티끌 세상 밖에서 노닌다는군. 내 큰 스승께서는 이것을 맹랑한 소리라고 하시지만 나는 이것이 신비스런 도를 따르는 사람이 걸어가야 할 길이라고 생각하는데, 자네는 어떻게 생각하는가?'

장오자가 대답했다. '이런 일은 황제(黃帝)가 들어도 어리둥절할 문제니, 어찌 공자 같은 사람이 알겠는가? 자네도 이런 일에 대해 너무 성급하게 어림짐작을 하는 것 같군. 달걀을 보고 새벽을 알리는 닭울음을 들으려 하고, 화살을 보고 비둘기 구이를 생각는 일과 같으이. 내가 자네에게 몇 마디 황당한 소리를 할 터이니, 자네도 그저 황당한 듯 가볍게 들어 주게.

해와 달과 어깨동무,
우주를 끼어 차고,

모두와 하나된다.

모든 것 혼잡한 대로 그냥 두고,

낮은 자리 높은 자리 무관하다.

사람들 빠릇빠릇,

성인은 어리숙.

만년 세월 온갖 일.

오로지 완벽의 순박함 그대로.

모든 것들이 모두 그러함 그대로.

그리하여 서로가 감싸안는다.

본래 사람들 중에는 이런 신인, 지인, 성인의 경지를 이해하지 못하고 그것을 맹랑한 소리, 실없는 소리라고 비웃는 사람이 있게 마련이다. 그 대표자로 '공자'가 등장했다. 여기서 장오자가 공자를 '구(丘)'라고 부른 것은 멸시의 뜻을 담은 것이다. 신인, 지인, 성인의 경지는, 인간(人間)에서 더할 수 없이 지혜로운 황제도 어리둥절해 이해하지

25. 瞿鵲子問乎長梧子曰 吾聞諸夫子 聖人不從事於務 不就利 不違害 不喜求 不緣道 無謂有謂 有謂無謂 而遊乎塵垢之外 夫子以爲孟浪之言 而我以爲妙道之行也 吾子以爲奚若 長梧子曰 是黃帝之所聽熒也 而丘也何足以知之 且女亦大早計 見卵而求時夜 見彈而求鴞炙 予嘗爲女妄言之 女以妄聽之 奚 旁日月 挾宇宙 爲其脗合 置其滑涽 以隸相尊 衆人役役 聖人愚芚 參萬歲而一成純 萬物盡然 而以是相蘊
☞ 塵垢(진구) - 티끌과 때 / 吾子 - 상대방을 가깝게 부르는 호칭 / 熒(형) - 어리둥절하다 / 鴞(효) - 비둘기 / 炙(자) - 굽다 / 脗合(문합) - 두 입술을 다문 것처럼 하나됨 / 置 - '그냥 그대로 둔다'고 하는 해석과 '치운다'는 해석이 있음 / 滑涽(골혼) - 어지럽고 혼란함 / 芚(둔) - 어리석을 정도로 단순함 / 參(참) - 섞이다, 참여하다 / 一成純 - '하나임, 완전, 순박성,' '완전한 순박성' 혹은 '완전한 순박성과 하나가 된다.' 등 해석이 구구하다 / 蘊(온) - 쌓다, 감싸다.

못하는 일이거든 하물며 공자 같은 이가 무엇을 안다고 함부로 이렇다저렇다 단정하여 말하느냐고 힐난하는 것이다.

그리고 구작자도 이름 그대로 까치처럼 깡충거리거나 촐랑거리면서 너무 성급하게 '신비스러운 도를 따르는 길'이니 뭐니 속단(速斷)을 하는데, 이렇게 경신(輕信)하는 것도 공자의 회의적인 태도 못지않게 못마땅하다는 것이다.

장오자는 이제 자기가 정말로 황당한 소리, 허튼소리로 들릴 것 같은 '망언(妄言)'을 하겠다고 하고, 구작자에게 그저 황당한 듯 가볍게 들으라면서 '망청(妄聽)'을 부탁한다. 이것이 무슨 뜻일까? 자기가 하려는 말은 인간의 상식적인 말로는 표현할 수 없는 경지이므로 비유나 상징으로 표현할 수밖에 없으니 그 표현의 표면적, 상식적 의미에 얽매이지 말고, 지금까지의 고정 관념을 가볍게 털고 일어나 말 속에 숨어 있는 참뜻을 알아차리라는 뜻이 아니겠는가.

아무튼 장오자는 '키다리'라는 이름대로 황당한 소리로 성인에 대한 말을 했다. 이것은 원문에 시(詩) 형식으로 표현되었다. 앞에서 묘사한 「소요유」 편의 신인이나, 이 편 바로 앞의 지인에 대한 묘사와 근본적으로 다를 것이 없다. 여기서 다시 한 번 강조한 것은 성인이란 언뜻 보기에 대립이나 모순처럼 보이는 것이라도 그것들의 '그러한 그대로'의 실상(實相)을 꿰뚫어 보고 모두 하나로 포용(包容)한다는 것이다.

여희(麗姬)의 후회

26. 삶을 즐거워하는 것이 미혹 아닐까? 죽음을 싫어하는 것은 어려서 집을 잃고 돌아갈 줄 모름과 같은 것 아닐까? 미녀 여희(麗姬)는 애(艾)라는 곳 변경지기 딸이었네. 진(晋)나라로 데려갈 때 여희는 너무 울어서 눈물에 옷깃이 흠뻑 젖었지. 그러나 왕의 처소에 이르러 왕과 아름다운 잠자리를 같이하고 맛있는 고기를 먹게 되자, 울던 일을 후회하였다네. 죽은 사람들도 전에 자기들이 삶에 집착한 것을 후회하지 않을까?

❀

구작자와 장오자가 대화를 계속한다. 이들 이름으로 보아서는 까치가 오동나무 가지에 앉아서 오동나무와 이야기를 하는 이미지를 떠올리게 한다. 이렇게 『장자』는 중국 문학사(文學史)에서 처음으로 사람의 이름을 우화적으로 쓴 작품이라 한다. 아무튼 여기서 장오자는

---

26. 予惡乎知說生之非惑邪 予惡乎知惡死之非弱喪而不知歸者邪 麗之姬 艾封人之子也 晋國之始得之也 涕泣沾襟 及其至於王所 與王同筐牀 食芻豢 而後悔其泣也 予惡乎知夫死者不悔其始之蘄生乎 ☞ 沾襟(첨금) - 옷깃을 적시다 / 筐牀(광상) - 넓고 편안한 침대 / 芻豢(추환) - 가축. 앞에 나옴 / 蘄(기) - 바라다. 탐내다.

죽음의 문제를 거론했다. 삶과 죽음이라는 것도 한쪽은 절대적으로 좋고 다른 한쪽은 절대적으로 나쁘다는 이분법적 등식에서 벗어날 것을 여희의 이야기로 일깨우는 것이다.

여희가 부모를 떠나 대궐로 끌려갈 때 몹시 슬퍼서 눈물이 옷깃을 적셨지만 대궐에 가서 뜻밖에 호강을 하자 집을 떠날 때 운 것을 후회했듯, 우리도 이 삶이라는 집을 떠날 때 그처럼 억울하게 생각하게 마련이지만 누가 알겠는가, 우리가 기대하지 못하던 훌륭한 존재 양식으로 옮겨가 이 삶에 집착했던 것을 어리석었다고 여기게 될지. 언뜻 소크라테스가 사약을 마시기 직전, "이제 떠날 시간이 되었다. 우리는 각자 자기의 길을 간다. 나는 죽음의 길, 너희들은 삶의 길. 어느 길이 더 좋은 것인가 신(神)만이 알 것"(플라톤 *Apology*, 42)이라고 한 말을 연상시켜 주는 이야기이다.

여기서 장자는 물론 죽음 자체를 찬양한 것이 아니다. 『장자』 전체를 통해서 보이듯이 삶이든 죽음이든 어느 한쪽을 절대시하여 어느 한쪽에 집착하는 것을 경계한 것이다. 장자는 삶과 죽음은 사계절이 바뀌는 것과 같이 자연스런 변화 과정일 뿐이므로 계절이 바뀌는 것을 보고 슬퍼할 것이 없듯이 '삶'에서 '죽음'으로 변화하는 것에 야단할 필요가 없다는 것이다. 『장자』에는 이 외에도 죽음에 관한 이야기가 많다. 노자의 죽음(3 : 9), 자상호의 죽음(6 : 28), 장자 아내의 죽음(18 : 4), 장자 자신의 죽음(32 : 11) 등에 대한 이야기가 대표적인 예이다. 하나같이 생사에 초연한 마음을 가지라는 이야기이다.

그런데, 이 이야기를 좀더 다른 각도에서 이해할 수 없을까? 여희가 시골 집을 떠나 대궐로 가고, 이 삶에서 다음 삶으로 간다는 것이 꼭 육체적으로 이 생에서 저 생으로 옮기는 것만을 이야기하는 것으로 해석해야 하는 것일까? 그럴 필요는 없을 것 같다. 사실 우리에게 더욱 의미 있게 들리는 것은 이 이야기가 옛날의 '나'에서 새로운 '나'로, 변화되지 않은 '나'에서 변화된 '나'로 넘어가는 정신적 변화를 이야기한 것일 수 있다는 것이다.

여희가 익숙한 환경에서 생소한 곳으로 가는 것을 두려워하고 슬퍼한 것처럼, 우리는 모두 지금의 익숙한 내가 아직 알지 못하는 '나'로, 자기 중심적인 내가 자기에게 해방된 '나'로 변하는 것을 두려워하고 싫어한다. 익숙하고 편한 예전의 '나'를 떠나 보내는 것이 마치 죽는 일처럼 싫은 것이다. 용기 있는 사람만이 이런 일상의 '나'에서 놓여나기 위해 '신앙의 도약'을 감행할 수 있다.

이와 비슷한 예로 희랍 신화 중 프시케(Psyche, 영어 발음으로는 '싸이키')의 이야기가 있다. 옛날 어느 임금에게 딸이 셋 있었다. 그 중에서 막내딸인 프시케가 눈에 띄게 아름다워 남자들이 먼 발치에서 우러러보기만 할 뿐 감히 청혼할 엄두를 내지 못했다. 그래서 언니들은 시집을 갔는데 프시케만은 시집을 못 가고 있었다. 아버지는 걱정이 되어 어떻게 하는 것이 좋을지 신에게 물어 보았다. 그랬더니 딸을 산꼭대기에 갖다 버리라고 했다. 그러면 신랑 될 사람이 와서 데려간다는 것이었다. 산꼭대기로 데려갈 때, 죽은 사람을 장사 지내는 것과 같은 예식을 치르라고 했다. 프시케는 산꼭대기로 가면서 슬퍼 울었다. 그것으로 자기의 삶이 끝나는 줄 알았다. 필경 죽음의 신 타나토스(Thanatos)에게 시집가게 되거나 기껏해야 괴물이 나타나 자기를 잡아갈 것이라고 생각했기 때문이다.

한편 미모의 여신 아프로디테(Aphrodite, 로마 신화에서는 비너스)는 프시케의 아름다움을 질투해 자기 아들 에로스(Eros, 로마 신화에서는 큐피드)를 시켜 프시케를 사랑의 화살로 쏘라고 했다. 에로스의 화살을 맞은 사람은 누구를 꼭 사랑하게 되므로 프시케가 그 화살을 맞고 세상에서 가장 흉한 사람을 사랑하게 하려는 심사였다. 그러나 프시케를 본 에로스가 프시케를 사랑하게 되어 프시케를 산꼭대기에서 데려와 꿈 같은 궁전에서 함께 살게 되었다.

프시케의 이야기는 여희의 이야기와 달리 여기서 끝나지 않는다. 프시케의 남편 에로스는 밤에만 나타나서, 무슨 일이 있어도 자기를 보려고 하지 말라고 하였다. 프시케가 언니들이라도 보고 싶어하던 중에 언니들이 찾아왔는데 동생이 잘사는 것을 보고 질투심이 생긴 언니들은 프시케에게 신랑이 분명 흉악한 괴물일 터이니 밤에 잘 때 불을 켜 보고 칼로 찔러 죽이라고 했다. 그 날 밤에 프시케는 한 손에 등잔, 다른 한 손에 칼을 들고 침실로 들어가, 자고 있는 남편을 보니 괴물이 아니라 기가 막히도록 아름다운 남자임을 알고 물러서는데, 손이 떨려 그만 들고 있던 등잔에서 뜨거운 기름을 쏟았다. 뜨거운 기름이 어깨에 떨어져 잠에서 깬 에로스는 "신뢰가 없는 곳에 사랑이 있을 수 없다"는 말을 남기고 떠나 버리고 만다. 슬픔에 잠긴 프시케는 물에 몸을 던져 목숨을 끊으려다가 판이라는 신의 도움으로 용기를 얻어 남편을 찾아 길을 떠난다. 시어머니 아프로디테가 요구하는 모든 시련을 이기고 결국 에로스를 다시 만난다. 에로스는 프시케를 제우스 신에게 데리고 가서 자기 아내라고 하고 그녀를 신의 반열에 넣어 줄 것을 요청하고 허락을 받아, 프시케는 시어머니와도 화해하고 아이를 낳아 훌륭한 아내와 어머니가 됐다는 이야기이다.

이 이야기에서 우리는 어린 소녀 프시케가 진정으로 성숙한 여인이 되어 신의 영역에 동참하는 과정을 본다. 이것은 예전의 자기가 죽고 새로운 자기로 되살아나는 '영적 죽음과 부활'에 관한 이야기로, 우리가 감행할 정신적 모험을 상징적으로 가르쳐 준다. 여희나 프시케처럼 우리도 우리 속에 있는 가능성을 최대한으로 발현하기 위해서는 지금의 '나'에 안주하지 말고, 어떤 시련이 있더라도 거기서 벗어나 새로운 '나'로 탈바꿈을 해야 한다는 뜻이기도 하다.

꿈에 술을 마시며

27. 꿈에 술을 마시며 즐거워했던 사람이 아침에는 섭섭해서 운다. 꿈에 울며 슬퍼한 사람은 아침이 되면 즐거운 마음으로 사냥하러 나간다. 우리가 꿈을 꿀 때는 그것이 꿈인 줄 모르지. 심지어 꿈속에서 해몽도 하니까. 깨어나서야 비로소 그것이 꿈이었음을 알게 되지. 드디어 크게 깨어나면 우리의 삶이라는 것도 한바탕의 큰 꿈이라는 것을 알게 될 것이네. 그러나 어리석은 사람들은 자기들이 항상 깨어 있는 줄 알고, 주제넘게도 그러함을 분명히 아는 체하지. 임금은 뭐고 마소 치는 사람은 뭔가? 정말 꼭 막혀도 한참일세. 공자도 자네도 다 꿈을 꾸고 있으며 내가 공자나 자네가 꿈을 꾸고 있다고 말하는 것도 역시 꿈일세. 이런 말이 괴상하기 그지없는 것으로 들릴 테지만 만세(萬世) 후에라도 이 뜻을 아는 큰 성인을 만난다면, 그 긴 시간도 아침저녁 하루 해에 불과한 것처럼 짧게 여겨질 것일세.

---

27. 夢飲酒者 旦而哭泣 夢哭泣者 旦而田獵 方其夢也 不知其夢也 夢之中又占其夢焉 覺而後知其夢也 且有大覺 而後知此其大夢也 而愚者自以爲覺 竊竊然知之 君乎牧乎 固哉 丘也與女皆夢也 予謂女夢 亦夢也 是其言也 其名爲弔詭 萬世之後 而一遇大聖 知其解者 是旦暮遇之也

☞ 田獵(전엽) - 두 글자 모두 '사냥한다'는 뜻 / 竊竊(절절) - 건방진 모양 / 弔詭(조궤) - 여기서 '弔'는 '至'와 동의어로 '지극히'의 뜻.

이 문단에서는 우리의 삶이 크게 보아 한바탕 꿈이라고 말한다. "꿈에 술을 마시며 즐거워했던 사람이 아침에는 섭섭해서 운다. 꿈에 울며 슬퍼한 사람은 아침이 되면 즐거운 마음으로 사냥하러 나간다"는 말은 특별히 무엇을 뜻하는 것일까? 이 세상에서 흥청망청 퍼마시며 논 사람은 다음 생에서 울고, 이 세상에서 고생하며 산 사람은 다음 생에서 즐거워하리라는 것을 이야기한 것일까? 그런 뜻 같지는 않다. 장자는 특별히 내생을 상정하지도 않았고, 어느 면으로 보아도 인과응보 사상 같은 것을 가르치고 있는 것이라 보기도 힘들기 때문이다.

요는 이 세상에서 어떤 이는 즐거워하고 어떤 이는 슬퍼하지만 이렇든저렇든 다 꿈이라는 것을 말하고 있는 것이라 생각한다. 삶을 꿈이라 하더라도, 물론 삶이 순전히 허상(虛像)일 뿐이라는 뜻은 아니다. 장자는 삶이 꿈이지만 그 속에 그 나름의 실재성(實在性)이 있다는 것을 시사한다. 물론 궁극의 실재는 아니지만 그 실재성을 완전히 무시한 것은 아니다.

문제는 우리가 꿈을 꿀 때는 그것이 꿈인 줄 모른다는 사실이다. 꿈이 꿈인 줄 알려면 꿈에서 깨어나야 한다. 따라서 지금의 우리 삶이 꿈인 줄 알려면 이 삶에서 '크게 깨어나야(大覺)'한다는 것이다. 그러나 우리 범속한 인간들에게는 이런 큰 깨어남, 큰 깨달음, 큰 깨침이 없기 때문에 이 인생의 꿈속에서 그것이 꿈인 줄도 모르고 서로 아옹다옹하면서 산다는 것이다. 그래서 임금과 마소 치는 사람을 차별하고, 부자와 가난한 자를 차별하고, 출세한다, 돈을 번다, '남보란 듯 살아 본다' 하면서 아등바등하며 살아간다는 것이다. 그러면서 그렇게 살아가는 것이 가장 현실적인 삶이라고 주장하니 그야말로 '꼭 막혀도 한참'이라는 것이다. 공자도 구작자도 꿈이고, 이렇게 모두가 꿈이라고 하는 장오자 자신도 꿈인데.

우리 범속한 인간들은 우리의 삶이 꿈이라는 것을 깨닫지 못할 뿐 아니라, 이런 것을 꿈이라고 말하는 사람의 이야기도 괴상하게 여겨 일소에 부친다. 우리에게 삶이 꿈이며 여기서 크게 깨어나야 한다고 설득력 있게 가르쳐 깨닫게 해줄 사람이 있다면, 비록 만세에 한 번 정도 나타난다 할지라도, 그 귀중함을 생각하면 아침저녁으로 나타나는 것과 같이 자주 나타난다고 할 정도라는 것이다.

논쟁이 되지 않음은

28. 나와 자네가 논쟁을 한다고 하세. 자네가 나를 이기고 내가 자네를 이기지 못했다면, 자네는 정말 옳고 나는 정말 그른 것인가? 내가 자네를 이기고 자네가 나를 이기지 못했다면, 나는 정말 옳고 자네는 정말 그른 것인가? 한쪽이 옳으면 다른 한쪽은 반드시 그른 것인가? 두 쪽이 다 옳거나 두 쪽이 다 그른 경우는 없을까? 자네도 나도 알 수가 없으니 딴 사람들은 더욱 깜깜할 뿐이지. 누구에게 부탁해서 이를 판단하면 좋을까?

29. 자네같이 생각하는 사람에게 판단해 보라고 하면, 이미 자네 생각과 같으니, 그가 어찌 이를 옳게 판단할 수 있겠는가? 나처럼 생각하는 사람에게 바로 판단하게 한다면, 내 생각과 같으니, 그가 어찌 이를 판단할 수가 있겠는가? 자네와 다르고 나와도 다르게 생각하는 사람에게 판단하게 한들 자네나 내 생각과 다르니, 그가 어찌 이를 바로잡을 수 있겠는가? 자네와 같고 나와도 같게 생각하는 사람에게 판단하게 해도 이미 자네나 내 생

---

28. 既使我與若辯矣 若勝我 我不若勝 若果是也 我果非也邪 我勝若 若不吾勝 我果是也 而果非也邪 其或是也 其或非也邪 其俱是也 其俱非也邪 我與若不能相知也 則人固受其黮闇 吾誰使正之
☞ 既(기) - 만일. 가정하다 / 若 - 여기서는 '당신'이라는 뜻 / 黮闇(담암) - 어둡고 깜깜함.

각과 같으니, 그가 어찌 이를 바로잡을 수 있겠는가? 이렇게 나나 자네, 다른 사람이 모두 다 알지 못할 노릇인데 누구를 더 기다려야 하겠는가?

30. 이처럼 변하기 쉬운 〔시비 대립의〕 소리에 기대하는 것은 아예 기대하지 않는 것과 같네. 이런 것을 '하늘의 고름(天倪)'으로 조화시키고 '무한의 변화(曼衍)'에 내맡기는 것이 천수(天壽)를 다하는 길이지. '하늘의 고름'으로 조화시킨다는 것이 무슨 뜻인가? 사람들은 보통 '옳다, 옳지 않다,' '그렇다, 그렇지 않다'고 하네. 그러나 옳다고 하는 것이 정말로 옳다면, 옳은 것이 옳지 않은 것과 다르다는 것은 변론할 여지가 없는 일이지. 그렇다고 하는 것이 정말로 그렇다면, 그런 것이 그렇지 않은 것과 다르다는 것 또한 논쟁할 여지가 없는 일 아닌가. 햇수가 더해 세월 가는 것을 잊고, 〔옳다 그르다〕 의미를 따지는 일을 잊어버리게. 구경(究竟)의 경지로 나아가 거기에 머물도록 하게."

---

29. 使同乎若者正之 旣與若同矣 惡能正之 使同乎我者正之 旣同乎我矣 惡能正之 使異乎我與若者正之 旣異乎我與若矣 惡能正之 使同乎我與若者正之 旣同乎我與若矣 惡能正之 然則我與若與人 俱不能相知也 而待彼也邪

30. 化聲之相待 若其不相待 和之以天倪 因之以曼衍 所以窮年也 何謂和之以天倪 曰 是不是 然不然 是若果是也 則是之異乎不是也 亦無辯 然若果然也 則然之異乎不然也 亦無辯 忘年忘義 振於無竟 故寓諸無竟

☞ 化聲之相待 - 난해한 구절. '여러 가지 의견이 서로 상대적이다,' '불안정한 의견에 기대하다' 등으로 해석 / 天倪(천예) - 주석가들 사이에 여러 가지 의견이 있음. 곽상(郭象)은 '자연의 작용'이라 풀고, 어떤 주석가들은 '하늘의 맷돌(天研)'이나 '하늘의 균형대(天鈞)'로 보기도 함 / 振(진) - 뻗어감. 暢(창).

어느 선사의 제자 둘이 시비를 따지고 있었다. 한 제자는 "이렇다" 하고 다른 제자는 "저렇다"고 하면서 논쟁을 하다가 첫 제자가 스승을 찾아가 "그것이 이렇지 않습니까?" 하고 물었더니 스승은 "네 말이 옳다"고 했다. 조금 있다가 다른 제자가 찾아가 "그것이 저렇지 않습니까?" 하고 물었더니 스승은 그 제자에게도 "네 말이 옳다"고 했다. 뒤에서 이를 지켜보고 있던 종자가 어떻게 상반된 의견을 가지고 찾아온 제자들 둘이 다 옳을 수가 있을까 하고 "그것이 그렇지 않습니까?" 하고 물었더니 스승은 그에게도 "네 말이 옳다"고 했다는 것이다.

모든 의견은 결국 각자의 견지에서 나오는 것이므로 이른바 보편타당한 객관적 기준이 있을 수 없다는 뜻이다. 여러 번 지적한 대로 '시각주의'의 '입장 없는 입장'을 말한다.

엷은 그림자와 본그림자

31. 망량(罔兩, 엷은 그림자)이 영(景, 본그림자)에게 물었다. '당신이 조금 전에는 걸어가더니 지금은 멈추었고, 조금 전에는 앉았더니 지금은 일어섰으니, 왜 그렇게 줏대가 없소?'

그림자가 대답했다. '내가 딴 것에 의존하기 때문에 그런 것 아니겠소? 내가 의존하는 그것 또한 딴 것에 의존하기 때문에 그런 것 아니오? 나는 뱀의 비늘이나 매미의 날개에 의존하는 것 아니겠소? 왜 그런지를 내 어찌 알 수 있겠소? 왜 안 그런지 내 어찌 알 수 있겠소?'

그림자 둘레에 생기는 엷은 곁 그림자 '망량(罔兩)'이 본(本)그림자인 '영(景)'을 보고, 물체가 움직이는 데 따라 그대로 가다가 서고 앉았다가 일어서니 도대체 "왜 그렇게 줏대가 없느냐"고 따진다. 그 흔한

---

31. 罔兩問景曰 曩子行 今子止 曩子坐 今子起 何其無特操與 景曰 吾有待而然者邪 吾所待 又有待而然者邪 吾待蛇蚹蜩翼邪 惡識所以然 惡識所以不然

☞ 罔兩(망량) - 그림자 둘레에 생기는 엷은 그림자나 그림자의 그림자 / 景 - 여기서는 '影'과 같은 뜻으로 보아 '영'으로 읽음 / 曩(낭) - 조금 전 / 操(조) - 지조, 안정성 / 蛇蚹(사부) - 뱀의 배에 붙은 비늘.

"주체성이니 주체사상이니 하는 말도 들어 보지 못했느냐"고 한 셈이다. 그림자는 자신이 어쩔 수 없이 외물에 의존하기 때문에 외물의 움직임에 따라 그럴 수밖에 없다고 말한다.

사물의 상호 의존성과 상호 연관성을 말한 셈이다. 어느 누구도, 어떤 사물도 엄격한 의미의 독립성이나 주체성이 없다는 것이다. 만물은 자체가 존재의 바탕이거나 움직임의 근원일 수 없다. 모두 무엇에 의지해 존재하거나 움직인다. 물론 궁극적으로 거슬러 올라가면 모든 존재의 바탕이자 움직임의 근원은 도(道)일 수밖에 없다. 그런 의미에서 우리는 모두 도의 그림자, 엄격히 따지자면 그 그림자의 그림자의 그림자인 셈이다.

여기서 한 가지 재미있는 사실은 망량은 자신이 본 그림자에 완전히 의존하면서도 의존해 있다는 사실을 모르고 본 그림자만 가지고 독립성이 없다느니 지조가 없다느니 나무랐다는 점이다. 인간은 너나 할것없이 모두 서로에게 그리고 딴 사물에 의존하고 있지만 어떤 사람은 망량처럼 그 사실을 모르고 어떤 사람은 영처럼 그것을 안다.

나비의 꿈

32. 어느 날 장주(莊周)가 나비가 된 꿈을 꾸었다. 훨훨 날아다니는 나비가 되어 유유자적 재미있게 지내면서도 자신이 장주임을 알지 못했다. 문득 깨어 보니 다시 장주가 되었다. 장주가 나비가 되는 꿈을 꾸었는지 나비가 장주가 되는 꿈을 꾸었는지 알수가 없다. 장주와 나비 사이에 무슨 구별이 있기는 있을 것이다. 이런 것을 일러 '사물의 변화(物化)'라 한다.

이 '나비의 꿈' 이야기는 『장자』에서 가장 잘 알려진 이야기이다. 이 이야기 때문에 옛날부터 장자를 '몽접주인(夢蝶主人)'이라고 했다. 요즘 말로 하면 '나비꿈 선생'이다. 한국이 낳은 세계적 작곡가 윤이상 선생도 이 이야기를 주제로 하여 「나비의 꿈」이라는 오페라를 지었다.

이야기가 유명한 만큼 거기에 대한 해석도 구구하다. 그런데 이 이

---

32. 昔者莊周夢爲蝴蝶 栩栩然蝴蝶也 自喩適志與 不知周也 俄然覺 則蘧蘧然周也 不知周之夢爲蝴蝶
與 蝴蝶之夢爲周與 周與蝴蝶 則必有分矣 此之謂物化
☞ 莊周 - '周'는 莊子의 이름 / 蝴蝶(호접) - 나비 / 栩栩(허허) - 기분 좋게 훨훨 나는 모양 / 蘧蘧
(거거) - 형체가 있는 상태.

야기를 가만히 따져 보면 이것은 한 가지 꿈 이야기가 아니라 두 가지 꿈 이야기인 셈이다. 장자가 꿈에서 나비가 되어 훨훨 날아다녔는데, 물론 그 때에는 자기가 장자라는 생각이 전혀 없었다. 꿈에서 깨어나서야 그것이 꿈이라는 것을 깨달았다. 그러나 꿈에서 깨어나서 다시 곰곰이 생각해 보니, 지금이야말로 나비가 꿈을 꾸어 그 꿈속에서 장자가 되어 살아가면서 자기가 나비라는 생각을 하지 못하고 있는 것이 아닌가 하는 의문을 갖게 된 것이다. 따라서 여기에는 장자가 나비 되는 꿈과 나비가 장자 되는 꿈이 같이 거론되고 있는 셈이다. '나비의 꿈'이라는 것은 이런 의미에서 '나비로 된 꿈'과 '나비가 꾸는 꿈'이라는 뜻이 동시에 들어 있는 말이라고 보아야 할 것 같다.

여기서 우선 주목할 것은, 앞에서도 지적된 바와 같이, 꿈이 꿈인 것을 알려면 그 꿈에서 깨어나야 한다는 것이다. 장자가 나비였던 것을 꿈이라고 깨달았다는 것은 그 꿈에서 깨어났다는 뜻이다. 지금 그 꿈에서 깨어난 상태를 다시 꿈꾸는 것으로 이해했다는 것은 이른바 그 깸에서 다시 한 번 깨어났다는 뜻이다. 이렇게 깸에서 깨어나는 것이 큰 깨어남, 대각(大覺)이라는 것이다. 그런 뜻에서 장자는 대각한 사람이다.

이 나비의 꿈 이야기를 여러 가지로 해석할 수 있지만, 이 이야기의 주제가 '인생은 일장춘몽(一場春夢)'이라는 것을 말하려는 것이 아닌 것만은 분명하다. 여기서 가장 핵심적인 단어는 '물화(物化)'이다. 이 단어가 결국은 제2편 「제물론」의 마지막 결어(結語)인 셈이다. 그러면 '물화'라는 것이 도대체 무엇일까?

장자가 보는 세계는 모든 사물이 이것과 저것으로 갈려 독립한 개물의 세계가 아니라고 하는 것은 앞에서도 여러 번 지적했다. 장자가 보는 세계는 모든 사물이 서로 얽히고 설킨 관계, 서로 어울려 있는 관계, 꿈에서 보는 세계와 같이 서로가 서로가 되고, 서로가 서로에게 들어가기도 하고 서로에게서 나오기도 하는 '꿈 같은 세계'이다. 이런 세계는 개물이 제각기 독특한 정체성(正體性)과 함께 '하나'라는 전체 안에서 서로가 서로가 될 수 있는 불이성(不二性)이 병존하는 세계이다.

따라서 "장주와 나비 사이에는 무슨 구별이 있기는 있을 것"이지만 그러면서도 장주가 나비가 되고 나비가 장주가 될 수도 있는 세계라는 것이다. 앞에서도 말한 것처럼 이런 세계는 만물이 상호 합일 (mutual identification)하고 상호 침투(interpenetration)하는 세계, 만물이 상호 연관(interrelatedness)하고 상호 의존(interdependence)하는 세계, 만물이 상호 변화(interchanging)하고 상호 연기(co-arising), 상호 존재 (interbeing)하는 세계를 말한 것이다.

구체적인 예를 한 가지만 들어 본다. 조금 깊이 생각해 보면, 우리는 우리가 지금 들여다보고 있는 이 종이에서 구름을 볼 수 있다. 구름이 없으면 비가 있을 수 없고 비가 없으면 나무가 없고, 나무가 없으면 종이가 있을 수 없다. 따라서 이 종이에서 구름뿐 아니라 햇빛과 비와 나무와 새소리와 공기와 하늘을 다 볼 수 있다. 그뿐인가. 종이가 타면 재가 되므로 종이에서 재도 볼 수 있고, 탄소도 볼 수 있고, 다이아몬드도 볼 수 있다. 그런 의미에서 이 종이에는 이런 것들, 우주에 있는 다른 모든 것들이 다 들어가 있는 셈이다. 가만히 들여다보면 사실 종이는 종이 아닌 요소만으로 된 셈이다. 그러니까 "종이는 종이다." 하는 대신에 "종이는 구름이다", "종이는 나무다", "종이는 다이아몬드다", "종이는 종이 아닌 것이다." 하는 편이 더 적절한 말이다. 종이와 구름, 구름과 종이. 장자와 나비, 나비와 장자. 서로 넘나들어, 그야말로 자유자재이다. 이것이 이른바 물화(物化)이다. 이런 근본적인 진리를 발견하는 일은 반드시 꿈을 매개로 하지 않아도 된다. 사물을 깊이 통찰하는 사람이라면 이처럼 사물을 고정한 무엇으로 보지 않고 언제나 서로 어울려서 함께함을 볼 수 있다. 꿈은 우리에게 이런 세계가 있음을 어렴풋이나마 상징적으로 암시해 주는 매체 노릇을 해주는 셈이다.

궁극적으로 이런 세계는 이 편 서두에서 말한 '나를 잃어버린 상태(吾喪我)'에서 진정으로 체득할 수 있는 세계요, 이런 세계를 체득할 때 쓸데없는 아집, 편견, 국지주의, 자기 중심주의, 일방적 단견, 오만 등에서 풀려나 관용과 아량과 트임과 조화와 협력을 바탕으로 하는 자유 세계에서 노닐게 된다는 것이다. 이것이 장자가 이렇게 길고 어려운 논의를 통해 우리에게 일러주려고 한 결론인 셈이다.

제 3 편

생명을 북돋는 데 중요한 일들(養生主)

이 편(篇)은 신나는 삶, 활기찬 삶, 풍성한 삶이 어떤 것인지 몇 가지 구체적인 예를 들어 말한다. 제1편이 변화와 초월의 가능성을 이야기하고, 제2편이 이런 변화와 초월이 우리의 이분법적 사고와 의식(意識)에서 벗어나 '오상아(吾喪我)'의 경지에 이를 때 가능하다는 것을 말한 것이라면, 제3편은 이런 일이 가능하게 된 사람들이 어떻게 일상 생활을 신나고, 활기차고, 풍성하게 살아가는가를 보여 주고 있는 셈이다.

이렇게 신나고, 활기차고, 풍성한 삶의 모습은 어떤 것인가? 한마디로, 자연의 순리에 따라 거기에 몸을 맡기고 살아가는 것이다. 지식욕, 자존심, 자기중심주의 같은 일체의 인위적, 외형적인 것을 넘어서서 자연의 운행과 그 리듬에 따라 우리의 행동을 자연스럽게 자발적으로 할 때, 우리 속에 있는 생명력이 활성화하고 극대화해 모든 얽매임에서 벗어난 자유로운 삶, 이른바 '기대지 않는 삶(無待)'을 향유할 수 있다는 것이다. 이것이 바로 '생명을 북돋는 일(養生)', '삶의 질을 높이는 일'이라는 것이다.

'양생주(養生主)'라는 제목은, 1) '양생(養生)의 주(主)' 곧 '생명을 북돋우는 요체'라 풀 수도 있고, 2) '생주(生主)를 양(養)함' 곧 '생명의 주인 혹은 생명의 요체를 북돋움'이라고 풀 수도 있다. 둘 다 문맥이나 내용에 맞고, 주석가들도 두 가지로 해석한다. 그러나 이 편에 있는 포정(庖丁)의 이야기에서 문혜군이 포정에게 "이제 '양생'이 무엇인지를 터득했노라"고 한 것으로 보아 '양생'을 한 단어로 보는 것이 옳다는 주석가가 더 많다. 생명을 북돋우면 생명의 주인도 북돋게 되는 것이니 제목을 어떻게 해석하든 결국 같은 것을 말하는 것이라고 볼 수 있다.*

---

* 이 편은 다른 편에 비해서 유난히 짧고, 각 부분이 서로 잘 맞지 않는 듯한 인상을 준다. 그래서 왓슨(Watson, 55)과 그레엄(Graham, 62) 같은 번역자는 이 편의 상당 부분이 나중에 실수나 고의로 잘려 나갔거나 다른 부분으로 옮겨졌으리라고 주장하기도 한다. 그러나 문장을 음률에 맞게 잘 짰고, 내용의 각 부분을 유기적으로 구성한 점으로 보아 반드시 그렇게 생각할 필요는 없다고 본다. 특히 광밍우(Kuang-ming Wu, 吳光明) 교수는 이 편에 나오는 여섯 가지 논의가 『장자』 내편에 나오는 다른 여섯 편의 주제에 각각 상응하는 것이라고 보고 있다.(1990, 304)

삶에는 끝이

1. 우리의 삶에는 끝이 있습니다.
   아는 것에는 끝이 없습니다.
   끝이 있는 것으로 끝이 없는 것을 추구하는 것은
   위험할 뿐입니다.
   그런데도 계속 알려고만 한다면
   더더욱 위험할 뿐입니다.

2. 착하다는 일 하더라도
   이름이 날 정도로는 하지 말고,
   나쁘다는 일 하더라도
   벌받을 정도로는 하지 마십시오.
   오직 중도를 따라 그것을 기준으로 삼으십시오.
   그러면 몸을 보전할 수 있고,
   삶을 온전히 할 수 있고,
   어버이를 공양할 수 있고,

---

1. 吾生也有涯 而知也无涯 以有涯隨无涯 殆已 已而爲知者 殆而已矣
   ☞ 已(이) - ~일 뿐이다.

주어진 나이를 다 채울 수 있을 것입니다.

✂

이 두 문단은 본래 시(詩) 형식으로 되어 있다. 따라서 번역도 시 형식으로 했다. 이것은 제3편의 서론이나 총론인 셈이다. 우리의 삶은 유한한데, 알아야 할 것은 무한하다. 유한한 삶으로 무한한 앎을 추구 하는 것은 불가능할 뿐만 아니라 위험하다는 것이다. 독일 작가 괴테 (Johann Wolfgang von Goethe, 1749~1832)가 쓴 『파우스트(Faust)』에 나 오는 주인공 파우스트처럼 철학, 법학, 의학, 신학 등 인간이 알아야 할 모든 학문을 다 섭렵하고도 모자라 악마에게 자기 혼을 팔아서라 도 우주의 신비를 알아보겠다는 끝없는 지식욕 같은 것은 위험하다는 것일까?

아무튼 순전히 지적 호기심을 충족하기 위한 일방적 지식 추구는 위험한 일이므로, 오직 중도(中道)를 기준으로 삼으면 몸도 보전하고 삶도 온전하게 되고, 모두 화목하게 지내게 되고, 천수를 누릴 수 있 을 것이라는 것이다. 이 네 가지가 곧 '보신(保身)', '전생(全生)', '양친 (養親)', '진년(盡年)'이다.

노자의 『도덕경』 제3장에 나오는 이야기와 비슷하다. 노자도 "마음 은 비우고 배를 든든하게 하며, 뜻은 약하게 하고 뼈는 튼튼하게" 하 고, "지식도 없애고 욕망도 없애고, …… 함부로 하겠다는 짓도 못 하

---

2. 爲善无近名 爲惡无近刑 緣督以爲經 可以保身 可以全生 可以養親 可以盡年
☞ 緣(연) - 따르다 / 督(독) - 중심 혈관, 가운데, 중정(中正) / 經(경) - 기준, 표준 / 養親 - '親'을 '부모'나 '친한 이'로 푸는 사람도 있고, '몸', 특히 '내장'이라 푸는 사람도 있다.

142

게" 하라고 했다. 소위 '무지(無知)', '무욕(無慾)', '무위(無爲)'를 가르치고, 이렇게 하면 세상에서 안 되는 것이 없으리라고 했다.

인간은 생래적으로 알려고 하는 마음, '경이(驚異)의 염(念)', 희랍어로 '타우마젠(thaumazein)'을 지니고 태어났다고 한다. 그런데 여기서는 이 생래적인 마음을 억누르고 무지를 훈장처럼 뽐내며 한평생을 살라고 가르친 것일까? 무슨 일이 있어도 노벨 상 받을 일은 기필코 피해야 한다는 뜻일까? 그럴 수는 없다.

여기서 '앎'이니 '지식'이니 하는 것은 제2편 「제물론(齊物論)」에서 말한 것처럼 이런저런 것을 끝없이 따지는 '분별지(分別智)'를 말한다고 보아야 할 것이다. 이런 분별지는 우리가 '사물을 있는 그대로' 보지 못하게 방해하는 것이다. 『도덕경』 제48장에서도 "학문의 길은 하루하루 쌓아 가는 것. 도의 길은 하루하루 없애 가는 것"이라고 했다. 도와 하나가 되려면 우리가 지금 가지고 있는 모든 편견이나 단견 같은 이분법적이고 일방적인 의식(意識)으로 얻은 지식을 하나하나 버려야 한다. 그런데도 오히려 이런 것을 더 얻지 못해 안달하며 쏘다니면 이야말로 위험한 일이 아니겠느냐는 뜻이다. 동서를 막론하고 궁극적으로는 이렇게 '앎을 버림(unknowing),' 혹은 '배운 것을 버림(unlearning)'에 이를 때, 비로소 '하나'의 세계를 체험할 수 있다고 가르치는데, 여기서도 결국 지식이 아닌 직관(直觀)으로 실재의 세계를 꿰뚫어 볼 수 있음을 말한 셈이다.

이런 '위험한 일'을 그만두고 어떻게 하라는 것인가? "착하다는 일 하더라도 이름이 날 정도로 하지 말고, 나쁘다는 일 하더라도 벌받을 정도는 하지 말라"고 했다. 주석자들 사이에 의견이 분분한 구절이다.

착한 일도 적당히 하고, 나쁜 일이라도 벌받지 않을 정도로 하면 좋다는 것인가? 장자가 여기서 악을 허용하거나 조장한 셈인가?

이런 문제에 대한 대답으로 주석자들 중에는 이 문장을 "악한 일을 해서 벌받는 일이 없도록 조심하듯이 착한 일 하다가 이름이 날까 조심하라"는 뜻으로 풀이하는 사람도 있다. 가능한 해석이긴 하지만 가만히 들여다보면 또 다른 해석도 할 수 있다. 도(道)에 들어선 사람에게는 앞에서도 계속 언급한 것처럼 선악, 미추 따위의 이분법적 구별이 있을 수 없다. 그런 사람들은 이미 이런 일방적 시각을 초월한 사람이다. 엄격한 의미에서 그런 사람들에게는 착한 일, 나쁜 일이 따로 없다. 따라서 '세상에서 착하다고 하는 일'을 하더라도 이름이 날 정도로, 혹은 이름을 염두에 두고 하지 말고, '세상에서 나쁘다고 하는 일'——자기에게는 전혀 나쁜 일이 아닐지도 모르지만——을 하다가 벌받는 지경에까지 이르지는 말라는 뜻으로 해석할 수도 있을 것이다.

그렇다면 사회 정의를 위하여 싸우다가 감옥에 갇히는 일 같은 것은 좋지 않다는 뜻인가? 이런 질문에 장자는 잔잔히 미소를 지으며, "훌륭한 일일 수 있다. 정의를 위해 힘껏 싸워 보아라. 결국 싸우는 것만이 능사가 아니라는 사실을 알게 될 때까지. 그러고 나서 스스로 더욱 근본적인 일이 있음을 발견하라"고 타이르지 않을까? 장자에게서 더욱 근본적인 것은 착한 일을 한다, 나쁜 일을 피한다, 하는 등 의식적 가치 기준에 따라 움직이는 표피적 행동이 아니라 의연하고 묵직하게 '중도를 따르는 것'이다. 이것이 바로 장자가 이 편에서 강조한 양생의 요체인 셈이다.

그러면 '중도를 따른다'는 것이 무슨 뜻일까? 본문에는 '연독(緣督)'

이라고 했다. '독(督)을 따른다(緣)'는 것인데, 여기서 '독'의 뜻에 다시 설이 분분하다. 대개 세 가지 뜻으로 푸는데 첫째, '감독(監督)'이란 단어에서처럼 지시나 명령을 뜻한다고 보는 것, 둘째, 해부학적으로 등골을 통해 아래위로 뻗은 생기의 통로, 셋째, 겉옷에서 등심을 통해 아래위로 꿰맨 자국을 뜻한다는 것이다. 첫째 뜻을 채택하면, 지시를 따르듯 꼭 필요할 때나 순리대로 자연스럽게 행동하고 억지 일을 하지 않는다는 말이 된다. 둘째 뜻을 채택하면, 일상적이고 계산적인 의식을 버리고 오로지 등줄을 타고 흐르는 근원적인 생명력, 활력을 따르라는 말이 된다. 희랍 사람들이 다이몬(daemon)이라 하고, 로마 사람들이 지니우스(genius)라 한 것, 영어의 '것트(gut)', 우리말로 표현하면 좋은 뜻으로 '육감' 혹은 '뱃심'을 따르라는 것쯤으로 볼 수 있을 것 같다. 둘째와 셋째 뜻을 아울러 채택하면, 몸의 등줄과 옷의 등심이 모두 중앙에 있듯이 우리의 행동이 이리저리 치우치지 않고 중정(中正)이나 중용(中庸)을 지키라는 뜻으로 새길 수 있다. 이 세 가지 뜻을 모두 채택하면, 우리의 잔꾀에서 나오는 고의(故意)나 계략(計略) 같은 것이 전혀 없이 자발적이고 자연적인 행동, 우리 깊은 속에서 솟아나는 어떤 활기나 기백(氣魄)에 따라 올바르게 나타나는 행동 같은 것을 의미한다고 볼 수 있지 않을까? 한마디로, 앞에서 지적한 것처럼, '자연의 순리를 따르고 거기에 몸을 맡기라'는 것이라 할 수 있다. 다음에 나오는 것은 이런 일을 실천한 사람들의 이야기이다. 처음 그 대표 격으로 나오는 사람이 소의 각을 뜨는 포정(庖丁)이다.

포정의 소 각뜨기(庖丁解牛)

3. 포정(庖丁)이라는 훌륭한 요리사가 문혜군(文惠君)을 위하여 소를 잡았습니다.

손을 갖다 대고, 어깨를 기울이고, 발을 디디고, 무릎을 굽히고. 그 소리는 설컹설컹. 칼 쓰는 대로 설뚝설뚝. 완벽한 음률. 무곡(舞曲) 「뽕나무 숲(桑林)」에 맞춰 춤추는 것 같고, 악장(樂章) 「다스리는 우두머리(經首)」에 맞춰 율동하는 것 같았습니다.

4. 문혜군이 말했습니다. "참, 훌륭하도다. 기술(術)이 어찌 이런 경지에 이를 수 있을까?"

요리사가 칼을 내려놓고 대답했습니다. "제가 귀히 여기는 것은 도(道)입니다. 기술을 넘어선 것입니다. 제가 처음 소를 잡을 때는 눈에 보이는 것이 온통 소뿐이었습니다. 삼 년이 지나자 통째인 소가 보이지 않게 되었습니다. 지금은 신(神)으로 대할 뿐, 눈으로 보지 않습니다. 감각 기관은 쉬고, 신(神)이 원하는 대로

---

3. 庖丁爲文惠君解牛 手之所觸 肩之所倚 足之所履 膝之所踦 砉然嚮然 奏刀騞然 莫不中音 合於桑林
之舞 乃中經首之會

☞ 文惠君 - 『孟子』 첫머리에 나오는 양(梁)의 혜왕(惠王)과 같은 사람으로 보는 주석가도 있다 / 膝
(슬) - 무릎 / 砉然(획연) - 뼈 바를 때 나는 소리 / 騞然(획연) - 살 가를 때 나는 소리 / 桑林 -
옛날 은(殷)나라 탕(湯) 왕이 지었다고 전해지는 무곡 / 經首 - 옛날 요(堯) 임금이 지은 악장.

움직입니다. 하늘이 낸 결을 따라 큰 틈바귀에 칼을 밀어 넣고, 큰 구멍에 칼을 댑니다. 이렇게 정말 본래의 모습에 따를 뿐, 아직 인대(靭帶)나 건(腱)을 베어 본 일이 없습니다. 큰 뼈야 말할 나위도 없지 않겠습니까?

5. 훌륭한 요리사는 해마다 칼을 바꿉니다. 살을 가르기 때문입니다. 보통의 요리사는 달마다 칼을 바꿉니다. 뼈를 자르기 때문입니다. 저는 지금까지 19년 동안 이 칼로 소를 수천 마리나 잡았습니다. 그러나 이 칼날은 이제 막 숫돌에 갈려 나온 것 같습니다. 소의 뼈마디에는 틈이 있고 이 칼날에는 두께가 없습니다. 두께 없는 칼날이 틈이 있는 뼈마디로 들어가니 텅 빈 것처럼 넓어, 칼이 마음대로 놀 수 있는 여지가 생기는 것입니다. 그러기에 19년이 지났는데도 칼날이 이제 막 숫돌에서 갈려 나온 것 같은 것입니다.

6. 그렇지만 근육과 뼈가 닿은 곳에 이를 때마다 저는 다루기

---

4. 文惠君曰 譆 善哉 技蓋至此乎 庖丁釋刀對曰 臣之所好者道也 進乎技矣 始臣之解牛之時 所見無非牛者 三年之後 未嘗見全牛也 方今之時 臣以神遇 而不以目視 官知止而神欲行 依乎天理 批大郤 導大窾 因其固然 技經肯綮之未嘗 而況大軱乎
☞ 釋(석) - 내려놓다 / 天理 - '理'의 본래 뜻은 玉의 '결.' 여기서는 이 뜻으로 풀 / 批(비) - 밀어 넣다 / 郤(각) - 틈 / 窾(관) - 구멍 / 技經 - 문맥상으로 보아 여기 '技'는 '枝'의 잘못이라 보기도 한다 / 肯綮(긍경) - 인대와 건 / 軱(고) - 큰 뼈.

5. 良庖歲更刀 割也 族庖月更刀 折也 今臣之刀十九年矣 所解數千牛矣 而刀刃若新發於硎 彼節者有間 而刀刃者無厚 以無厚入有間 恢恢乎 其於遊刃 必有餘地矣 是以十九年而刀刃若新發於硎
☞ 割 - 살을 베는 것으로 풀 / 折 - 뼈를 자르는 것으로 풀 / 硎(형) - 숫돌 / 無厚 - '두께가 없음'. 『장자』에서 중요한 개념.

어려움을 알고 두려워 조심합니다. 시선은 하는 일에만 멈추고, 움직임은 느려집니다. 칼을 극히 미묘하게 놀리면 뼈와 살이 툭 하고 갈라지는데 그 소리가 마치 흙덩이가 땅에 떨어지는 소리 와 같습니다. 칼을 들고 일어서서 사방을 둘러보고, 잠시 머뭇거 리다가 흐뭇한 마음으로 칼을 닦아 갈무리를 합니다."

문혜군이 말했습니다. "훌륭하도다. 나는 오늘 포정의 말을 듣 고 '생명을 북돋움(養生)'이 무엇인가 터득했노라."

'포정'의 '포(庖)'는 '부엌'을 의미하고 '정(丁)'은 그 사람의 성(姓)이 거나 보통 명사로 '사람'을 의미할 수 있다. '부엌데기', '요리사' 혹은 '요리사 정씨'라는 뜻이겠지만, 이 이야기에서는 구체적으로 소를 잡 는 일을 전문으로 하는 '백정'으로 등장했다. 백정이라면 옛날 동양 사 회에서 가장 천시한 직업이다. 그러니까 이 이야기는 그 사회에서 가 장 천한 백정이 그 사회에서 지존한 임금 앞에서 소 잡는 법을 보여 주어 '양생(養生)'의 도를 가르쳤다는 이야기이다. 도(道) 앞에서는 누 구나 평등하다는 생각보다 오히려 한 발 더 나아가, 도 앞에서는 지금 껏 당연하게 여기던 기존의 질서가 뒤집힌다는 것을 암시했다. 소를 죽이면서 '양생'을 가르친다는 것 자체가 어쩐지 사리에 맞지 않는 역

---

6. 雖然 每至於族 吾見其難爲 怵然爲戒 視爲止 行爲遲 動刀甚微 謋然已解 如土委地 提刀而立 爲之 四顧 爲之躊躇滿志 善刀而藏之 文惠君曰 善哉 吾聞庖丁之言 得養生焉

☞ 族 - 여기서는 근육과 뼈가 접한 곳 / 怵(출) - 두려워하다 / 謋(획) - 뼈와 살이 갈라지는 소리 / 善 - '拭(식)'과 같은 뜻으로 '씻다'.

설 같기도 하다. 그러나 이런 것을 포함해서 여기 나오는 일은 모두 우리가 지금껏 당연하다고 여겨 온 상식적 가치관을 뒤흔들고 뒤집는 일종의 '가치 전도(價值顚倒)'에 대한 이야기이다.

포정이 소 각뜨는 솜씨가 얼마나 능수능란한지 상상을 초월할 만큼 절묘했다는 것이다. 소위 '명인(名人)'의 경지이다. 손, 어깨, 발, 무릎 등 몸 전체가 조화롭게, 자연의 리듬과 율동에 맞추어 한바탕 춤추듯이 움직이면 어느새 소의 각을 완전히 뜨게 되었다는 것이다. 요리조리 재고 셈하고 꾀한 인위적 기교나 행동이 전혀 아니다. 자연의 리듬과 율동에 맞춰 물처럼 흐르는 행동. 속에서 저절로 나오는 움직임. 그래서 칼로 베지만 칼로 베는 것 같지 않게 베는, 말하자면 '벰이 없는 벰'이라는 이야기이다.

이를 보고 문혜군은 "참, 훌륭하도다. 기술이 어찌 이런 경지에까지 이를 수 있을까?" 하고 감탄한다. 그러자 포정은 칼을 옆에다 내려놓고 이것은 단순한 '기술'이 아니라 기술의 경지를 넘어선 '도'의 경지라 하고, 자기가 어떻게 이 경지에 이르렀는가 하는 것을 임금에게 당당하고 늠름하게 가르쳐 준다.

여기서 발견할 수 있는 것은 포정이 이 경지에 이르기까지는 세 단계를 거쳤다는 것이다. 처음에는, 눈에 소밖에 안 보이던 단계이다. 다음에는, 소가 소가 아닌 것으로 보이는 단계이고, 나중에는 소를 눈으로 보지 않고 신(神)으로 보는 단계에 이르렀다는 것이다. 이 마지막 단계에서는 모든 감각 기관은 쉬고 신(神)이 나서 '신이 원하는 대로' 저절로 움직였다는 것이다. 여기서 말하는 '신(神)'이란 것이 도대체 무엇일까? 이렇게 '신'이 나서 움직이는 상태는 어떤 것일까?

옛날 사람들은 인간이 신(神)과 정(精)과 기(氣)로 되었다고 믿었다. 세 가지가 비슷비슷한 말로 정신(精神), 정기(精氣)라는 말처럼 서로 어울려 인간의 정신 작용을 뜻한다. 그러나 신선술(神仙術) 같은 데서는 이를 특별히 구별하는데, 구태여 구별해서 말하자면, 정(精)이 '정력(精力)'이라고 할 때처럼 성인(成人)의 활동력을 지탱해 주는 기본적인 요인이고, 기(氣)가 '기운(氣運)'이나 '원기(元氣)'라고 할 때처럼 사람을 건강하고 힘차게 살아가게 하는 힘이라 한다면, 신은 '신난다'고 할 때처럼 사람에게 활기와 흥을 돋워 주는 힘이라고 할 수 있을 것이다. 말하자면 여기서 말하는 '신(神)'이란 희랍어의 '프시케(psyche)'나 희랍 철학에서 말하는 '다이몬(daemon)'이나 프랑스 철학자 베르그송(Henri Bergson)이 말하는 '엘랑 비탈(élan vital)'과도 비교할 수 있는 무엇이라 할 수 있다.

옛날 선사(禪師)들은 깨침에 이르는 단계를 두고, 산과 물을 보는 경우, 첫째, 산은 산이고 물은 물이라고 하는 단계, 둘째, 산은 산이 아니고 물은 물이 아니라고 하는 단계, 셋째, 다시 산은 산이고 물은 물이라고 하는 단계를 말하였는데, 포정이 거친 삼 단계라는 것이 이와 비슷한 것일까? 아무튼 포정은 처음에는 소가 소로만 보였다. 그러길 삼 년, 이제 소가 소가 아니라 뼈와 살 등 해부학적(解剖學的) 요소로 구성된 무엇으로 보였다. 그러다가 이제 이런 분석적이고 계산적인 의식(意識)에서 벗어나, 자기와 소와 칼이 불이(不二)의 상태, 완전히 합일된 상태, 자기를 완전히 잊은 상태, 주객을 완전히 초월한 비이분법적(非二分法的) 상태에 이르렀다는 뜻이다. 이런 상태에서 움직이는 것이 노자가 말하는 '함이 없는 함(無爲之爲)', 그래서 안 된 것

이 하나도 없는 경지에서 하는 '함'이다.(『도덕경』제37장)

이것은 또 제2편에서 남곽자기가 '자기를 잊어버린 상태'에서 '하늘의 통소 소리'를 들은 상태와 같은 것이다. 이런 상태가 되었을 때 '무곡「뽕나무 숲(桑林)」에 맞춰 춤추듯, 악장「다스리는 우두머리(經首)」에 맞춰 율동하는 것' 같은 움직임이 나오는 것 아닐까? 이런 '비보통적(非普通的)' 망아(忘我), 무아(無我), 허심(虛心)의 상태에서 '신'만을 가지고 대할 때 소에 본래부터 있는 '하늘이 낸 결', '자연적인 결'이 툭 트인 듯 훤히 보이고 그 결에 따라 칼을 자연스럽게 움직일 뿐, 결코 인대나 건이나 뼈 같은 것을 건드려 본 일이 없다는 것이다.

여기서 '결'이라 한 것은 '이(理)'의 본래 뜻이다. '하늘의 이(天理)'에 따라 움직인다는 뜻이다. '이(理)'라는 개념은 11세기 송(宋)대에 번창한 신유학(新儒學)의 중심 개념으로 등장한다(Chan, 203). 이른바 '성리학(性理學)'이라고 할 때의 '理'가 바로 이것이다. 후대에 끼친 장자의 영향력을 보여 주는 한 가지 실례라 할 수 있다.

아무튼 이처럼 칼을 자연스럽게 쓰기 때문에 그의 칼은 19년이나 썼지만 아직도 숫돌에 막 간 것처럼 날카롭기만 하다고 했다. 여기서 '19'라는 숫자는 다른 고대 문서들에서와 마찬가지로 '산술적(numerical) 가치'가 아니라 고대인들이 즐겨 쓰던 '숫자학적(numenological) 가치'를 가진 것으로 이해해야 한다. 이 숫자는 제5편 9에도 나오는데, 이것은 완전수 10을 겹친 수인 20에 가깝다는 뜻이거나, 혹은 완전 수 10에다 한자리 숫자의 끝인 9를 더했다는 뜻에서, '여럿'을 의미하는 것으로 보면 좋을 것이다. 아무튼 보통 사람이 보아서는 빈틈이 없이 꽉찬 것 같은 소의 몸도 이런 경지에서 대하면 '큰 틈'이 훤히 드러나

고, 자기도 모르는 어떤 힘에 따라 자연스럽게 움직이기 때문에 칼 하나를 가지고 '19'년을 써도 예리한 날을 그대로 유지하는 등 보통 생각으로서는 도무지 헤아릴 수 없는 일이 일어난다는 이야기이다.

동양에서는 엄격히 따져 궁술, 검술, 유술 등 '술(術)'의 연마를 목표로 하는 훈련과 궁도, 검도, 유도 등 궁극적으로 '도(道)'와 하나가 되어 자연의 움직임과 합일하려는 수련을 구별했다. 말하자면 여기서 포정은 '해우술(解牛術)'이 아니라 '해우도(解牛道)'를 터득한 것이다.

독일 철학자 오이겐 헤리겔(Eugen Herrigel)이 일본에 가서 궁도를 통해 어느 경지에 이른 자기의 체험을, 지금은 고전같이 된 그의 책 『Zen in the Art of Archery(궁도에서의 禪)』라는 책에 상세하게 이야기하고 있다. 마이클 머피(Michael Murphy)는 최근에 나온 그의 책 『The Future of the Body : Exploration Into the Future Evolution of Human Nature(몸의 미래 : 미래에 있을 인간 본성의 진화에 관한 탐구)』에서 이와 비슷한 경지에 이른 사람들의 예로 운동 선수의 경우를 들었다. 미식 축구 선수들 중에 가끔 이상스럽게도 자기를 공격하러 오는 상대방 선수들이 마치 고속 촬영을 한 영화 화면에서처럼 천천히 달려오는 것으로 보이고, 또 자기가 공을 던져야 할 곳이 훤하게 트여 있음을 보게 되는데, 이럴 때 자기도 모르는 어떤 힘에 따라 자연스럽게 공을 던지면, 그것이 성공하는 경험을 한다고 한다.

골프 선수도, 하키 선수도, 권투 선수도, 활쏘기 선수도, 야구 선수도 모두 비슷한 경험을 이야기한다. 골프 선수 중에는 어느 경지에 이르렀을 때 구멍(홀)이 물통만하게 보여 그 큰 구멍으로 공을 쳐 넣는 느낌이 든다고 한다. 운동 선수들은 이런 경지에 이른 것을 'zone'에 들어갔다고 말한다. 머피는 이런 것을 두고 인간에게 있는 '초보통적 능력(metanormal capacity)'이라 한다.(졸저『부드러운 것이 강한 것을 이긴다』중「골프도(道)」57~70 참조)

포정이 이렇게 자기를 완전히 잊은 일종의 황홀 상태와 삼매(三昧) 지경에서 할 일을 다 한 다음에 '사방을 둘러보고' 평상의 의식 상태로 돌아오면 말할 수 없이 '흐뭇한 마음'을 느끼게 된다고 한다. 권투 챔피언 조한슨도 1959년『라이프』지와의 인터뷰에서 "내 오른손에 이상한 일, 도저히 설명하기 어려운 일이 생겼다. 내 손이 전혀 내 몸의 일부 같지 않은 기분이었다. 그것은 나도 모르게 튀어나왔다. 저절로 움직이는 것 같았다. 움직임이 빨라서 눈으로 볼 수도 없을 지경이었다. 나도 모르게 오른손이 나가서 명중을 할 때 흐뭇한 감정이 내 팔을 타고 내려가 전신으로 흘렀다"(Murphy, 118)고 했다. 이렇게 흐뭇한 마음으로 흡족해 하는 포정의 모습을 보고 임금은 "나는 오늘 포정의 말을 듣고 '양생'을 터득했다"고 탄복했다. 뜻깊은 인생의 참맛이란 바로 저런 것이구나 하고 느꼈던 모양이다.

임금은 상식 세계에서는 이른바 '성공한 사람'의 표본이다. 바로 인생에 성공하는 비결을 가르칠 사람이다. 임금이 하는 말을 잘 들었다가, 포정 같은 사람은 당장 엄두도 못 낼 일일지 모르지만, 자식이라도 열심히 가르쳐 어떻게 하든 사회에서 버젓이 성공하도록 뒷받침해주는 것이 상식이다. 이런 상식을 뒤집고 오히려 백정이 임금에게 참되게 사는 방식을 가르쳐, 임금이 감탄했다. 그리스의 작가 니코스 카잔차키스(Nikos Kazantzakis)의 유명한 소설『희랍인 조르바(Zorba the Greek)』가 생각난다. 거기서도 소위 성공한 지성인 사업가로 등장하는 상전이 불학무식한 하인 조르바의 신나는 삶, 거침이 없는 삶에 감복하여 결국 '춤추는 것'을 가르쳐 달라고 부탁하는 대목으로 끝이 난다. 인생의 참된 성공은 어떤 것일까? 전통적 가치관을 가지고 살아가는 사람들을 헷갈리게 하는 대목이다.

외발 우사(右師)

7. 공문헌(公文軒)은 우사(右師, 오른쪽 장군)를 보자 놀라면서 말했습니다. "이게 어찌 된 사람이오? 어이하여 외발이 되었소? 그것이 하늘이 한 일이오, 사람이 한 일이오?"

〔누군가〕 말했습니다. "그것은 하늘이 한 일이지 사람이 한 일이 아니오. 하늘이 나를 낳을 때 외발이 되게 했소. 사람의 모양이란 본래 두 발을 갖추는 것. 이로 보아도 외발임은 하늘이 한 일이지 사람이 한 일이 아님을 알 수 있소."

❋

제3편은 아리송한 이야기로 가득하다. 여기 나오는 우사의 이야기에서도 우사를 '양생'을 잘한 사람으로 해석해야 할지 혹은 양생을 아주 잘못한 사람으로 해야 할지 헷갈린다. 다음에 계속해서 나오는 못가의 꿩, 노자의 죽음, 장작불 이야기가 모두 여러 가지 다른 해석, 심

---

7. 公文軒見右師而驚曰 是何人也 惡乎介也 天與 其人與 曰 天也 非人也 天之生是使獨也 人之貌有與也 以是知其天也 非人也

☞ 介(개) - 고대 중국에서 쓰던 형벌의 하나로 발 하나를 자르는 것. '외발' / 有與也 - '與'를 '둘을 갖춤'으로 해석했다. 하늘이 '준 것'이라고 해석하는 사람도 있음.

지어는 정반대로 해석할 수 있을 만큼 모호하다. 어느 해석이 절대적으로 맞다고 할 수 없고 독자의 견해와 이해력의 깊이에 따라 제각기 달리 풀 수 있는 이야기인 셈이다. 이야기를 이렇게 한 것이 어쩌면 장자의 본래 의도일지도 모른다는 생각이 든다. 왜 그랬을까?

이렇게 아리송하게 대략만 말하고 나머지를 여백처럼 남겨 두는 것은 독자의 상상력과 경험에 비추어 나름대로 그 여백을 채워 넣도록 한 것이라 볼 수 있다. 예를 들면, 어느 화가가 남녀의 사랑을 묘사하는 그림을 그릴 때, 두 남녀가 침실에 같이 있는 장면을 소상하게 그릴 수도 있고, 단순히 댓돌 위에 고무신 두 켤레가 가지런히 놓여 있는 모양을 그릴 수도 있다. 전자를 '서술적' 묘사라 한다면, 후자는 '암시적', '환기적(喚起的, evocative)' 기법이라 할 수 있다. 『장자』에 나오는 대부분의 이야기들이 사실 후자의 표현 양식을 쓴 셈이다. 엄격히 말하면 『장자』뿐 아니라 거의 모든 종교적 이야기도 원칙적으로는 이 범주에 속한다고 볼 수 있다. 선(禪)에서 하는 화두(話頭)나 공안(公案)처럼 각자가 얻은 것을 붙들고 스스로 씨름하여 점점 더 깊은 깨달음의 경지에 이르도록 하려는 것이다.

아무튼 여기 등장한 발 잘린 장군의 이야기는 그 암시적 성격 때문에 그를 좋게도 나쁘게도 해석하게 되어 있다. 좋게 보는 해석은, 이렇게 장군의 발이 잘린 것은 그가 형식적이고 엄격한 군율이나 숨막힐 듯한 조직 생활을 마다하고 자유분방하게 살다가 억울하게 벌을 받은 것이고 그런 사실 자체가 인간 속에 있는 '어떤 원초적 힘에 따라' 거치는 것이 없이 살았다는 증거라는 것이다. 새장에 갇혀 먹이나 잘 얻어먹는 것을 거절한 못가의 꿩처럼 이 장군도 군대라는 새장을 거부하고, 자유를 그 어느것보다 중요하게 여긴 훌륭한 사람, 더욱이 발이 잘린 것을 사람의 탓으로 돌리지 않고 하늘이 한 일로 받아들이는 아량까지 갖춘 사람, 계속 남을 탓하면서 자기 속을 태우지 않고, 이렇게 된 것을 하늘이 준 운명으로 받아들여 개의치 않는 것, 이것이 바로 생명을 북돋우는 양생의 길이 아니냐, 그러므로 이 우사야말로 양생을 잘한 사람이라는 식의 해석이다.

한편, 우사를 좋지 않게 해석하는 것은, 자신의 천성대로 살려 하지 않고 계속 진급, 인맥, 축재, 권력 등에 과도하게 욕심을 부리다가 발이 잘렸다, 나쁜 일을 하더라도 벌받는 지경에 이르지 말라고 했는데 이렇게 조직이나 체제 내에서 성공하려고 발버둥치다가 발 하나를 잃어버리고 말았다. 이것은 일종의 천벌이다, 새장에 갇혀 호의호식하기를 거부하고 자유스럽게 두 발로 노니는 연못가의 꿩과는 대조적으로 군대라는 조직에서 주는 밥을 좋아하면서 살 뿐만 아니라 그 안에서마저 남보다 더 잘살아 보자고 그렇게 억지로 무리를 하다가 이처럼 외발 신세가 되었으니 이야말로 양생을 제대로 하지 못한 인물이라는 식으로 푸는 것이다.

어느 쪽이 더 그럴듯한 해석인지는 각자가 판단할 일이지만 이상한 일은 어느 쪽을 받아들이든 '자연의 순리'를 따라야 한다는 기본적 가르침을 전해 준다는 점에서 두 쪽이 다르지 않다는 것이다.

못가의 꿩

8. 못가의 꿩 한 마리,
   열 걸음에 한 입 쪼고,
   백 걸음에 물 한 모금.
   갇혀서 얻어먹기 그토록 싫어함은,
   왕 같은 대접에도 신이 나지 않기 때문.

이 문단을 앞의 문단과 연결해, 공문헌의 말이거나 우사의 말이라 보는 사람도 있다. 그러나 이렇게 아름다운 문장을 독립시켜 생각해 보는 것도 좋은 일이라 생각하고 시 형식으로 옮겨 보았다. 아름답기는 하지만 아리송하기는 앞의 이야기와 마찬가지이다. 여기서 마지막 문장 "神雖王 不善也"를 어떻게 보느냐 하는 것이 문제이다. '神'을 기력으로, '王'을 왕성함(旺)으로, '善'을 '즐거워함(樂)'으로 보아, "기력은 비록 왕성할지 모르지만 마음이 즐겁지 않다"고 번역할 수도 있고, 여

---

8. 澤雉十步一啄 百步一飮 不蘄畜乎樊中 神雖王 不善也
   ☞ 啄(탁) - 쪼아먹다 / 畜 - 여기서는 '휵'으로 읽음.

기서 채택한 것처럼 "비록 왕처럼 대접은 받겠지만 신(神)이 제대로 나지 않는다"로 옮길 수도 있다.

문제는 비록 연못가에서 열 걸음 걷다가 모이 하나 주워 먹고, 백 걸음 걷다가 물 한 모금 얻어먹을 정도로 힘들고, 또 주위에 여러 가지 위험이 도사리고 있지만, 이런 자연 환경 속에서 마음대로 유유자적하는 것이, 새장 속에서 잘 얻어먹고 사는 것보다 더 '신'나는 삶이라는 것, 이런 삶을 즐길 줄 아는 것이 양생(養生)의 필수 요건이라는 것만은 확실하다. "나물 먹고 물 마시고 ……."

노자의 죽음

9. 노자(老子)가 죽었을 때 진실(秦失)이 문상하러 갔는데, 곡을 세 번만 하고는 나와 버렸습니다.

제자가 물었습니다. "선생님은 그분의 친구분이 아니십니까?"

"친구지."

"그런데 지금처럼 그런 식으로 문상하셔도 되는 것입니까?"

"되지. 처음엔 나도 여기 모인 사람들이 노자의 사람들이라고 생각했는데, 지금 보니 그렇지 않으이. 아까 문상하러 들어가 보니, 늙은이들은 마치 자식을 잃은 것처럼 곡을 하고, 젊은이들은 마치 어머니를 잃은 것처럼 흐느끼고 있더군. 이처럼 모인 사람들이 떠들고 우는 것은 노자가 원하는 바가 아닐 걸세. 이렇게 하면 하늘을 피하는 것이요, 사물의 본성을 배반함이요, 받은 바를 잊어버리는 것일세. 옛날 사람들은 이를 일러 '하늘을 피하려는 데 대한 벌'이라고 했지. 어쩌다가 이 세상에 태어난 것도 때를 만났기 때문이요, 어쩌다가 세상을 떠난 것도 순리이기 때문일세. 편안한 마음으로 때를 그대로 받아들이고 순리를 따른다면, 슬픔이니 기쁨이니 하는 것이 끼여들 틈이 없지. 옛날 사람들은 이를 일러 '하늘님의 매닮에서 풀려나는 것(縣解)'이라 했네."

이 문단은 본문 중 "始也 吾以爲其人也"라고 한 문장에서 '其人'을 어떻게 읽느냐에 따라 두 가지 해석이 가능하다. '其人'을 '노자'라 보아 "처음에는 나도 노자가 훌륭한 인물이라 여겼는데 지금 와서 보니 실망스럽게도 그렇지가 않군"이라는 말로 해석하여 노자를 좋지 않은 사람으로 보았다고 풀 수도 있고, 또 '其人'을 '저 사람들'이라고 보아 "저 사람들이 노자의 제자들이라 생각하여 훌륭한 사람들인 줄 알았는데, 저렇게 울고불고 하는 것을 보니 진정으로 노자의 가르침에 따른 사람들일 수 없어서 나는 그 사람들과 같이 울고불고 하는 일을 하지 않고 간단한 문상으로 끝냈네"하는 뜻으로 해석할 수도 있다. 여기서는 나중 것을 채택했다.

　　노자를 좋은 사람으로 보았건 좋지 못한 사람으로 보았건 여기서 말하고자 한 것은 죽음을 놓고 울고불고하는 것은 좋지 않다는 것이다. 누가 죽었다고, 혹은 자기의 죽음을 앞에 놓고, 지나치게 슬퍼하는 것은 '사물의 본성을 배반하는 것'으로 양생(養生)의 도리에 어긋난다는 것이다. 이 세상에 태어난 것도, 세상을 떠나는 것도 그럴 때를 만났기 때문이라는 하늘의 순리를 깨닫고 거기에 따르는 것, 순명(順命)

---

9. 老聃死 秦失弔之 三號而出 弟子曰 非夫子之友邪 曰 然 然則弔焉若此可乎 曰 然 始也 吾以爲其人也 而今非也 向吾入而弔焉 有老者哭之 如哭其子 少者哭之 如哭其母 彼其所以會之 必有不蘄言而言 不蘄哭而哭者 是遁天倍情 忘其所受 古者謂之遁天之刑 適來 夫子時也 適去 夫子順也 安時而處順 哀樂不能入也 古者謂是帝之縣解

☞ 老聃(노담) - 노자의 자(字) 혹은 사후에 얻은 시호(諡號). 이름은 李耳. 『도덕경』의 저자로 알려짐 / 秦失 - '失'이 '佚'의 잘못일 것이므로 이 이름을 '진일'로 읽어야 한다고도 함 / 遁(둔) - 도망하다 / 倍(배) - '배반(背反)한다'는 뜻 / 縣(현) - 매달다.

하는 마음이 있으면, 쓸데없이 기뻐하거나 슬퍼할 이유가 없을 것이요, 또 이렇게 하는 것이 바로 양생의 도를 따르는 것, 의연하고 늠름한 삶이란 뜻이다.

특히 죽음을 '현해(縣解)'로 본다는 것은 주목할 만한 일이다. '현해(縣解)'에서 '縣'은 '懸'으로 읽는 것이 정확하다. 매달린 상태에서 풀린다는 뜻인데, 매달림이란 무엇이고 풀림이란 무엇인가? 여기서는 실에 매달려 춤추는 인형의 모습이 보이는 듯하다. 인간이란 모두 '하늘님'의 손에서 내려온 끈에 대롱대롱 매달려 그 손놀림에 따라 움직일 수밖에 없다는 것이다. 어쩌면 그것이 '거꾸로' 매달린 상태인지도 모른다. 아무튼 지금 그대로의 인간, 실존(實存)으로서의 인간은 인간이기 때문에 가질 수밖에 없는 인간적 제약의 끈에 매달려 살아가는 것, 이런 숙명적인 부자유나 제약에 항거해서 이를 극복하려고 안달하는 것은 순리가 아니라는 것, 안달하면 할수록 우리의 '비극적 얽힘'은 더욱 심해질 뿐, 따라서 이를 그대로 받아들이고, 거기에 편안한 마음으로 순응함으로써만 진정으로 자유로울 수 있다는 일종의 종교적 역설을 말했다. 이렇게 숙명을 숙명으로 받아들이므로 거기에서 벗어나는 것을 '매임에서 풀리는 것(縣解)'이라 표현한 것이다. 같은 생각이 제6편(6 : 24)에도 나온다.

장작과 불

10. 손가락은 장작을 지피는 일을 할 뿐, 불이 전해지면 그 불은 꺼짐을 모릅니다.

❀

문장 전체가 난해하지만 특히 첫 구절 '指窮於爲薪'은 난해하기로 유명해서 별별 해석이 많다. 우선 이 문장이 앞단에서 진실(秦失)이 한 말의 연속이라 보는 주석가들이 있고, 독립한 문장으로 여기는 이들도 있다. 그야말로 '정설'이라는 것이 없는 대표적인 구절이다. 두 가지만 예로 든다.

첫째, "손가락으로 불을 지피면, 손가락은 그것으로 할 일을 끝낸 것. 불이 계속 타든지 꺼지든지 우리는 알 필요가 없다"는 해석이다. 이처럼 우리도 양생의 길만 따르면 불은 저절로 타므로 그것이 언제 어떻게 꺼지든지 신경 쓸 필요가 없다는 것이다.

둘째, 이 구절의 '指'를 '脂(기름)'로 보는 주석가들이 많은데, 그 의견을 따르면, 기름은 땔감으로 타 없어지지만 불 자체는 계속 이어져

---

10. 指窮於爲薪 火傳也 不知其盡也

영원히 꺼지지 않는다는 것, 말하자면 우리 몸은 비록 늙어 죽지만 우리 내면에 있는 본연의 생명은 계속 이어진다는 뜻으로 푼 것이다. 물론 이것을 우리의 육체가 소멸하더라도 개인의 영혼이 죽지 않는다는 영혼 불멸 사상이나 영육 이원론으로 오해해서는 안 된다. 장자에게 일차적으로 중요한 것은 개인이 육체나 영혼을 잘 보전해 영원히 꺼지지 않도록 하는 일이 아니라, 이 삶에서 우리의 내적 생명력이 활성화해 오늘을 사는 우리의 삶이 그 본연의 풍성함을 누리는 일이기 때문이다. 결국 죽음을 두려워하거나 사후 문제에 신경 쓰는 일에서 해방되는 것이 '양생'의 중요한 길임을 시사하고 있다.

제3편에서 말하는 '생명을 북돋는 일의 요체'가 무엇인가? 이 편을 쉬운 말로 요약해 보면, 1) 피상적 지식이나 허망한 명예를 추구하는 일을 그만 두고 내심에서 나오는 원초적 힘에 따라 중도를 지키는 것, 2) 요리사처럼 자연의 율동에 맞추어 자연스럽게 살아가는 것, 3) 우사(右師)처럼 형식에 매이지 말고 자유스럽게 살아가고, 그런 삶이 초래하는 결과를 하늘이 준 필연으로 여기고 겸허히 받아들이는 것, 4) 못가의 꿩처럼 물질이나 사회적 편안함의 유혹을 거부하고 정신적으로 속박이 없는 삶을 누리라는 것, 5) 죽음의 공포에서 벗어나 영원한 생명력을 불태우라는 것 등이라 할 수 있다. 이것을 다시 한마디로 요약하면, 앞에서 거듭해서 말한 것처럼, '자연의 순리를 따르라는 것'이다.

이와 함께 이 편에서 주목할 것은 '해우(解牛)'와 '현해(縣解)'에서 보듯이 '解'가 중요한 글자로 등장했다는 사실이다. '解'는 해체한다, 푼다, 벗어난다는 뜻이다. 소를 해체하는 일이나 하늘님께 매달렸다

풀려나는 것도 중요하지만, 이 편 전체를 일관해서 기존의 가치 체계, 고정 관념, 사회 제도 등 일체의 정신적, 사회적, 육체적 속박에서 벗어나는 이야기를 계속했는데 이것을 다시 정리해 보면, 1) 포정의 칼이 소의 몸 안에서 거침없이 움직인다는 것, 2) 백정이 왕을 가르쳤다는 것, 3) 다리가 잘려 나갔다는 것('介'가 '解'와 통한다고 보는 것이다), 4) 도가(道家) 전통에 따르면 노자는 말년에 서쪽 어디로 사라졌다고 했는데 그의 장례식을 이야기한 것, 5) 진실(秦失)이 위대한 스승 노자를 문상하는 자리에서 곡을 세 번만 할 정도로 '큰 실수'를 했다는 것, 6) 죽음은 결국 '놓임'이라는 것, 7) 불은 땔감에 구애됨이 없이 그대로 계속 탈 것이라는 것 등등이다(Wu, 329f., 346ff.). 이렇게 상식 세계를 벗어나 사물을 한 차원 높은 데서 전체적으로 보라고 강조한 점에서 제2편「제물론」의 주제와 상통한다고 볼 수 있다. 이것은 어느 의미에서 요즘 많이 논의하는 '해체주의(deconstructionism)'와 맥을 같이한다고 볼 수도 있다. 하이데거가『장자』를 좋아한 것도 이런 뜻에서 우연이 아닐지 모른다. 일체의 고정 관념이나 속박에서 벗어나 자유를 누리라는 것……. 사실 누구인들 좋아하지 않으랴.

제 4 편

사람 사는 세상(人間世)

인간세(人間世)란 '사람들이 살아가는 세상'이란 뜻이다. 이 편은 우리의 구체적인 삶의 정황에서, 특히 복잡하고 비정한 사회·정치적 정황에서, 어떻게 사는 것이 개인적으로 훌륭하게, 자유스럽게 사는 것이고, 어떻게 하는 것이 사회적으로 진정 기여(寄與)하면서 보람 있게 사는 길인지를 보여 준다. 제3편에서 '양생법'을 이야기했다면 여기 제4편에서는 '처세법(處世法)'을 이야기한 셈이다.

여기서 가장 중요한 사상은 물론 '마음을 굶기는 것(心齋)'으로, 사회나 정치에 효과적으로 참여하기 위해서는 우선 마음을 비우고 도(道)와 하나가 되는 경지에 이르라는 것이다. 이 편은 장자가 세상과 완전히 무관하게 사는 은둔주의(隱遁主義)나 도피주의(逃避主義)를 조장하려는 것이 아니라 사회·정치 참여(政治參與)에 관심을 보였다는 사실을 가장 뚜렷하게 보여 주는 곳이기도 하다. 물론 진정 건설적이고 효과적으로 참여하기 위해서는 우선 의식을 고치고 차원 높은 방도를 터득해야 함을 강조한 점에 주목할 필요가 있다.

독재에 항거하기

1. 안회(顔回)가 공자에게 여행을 허락해 달라고 했습니다.

"어디로 가려는가?"

"위(衛) 나라로 가려 합니다."

"무엇 하려 가려는가?"

"제가 들으니 위 나라 임금이 젊은 혈기에 제멋대로 권력을 남용하면서도, 제 허물을 모른답니다. 백성들의 죽음을 대수롭지 않게 여겨, 죽은 사람들의 시체가 마치 늪지에 쓰러져 시든 풀과 같아, 백성들이 어찌할 바를 모르고 있다 합니다.

"저는 선생님께서 '잘 다스리는 나라를 떠나 어지러운 나라로 가라, 의원 집 문 앞에는 병자가 많은 법'이라 하신 말씀에 따라, 위나라의 병을 고칠 길을 생각해 보고 싶습니다."

---

1. 顔回見仲尼 請行 曰 奚之 曰 將之衛 曰 奚爲焉 曰 回聞衛君 其年壯 其行獨 輕用其國 而不見其過 輕用民死 死者以國量乎澤若蕉 民其無如矣 回嘗聞之夫子 曰 治國去之 亂國就之 醫門多疾 願以所聞 思其則 庶幾其國有瘳乎

☞ 仲尼(중니) - 공자의 자(字) / 壯 - 30대의 나이 / 夫子(부자) - '큰 선생님'이라는 뜻으로 여기서는 물론 공자. 영어의 'Confucius'는 '孔夫子'의 중국식 발음을 라틴어화한 것이다 / 無如 - '無如之何'와 같은 뜻으로 '어찌할 바를 모른다'로 풀 / 則(칙) - 방법 / 庶幾 - 거의 / 瘳(추) - 고치다.

168

여기서 공자와 안회가 이야기를 하고 있지만 역사적인 사실과는 상관없이, 장자가 설정한 가상 인물들이다. 공자는 『장자』에 가장 빈번히 등장하는 인물이다. 장자는 계속 공자를 비롯한 유가(儒家)의 인물들을 등장시켜 말하게 하지만, 그것은 유가 사상을 소개하려는 것이 아니라, 장자 자신의 사상을 대변하게 하려는 특수 창작 기법(創作技法)을 쓰고 있는 셈이다.

안회(顏回)는 공자가 가장 사랑한 제자이다. 『논어(論語)』에 그에 대한 이야기가 많다. 안회는 배우기를 좋아하기로 으뜸이요(11 : 7), 지극히 명석하여 공자도 그를 자기와 대등하게 생각할 정도였다(7 : 11). 『장자』 제6편 38에도 공자와 안회의 이야기가 있는데, 거기에서는 안회가 '앉아서 잊어버림(坐忘)'을 실행하자 공자가 "너야말로 과연 어진 사람이다. 나도 너의 뒤를 따르게 하라"고 했을 정도로 안회를 높이 평가한 것으로 나온다.

안회는 무척 가난했다. 공자는 그에 대해 "밥 한 그릇 물 한 바가지로 누추한 곳에서, 사람이 감당하지 못할 고생을 하면서도 회의 즐거움에는 변화가 없으니, 어질구나 회여."(6 : 11) 했다. 여기서는 특히 안회의 가난함을 들어, '마음을 굶김(心齋)'과 연결시키고 있다.

이런 훌륭한 제자 안회가 '의원은 병자가 많은 곳으로 가야 한다'는 공자의 말씀을 몸소 실천하려고 자신의 안위도 생각하지 않고 위(衛)나라로 가서 젊은 폭군의 압제 아래서 신음하는 백성을 돕겠다는 갸륵한 뜻을 밝혔다.

섣불리 덤빌 수 없다

2. "아! 아서라. 네가 거기 가면 결국 처벌이나 받을 것이다. 무릇 도를 뒤섞어서는 안 된다. 뒤섞으면 갈래가 많아져서 헷갈리고, 헷갈리면 근심 걱정이 생긴다. 근심 걱정이 있으면 남을 도울 수가 없다. 옛 지인(至人, 참사람)들은 먼저 스스로 도를 굳힌 뒤에 남을 도왔다. 자기 하나 확실히 갖추지 못하고서 어떻게 포악한 자의 행위에 간여할 수 있겠느냐?

3. 더구나, 너는 덕이 어떻게 녹아 없어지고, 못된 앎이 어디서 생기는지 아느냐? 덕은 이름을 내려는 데서 녹아 없어지고, 못된 앎은 서로 겨룸에서 생긴다. 이름을 내려는 것은 서로 삐걱거리는 것이고, 못된 앎은 겨루기 위한 무기이다. 둘 다 흉한 무기라 완전한 삶을 위해서는 써서 안 될 것들이다.

---

2. 仲尼曰 譆 若殆往而刑耳 夫道不欲雜 雜則多 多則擾 擾則憂 憂而不救 古之至人 先存諸己 而後存諸人 所存於己者未定 何暇至於暴人之所行

☞ 若 - 여기서는 '汝'와 같은 뜻 / 暇(가) - 겨를.

3. 且若亦知夫德之所蕩 而知之所爲出乎哉 德蕩乎名 知出乎爭 名也者相軋也 知也者爭之器也 二者凶器 非所以盡行也

☞ 蕩(탕) - 녹아 없어져 버림 / 軋(알) - 삐걱거림. 軋轢(알력).

4. 그리고 덕이 두텁고 믿음직스럽기 그지없는 사람도 아직 다른 사람의 기질을 알아보지 못할 수 있고, 이름을 위해 겨루지 않는 사람도 다른 사람의 마음을 알아보지 못할 수 있다. 그런데도 억지로 인의(仁義)니 법도니 하는 것을 포악한 사람 앞에서 늘어놓는 것은 남의 못됨을 이용하여 자기 잘남을 드러내려 하는 것. 이를 일러 '남을 해치는 것'이라 한다. 남을 해치면 자신도 반드시 해침을 받는 법. 남들이 너를 해칠까 걱정이구나.

5. 또 그가 정말 훌륭한 사람을 좋아하고 못난 사람을 싫어한다면, 어찌 굳이 너를 써서 달리 일을 꾸미게 하겠느냐? 네가 아무런 말도 하지 않으면, 왕은 자기의 권세를 등에 업고 그럴듯한 말로 너를 압도하려 할 것이다.

눈은 어리둥절
네 얼굴은 붉으락푸르락
네 입은 핑계로 어물어물
네 태도는 쭈빗쭈빗
네 마음은 지당지당.

---

4. 且德厚信矼 未達人氣 名聞不爭 未達人心 而彊以仁義繩墨之言 術暴人之前者 是以人惡有其美也 命之曰菑人 菑人者 人必反菑之 若殆爲人菑夫
☞ 矼(강) - 굳음 / 彊(강) - 억지로 강제하다 / 繩墨(승묵) - 먹줄과 먹. 법도 / 菑(재) - '災'와 마찬가지. '해치다'.

이것은 불로 불을 끄고, 물로 물을 막으려는 것. 이를 일러 '군더더기'라 하지. 일단 그에게 복종하기 시작하면 끝이 없는 것. 네가 너를 믿어 주지도 않는 사람에게 솔직한 말만 하다가는 반드시 그 포악한 사람의 손에 죽을 것이다.

6. 옛날 걸(桀)왕이 관룡봉(關龍逢)을 죽이고, 주(紂)왕은 왕자 비간(比干)을 죽였다. 이렇게 죽은 두 사람은 인격을 잘 닦은 사람들이었지만, 신하의 신분으로 백성의 편을 들어 그들을 동정하다가 임금의 눈에 거슬리게 되었다. 그 사람들의 훌륭한 인격이 오히려 임금에게 그들을 제거시키도록 하는 빌미를 준 셈이 되고 말았다. 이 둘은 모두 이름 내기를 좋아하던 사람들이었다.

옛날에 요 임금이 총지(叢枝)와 서오(胥敖)를 공격하고, 우왕이 유호(有扈)를 쳤는데, 이 나라들은 황무지가 되고, 임금들은 모두 형벌을 받아 죽었다. 끝없이 군대를 동원하고, 실리를 탐내다가 그렇게 된 것이다. 모두 명예와 실리를 좇았다. 너도 이런 이야기

5. 且苟爲悅賢而惡不肖 惡用而求有以異 若唯無詔 王公必將乘人而鬪其捷 而目將熒之 而色將平之 口將營之 容將形之 心且成之 是以火救火 以水救水 名之曰益多 順始無窮 若殆以不信厚言 必死於暴人之前矣
☞ 苟(구) - 진실로 / 詔(조) - 의견을 올림 / 熒(형) - 아찔함 / 營(형) - '형'으로 읽어, '변명한다'는 뜻 / 鬪(투) - 다투다 / 捷(첩) - 민첩 / 心且成之 - 해석이 구구하나 '마음은 상대방의 말을 옳다 하고 따르게 된다'는 뜻으로 푸는 이들이 있다. 앞 쪽의 다섯 줄 시 형식의 구절은 모두 끝 운이 맞는다. 임금의 위세 당당한 말솜씨로 주눅이 든 모양을 그렸다.

6. 且昔者桀殺關龍逢 紂殺王子比干 是皆修其身 以下傴拊人之民 以下拂其上者也 故其君因其修以擠之 是好名者也 昔者堯攻叢枝胥敖 禹攻有扈 國爲虛厲 身爲刑戮 其用兵不止 其求實無已 是皆求名實者也 而獨不聞之乎 名實者 聖人之所不能勝也 而況若乎 雖然 若必有以也 嘗以語我來
☞ 傴拊(구부) - 구부려 돌봄 / 拂 - 거스르다 / 擠(제) - 밀쳐 없애다 / 來 - 여기서는 권유를 나타내는 말.

를 들었겠지만, 명예와 실리의 추구는 성인도 물리칠 수 없는데 네가 어찌 물리치겠느냐. 그러나 너에게도 [가겠다는] 까닭이 있을 터이니 어디 한번 말해 보아라.”

요즘 말로 사회 정의나 인권을 생각하는 안회의 갸륵한 마음을 알면서도 공자는 안회의 요청을 거절했다. 그 첫째 이유가 “근심 걱정이 있으면 남을 도울 수가 없다”는 것. 먼저 “스스로 도를 굳힌 뒤에 남을 도울 수 있다”는 것이다. 말하자면, 소경이 소경을 인도할 수 없다는 것이다. 이제 겨우 ‘인의(仁義)’를 배우고 그것으로 정치판에 뛰어들겠다는 것은 너무 순진한 발상이라는 것이다. 유가(儒家)에서는 ‘수기치인(修己治人)’ ── “자기 수양을 하였으면 사람을 다스리라”고 했지만 섣부른 ‘수기(修己)’만으로는 ‘치인(治人)’을 할 수 없다는 뜻이다. 이럴 경우 오히려 ‘치인’이 아니라 ‘재인(災人)’ 곧 남에게 재앙을 안겨 주는 일이 되고, 이는 결국 자기를 해칠 위험까지 있다고 했다.

가서는 안 될 이유가 이뿐만이 아니다. 이상만 높고 정치 현실이 어떻게 돌아가는지 전혀 경험을 못한 햇병아리가 세상사에 닳고닳은 정치 지도자들, 사람을 자기들 마음대로 주물러 온 사람들을 설득하려 하다가는 오히려 그들에게 설득당하고 이용만 당하기 십상이라는 것이다. 옛날에 인격을 잘 닦았지만 백성을 위한다는 이상만으로 백성들 편에 서서 임금에게 간하다가 죽은 역사적 인물 둘을 실례로 들려 주면서 심지어 죽음을 당할 수 있으니 아예 갈 생각을 말라는 것이다.

그러나 가장 근본적인 문제는 네 자신을 깊이 들여다보고, 네가 위나라로 가려는 것이 진정으로 그 나라 백성들을 위한 것인지 네 명예와 실리를 위한 것인지를 냉철히 살펴본 후에 가고 말고를 결정하라는 것이다. 명예와 실리의 추구는 성인들도 물리치기 어려운데 너라고 예외이겠느냐? 그러니 이상과 포부만은 좋을지 모르나, 그것만으로는 될 일이 아니니 위나라로 가겠다는 생각을 아예 포기하라고 했다.

"성인들도" 하는 구절은, 요 임금, 우 임금과 그들에게 죽음을 당한 군주들이 모두 명예와 실리를 추구한 사람들이며 성인도 이 문제에서만은 어쩔 수 없이 유혹에 넘어갈 수밖에 없다는 해석과, 이런 임금들이 명예와 실리를 추구하다가 결국 죽음을 당한 것을 보면 성인일지라도 명예욕과 실리 추구에 눈이 먼 사람을 도울 수 없다는 뜻으로 해석할 수도 있다.

이 문단에서는 인간의 심리를 절묘하게 묘사했다. 정치가, 정치 지도자들의 복잡 미묘한 마음 상태를 손금 보듯이 소상하게 분석했는데, 특히 정치에 참여하려는 사람들의 진정한 동기는 무엇인지 반성하게 하는 대목에서는 그야말로 감탄을 금할 수 없다. 결국 아무리 인류애니, 애국애족이니 하는 대의명분을 내세워 무슨 일을 하더라도 그것이 조금이라도 자기의 이기적 목적에서 나온 것이 아닌지를 냉철히 살펴보고, 속으로 조금이라도 꿀리는 것이 있으면, 이런 일이 본인에게나 남에게 이로울 것이 없다는 사실을 깨달으라는 것이다. 이런 경우를 두고 바울도 "내가 내게 있는 모든 것으로 구제하고 또 내 몸을 불사르게 내어 줄지라도 [나를 완전히 잊어버리고 남만을 생각하는 아가페 같은] 사랑이 없으면 내게 아무 유익이 없느니라"(고린도전서 13 : 3)고 했다. 요즘 함부로 사회 참여니 정치 참여니 민족을 위해 나를 바쳤다느니 하는 사람들의 간을 서늘하게 하는 이야기들이다.

정치적 준비 태세

7. 안회가 말했습니다. "단정하고 겸허하며, 근면하고 오로지 하나에 전념하면 되겠습니까?"

"안 되지. 그런다고 어찌될 것 같으냐? 위 나라 임금은 본래 기운이 넘치고 잘난 체를 하며, 한결같지 못한 사람이다. 아무도 그 비위를 맞출 수 없다. 그래서 다른 사람의 감정 같은 것은 거들떠보지도 않고, 마음내키는 대로 행동한다. 이른바 '나날이 덕을 닦는 일'도 못하는데, 하물며 한꺼번에 큰 덕을 이야기한들 무엇하겠느냐? 고집이 세어 꺾을 수가 없다. 겉으로는 네 말을 듣는 척할지 모르지만, 속으로는 거들떠볼 가치조차 없다고 여길 텐데 무슨 일이 되겠느냐?"

8. "그러면 제가 속으로는 곧은 마음을 지니고 겉으로는 굽실거리고, 또 제 의견을 말하더라도 반드시 옛사람에 빗대어 하겠습니다. 속으로 곧은 사람들은 하늘과 함께한 사람들. 하늘과 함께한 사람들은 천자(天子)나 자기들이나 다 같이 하늘이 낸 자식

---

7. 顔回曰 端而虛 勉而一 則可乎 曰 惡 惡可 夫以陽爲充 孔揚 采色不定 常人之所不違 因案人之所感 以求容與其心 名之曰日漸之德不成 而況大德乎 將執而不化 外合而內不訾 其庸詎可乎
☞ 訾(자) - 생각해 보다.

176

이라 알고 있는데, 자기 말을 사람들이 인정하든 말든 상관하겠습니까? 사람들은 이런 사람을 천진스런 아이 같다고 합니다. 이것이 제가 말씀드리는 '하늘과 함께함'의 뜻입니다.

9. 굽실거리는 사람은 인간들과 함께하는 사람들. 손을 높이 들고, 무릎을 꿇고, 허리를 굽혀 절하는 것이 남의 신하된 자의 예절입니다. 사람들이 모두 그렇게 하는데, 저라고 어찌 그러지 않을 수 있겠습니까? 남이 하는 대로 하면 사람들이 헐뜯지 않을 것입니다. 이것이 제가 말씀드리는 '인간들과 함께함'의 뜻입니다.

제 의견을 말하되 옛사람에 빗대어 말하는 것은 옛사람들과 함께하는 일. 제가 그 말로 가르치고 꾸짖더라도 그것은 제가 하는 말이 아니라 옛사람이 하는 말이 됩니다. 이렇게 하면 아무리 직언을 하더라도 큰일 날 일이 없을 것입니다. 이것이 제가 말씀드리는 '옛사람들과 함께함'의 뜻입니다. 이렇게 하면 되겠습니까?"

---

8. 然則我內直而外曲 成而上比 內直者 與天爲徒 與天爲徒者 知天子之與己 皆天之所子 而獨以己言 蘄乎而人善之 蘄乎而人不善之邪 若然者 人謂之童子 是之謂與天爲徒

▷ 成而上比 - 여기서 '成'은 '成見', '자기 일상적인 마음에 생겨난 의견'으로 푼다 / 蘄(기) - 구하다

9. 外曲者 與人之爲徒也 擎跽曲拳 人臣之禮也 人皆爲之 吾敢不爲邪 爲人之所爲者 人亦無疵焉 是之謂與人爲徒 成而上比者 與古爲徒 其言雖教 謫之實也 古之有也 非吾有也 若然者 雖直而不病 是之謂與古爲徒 若是則可乎

▷ 擎(경) - 손을 높이 들다. 여기서는 임금에게 바치는 문서 등을 들어올린다고 풀 수도 있다 / 跽(기) - 무릎을 꿇다 / 曲拳(곡권) - 허리를 굽혀 절을 하다. '拳'은 '卷'과 같이 '굽힘' / 謫(적) - 꾸짖다.

10. 공자가 대답했습니다. "안 되지. 그렇게 해서 될 것 같으냐? 꾸밈이 너무 많아 좋지 않다. 고리타분하기는 하지만 벌은 면하겠구나. 그러나 그저 그뿐이지, 그것으로 어떻게 그 사람을 변화시킬 수 있겠느냐? 아직도 너는 너의 그 [변하지 않은 보통의] 마음을 스승처럼 떠받들고 있구나."

안회는 우선 겉으로 나무랄 데 없이 처신하겠다고 다짐했다. 그러기 위해 덕을 잘 닦아 정치적인 어떤 어려움도 극복할 수 있도록 민활한 기법과 술수를 잘 활용하겠노라고 했다. 속으로는 곧은 마음을 지니고 겉으로는 굽실거리고, 간하고 싶은 말이 있으면 언제나 옛사람의 말에 빗대어 탈이 없게 하겠다는 등 구체적인 계략을 열거했다. 그러나 공자는 그 부당성과 부적합성을 지적하고 잔꾀가 너무 많다고 나무랐다. 그런 술수는 근본책이 될 수 없다는 것이다. 그것으로 하면 겨우 한 몸의 처벌은 모면하겠지만, 위(衛)나라 폭군을 감화시키지는 못할 것이니 그럴 바에야 갈 이유가 뭣이겠냐는 것이다. 안회가 이렇게 생각하는 것은 결국 우리의 일상적인 고정 관념, 이분법적 사고, 곧 '성견(成見)'을 너무 과신하고 거기서 벗어나지 못했기 때문이라는 것이다. '의식의 변화' 같은 근본적이고 내면적인 준비, 참된 준비 태세가 필요하다는 뜻이다.

---

10. 仲尼曰 惡可 大多政法而不諜 雖固亦無罪 雖然 止是耳矣 夫胡可以及化 猶師心者也
☞ 諜(첩) – 염탐하다. 주석가마다 '마땅하다' 등 여러 뜻으로 푼다.

참된 준비 — 마음 굶김(心齋)

11. 안회가 말했습니다. "저로서는 이제 더 생각해 낼 도리가 없습니다. 부디 방법을 가르쳐 주십시오."

공자가 말했습니다. "재(齋)하라. 너에게 말한다만, [마음을 그냥] 가지면서 한다면, 쉽게 될 수 있겠느냐? 쉽게 된다고 하는 자는 저 맑은 하늘이 마땅하다 여기지 않을 것이다."

"저는 가난하여 여러 달 동안 술도 못 마시고 양념한 음식도 못 먹었습니다. 이 경우 재(齋)라 할 수 있지 않겠습니까?"

"그런 것은 '제사 때의 재(祭祀之齋)'지, '마음의 재(心齋)'가 아니다."

12. 안회가 말했습니다. "부디 '마음의 재'가 무엇인지 말씀해 주십시오."

공자가 대답했습니다. "먼저 마음을 하나로 모으라. 귀로 듣지 말고, 마음으로 들어라. 다음엔 마음으로 듣지 말고, 기(氣)로 들어라. 귀는 고작 소리를 들을 뿐이고, 마음은 고작 사물을 인식할

---

11. 顔回曰 吾無以進矣 敢問其方 仲尼曰 齋 吾將語若 有而爲之 其易邪 易之者 皞天不宜 顔回曰 回之家貧 唯不飮酒 不茹葷者 數月矣 若此則可以爲齋乎 曰 是祭祀之齋 非心齋也

☞ 皞(호) — 밝음 / 茹(여) — 먹다 / 葷(훈) — 매움.

뿐이지만 기(氣)는 텅 비어서 무엇이든 받아들이려 기다린다. 도(道)는 오로지 빈(虛) 곳에만 있는 것. 이렇게 비움이 곧 '마음의 재(心齋)'니라."

안회는 자기가 인의(仁義)를 갖추었기에, 요즘 말로 해서 기업에서 '떡값' 받는 일 같은 것은 상상할 수도 없을 정도로 도덕적으로도 모자라지 않으며, 겉으로나마 굽실거려야 할 때는 굽힐 줄 아는 타협심과 유연성도 있고, 필요할 때엔 옛말이나 고사(故事)를 적재적소(適材適所)에 인용해 쓸 수 있을 만큼 고전에 박식하고 학문적으로도 뛰어나니 더 이상 뭐가 모자라는지 자기는 도저히 생각해 낼 수가 없다고 고백한다. 요즘 말로 하면, 윤리학, 정치학, 경영학, 역사학, 고전학, 철학 등의 분야에서 박사학위를 몇 씩 얻고 공자라고 하는 당대 최고의 스승 밑에서 배운 몸인데 이런 자신을 보고 아직도 정치에 참여할 준비가 안 되었다니 도저히 이해할 수가 없다는 이야기이다. 이런 도덕성, 참신성, 진취성, 두뇌, 학연, 건강, 젊음 등 모든 것을 다 갖추었는데도 아직 모자라다니, 제발 무엇이 모자라는지 가르쳐 달라고 간청한다.

이에 대해 공자는 한마디로 '재(齋)하라'고 일러준다. '재(齋)'라는

---

12. 回曰 敢問心齋 仲尼曰 若一志 無聽之以耳 而聽之以心 無聽之以心 而聽之以氣 聽止於耳 心止於符 氣也者 虛而待物者也 唯道集虛 虛者心齋也

☞ 符(부) - 부합하다. 여기서는 '외부 사물에 대한 인식'으로 풀었다.

글자의 본래 뜻은 '굶다'이다. '목욕재계(沐浴齋戒)'라 할 때처럼 의식(儀式)으로 하는 재는 물론 술이나 고기, 파, 마늘 등 자극성 음식을 피하는 것이다.

안회는 그런 것이라면 문제가 없다고 한다. 자기는 본래 가난해서 굶기를 밥 먹듯 하니 굶는 것이 정치에 참여할 자격이라면, 자기보다 나은 적격자가 있을 수 없다는 뜻이다. 공자는 자기가 말하는 재계란 그런 육체적인, 혹은 의식(儀式)적인 재계가 아니라 바로 '마음의 재(心齋)'라고 못박았다.

'심재'의 번역으로는 '마음을 굶긴다'고 하는 것이 원의에 더 가깝고 더 실감나는 말이다. 영어로는 'the fasting of the mind'이다. '마음이 굶음,' '마음이 가난함'이다.

여기 나온 '심재(心齋)'는 제2편에 나온 '나를 잃어버림(吾喪我)' 그리고 제6편에 나오는 '앉아서 잊어버림(坐忘)'과 함께 『장자』에서 가장 중요한 사상이다. 어구(語句)는 다르지만 다 같이 우리의 욕심, 분별심, 이분법적 의식(意識), 일상적 의식, 자기 중심 의식인 보통 마음을 완전히 버리고 이를 초월하는 초이분법적 의식, 빈 마음, 새로운 마음을 갖는 방법을 가리키는 말이다.

이렇게 새로운 의식에 도달하는 길이 무엇인가? 공자는 우선 마음을 하나로 모은 다음, 귀 대신 마음으로 듣고, 다음엔 기(氣)로 들으라고 했다. 귀는 소리를 들을 뿐이고 마음은 대상을 인지할 뿐이지만, 기(氣)는 텅 비어 모든 것을 수용하니 이렇게 텅 빈 기(氣)로 사물을 대하면 그 빈 곳에 도가 들어온다. 이렇게 도가 들어오도록 마음을 비우는 것. 이것이 마음을 굶기는 것, '심재'라는 것이다. 우리의 감각 작용이나 인식 작용을 초월하여 빈 마음, 새로운 마음으로 도(道)와 하나가 되라는 것이다.

심재(心齋)할 때

13. 안회가 말했습니다. "제가 심재(心齋)를 실천하기 전에는 안회라는 제 자신이 실재처럼 존재하지만, 심재를 실천하여 제 자신이 더 이상 존재하지 않게 되는 것. 이것을 '비움(虛)'이라 하는 것입니까?"

"바로 그렇다. 내가 너에게 말하고 싶은 것은 네가 위나라에 들어가 그 새장에서 노닐 때, 이름 같은 데 영향을 받아서는 안 된다는 것이다. 받아 주거든 소리내고, 받아 주지 않거든 잠잠하라. 문도 없고 나갈 구멍도 없거든 '하나'로 집을 삼고, 부득이한 일에만 거하라. 그러면 그런 대로 성공할 것이다.

14. 걷지 않고 자취를 안 남기기는 쉽지만, 걸으면서 자취를 안 남기기는 어려운 일. 사람을 위해 일할 때는 속이기 쉬우나, 하늘을 위해 일할 때는 속이기 어려운 일. 날개로 난다는 말은 들었겠지만, 날개 없이 난다는 말은 못 들었을 것이다. 앎이 있어 안다는 말은 들었겠지만, 앎이 없이 안다는 말은 못 들었을 것이다.

---

13. 顏回曰 回之未始得使 實自回也 得使之也 未始有回也 可謂虛乎 夫子曰 盡矣 吾語若 若能入遊其 樊 而無感其名 入則鳴 不入則止 無門無毒 一宅而寓於不得已 則幾矣

☞ 樊(번) - 새장. 3 : 8에 나옴 / 無毒 - 해석이 분분하다. '毒'을 '보루'라 보는 사람도 있다.

저 빈 것을 보라.

텅 빈 방이 뿜어내는 흰 빛.

행복은 고요함에 머무르는 것.

머무르지 못하면

이를 일러 '앉아서 달림(坐馳)'이라 하느니.

15. 귀와 눈을 안으로 통하게 하고, 마음이나 앎을 밖으로 하
라. 그러면 비상한 힘도 들어와 머물 것이니, 사람들이 [모여든
다는 것이]야 말할 나위도 없지. 이것이 만물의 변화라는 것이니,
우 임금·순 임금도 여기에 의거했고, 복희(伏戱)·궤거(几蘧)도
이를 평생 실천궁행(實踐躬行)했다. 하물며 그만 못한 우리 보통
사람들이랴."

심재(心齋)를 실천하여 생기는 결과에 대한 이야기이다. 심재를 하
여 '자신이 더 이상 존재하지 않는 것'을 심재라고 하느냐는 질문에

---

14. 絶迹易 無行地難 爲人使易以僞 爲天使難以僞 聞以有翼飛者矣 未聞以無翼飛者也 聞以有知知者
矣 未聞以無知知者也 瞻彼閱者 虛室生白 吉祥止止 夫且不止 是之謂坐馳
☞ 瞻(첨) - 보다. 첨성대(瞻星臺)의 '첨' / 関(결) - 비다(空) / 馳(치) - 말처럼 달리다.

15. 夫徇耳目內通 而外於心知 鬼神將來舍 而況人乎 是萬物之化也 禹舜之所紐也 伏戱几蘧之所行終
而況散焉者乎
☞ 徇(순) - 하게 하다. '使'와 같음 / 紐(뉴) - 매다, 묶다 / 伏戱(복희) - 고대 중국의 전설적인 왕.
'伏羲'라고도 함 / 几蘧(궤거) - 복희보다 먼저 있던 왕이라 함 / 散 - 여기서는 '평범한 사람'을 뜻한
다.

184

공자는 "바로 그렇다"고 했다. 심재를 하면 일상적 의식 속에서 이루어진 옛날의 '작은 나(self, 小我)'가 사라지고, 새로운 '큰 나(Self, 大我)'가 탄생한다는 뜻이다. 그런 근본적인 변화가 생겼을 때 명예나 실리 추구에 초연하게 되고, 그 때 비로소 새장 같은 조정이나 정치판, 사회 어느 곳에 있더라도 위험 없이 할 일을 제대로 할 수 있을 것이라고 했다.

그러나 그런 일이 결코 쉽지 않다. 세상과 완전히 인연을 끊고 은둔하면 몰라도, 사회에 참여하면서 마음을 비우고 살기란 몹시 어렵다는 것을 강조했다. 그렇지만, 진정으로 심재를 하여 마음이 완전히 텅 빈 방과 같은 상태가 되면 그 '텅 빈 방이 뿜어내는 흰 빛', 곧 순백의 예지가 생기는 것을 체험하리라는 것이다.

이를 위해서는 '고요에 머물러야' 한다. 가만히 앉아 몸과 마음을 고요히 하는 것, 그 중에서 특히 '마음을 모으는 일'이 기본 요건이다. 몸은 가만히 앉아 있으나 마음이 함께 앉아 있지 못하고 사방을 쏘다니게 되면 헛일이라는 것이다. 이렇게 몸은 앉아 있으나 마음이 쏘다니는 상태를 '좌치(坐馳)'라고 하는데, 가만히 앉아 자기를 완전히 잊어버린다는 '좌망(坐忘)'과 맞서는 개념이다. 좌망이 마음의 구심(求心) 운동이라면, 좌치는 마음의 원심(遠心) 운동인 셈이다.

여기서 우리는 장자가 심재하는 구체적인 방법으로 고요히 앉아 마음을 모으는 '명상법'을 이야기했다고 볼 수 있다. '좌치'하지 말고 '좌망'하라는 것이다. 잘 알려진 바와 같이 선불교(禪佛敎)에서는 이런 명상법을 '좌선(坐禪)'이라고 했고, 신유학(新儒學)에서는 '정좌(靜坐)'라고 했다. 제각기 다르다고 하지만 모두 마음을 한곳으로 모아 새로운 의식의 차원으로 몰입하는 것을 강조한다는 사실만은 틀림이 없다.

'앎이 없이 안다'는 말은 영국에서 씌인 작자 미상의 유명한 책, 『The Cloud of Unknowing』을 생각하게 한다. '앎을 버림(unknowing)', 곧 무지(無知)를 통해서만 참된 앎에 이른다는 것이다. 여기서 '무지'란 물론 이분(二分) 세계에서 우리가 얻은 상식적이고 일상적인 앎을 비우는 것이고, 이렇게 비운 상태에 이르렀을 때 참된 앎이 생긴다는 이야기이다. 이렇게 참된 앎을 가져다주는 무지를 중세 사상가 쿠자누스는 '박학한 무지(docta ignorantia)'라고 했다.

마지막 문단에서는 우리의 '귀와 눈을 안으로' 통하여 깊은 내면의 세계를 들여다보게 하고, 우리의 일상적 의식에 속하는 마음이나 거기에서 나오는 앎을 '밖으로 하여' 버릴 때, 지금까지 경험해 보지 못한 '초월적인 힘'이 발동하리라고 했다. 이런 신비한 힘이 들어와 작용하는 체험을 해야 비로소 정치를 포함하여 모든 인간사에 효율적으로 참여할 수 있다는 이야기이다.

여기서 말하는 이 '초월적 힘'을 본문에서는 '귀신(鬼神)'이라고 했지만 우리가 요즘 알고 있는 뜻의 귀신이 아니다. 머피(Michael Murphy)의 용어를 빌려 '비보통적인 것(the metanormal)'이라 해도 좋을 것 같다. 아무튼 이렇게 변한 다음에 세상으로 나가 사람들을 돕는 일에 몰두하라는 것이 이 긴 이야기의 초점이다.

여기서 우리가 주목할 것은 장자가 정치 참여 자체를 반대한 것이 아니라는 사실이다. 종교인은 정치와 무관하게 살아야 한다고 오해하기 쉽지만, 삶의 궁극적인 차원에 관심이 있는 종교인이라면 정치 문제에 무관심할 수가 없다. 간디 옹의 말처럼 "종교가 정치와 무관하다고 하는 사람은 종교가 무엇인지 이해하지 못하는 사람이다"(*My Autobiography*, 504). 정치에 참여하느냐 마느냐가 문제가 아니라 정치에 참여하는 마음, 자세가 문제이다. 장자는 이 문제에 대해 '마음을 굶겨', 내면에서 솟는 초월적인 힘을 체험한 뒤에 삶의 현장으로 나가 사람들을 도우라고 한 것이다.

사실 이런 생각은 장자만 한 것이 아니다. 유대교 히브리 성서를 보면 많은 예언자가 "주의 성령이 내게 임하시매" 권능을 받아 사람들에게 나아가 외쳤다고 기술했다. 이런 예언자적 전통에 서서 예수 자신도 "주의 성령이 내게 임하셨으니, 이는 가난한 자에게 복음을 전파하게 하시려고 내게 기름을 부으시고 나를 보내사 포로된 자에게 자유를 눈먼 자에게 다시 보게 함을 전파하며 눌린 자를 자유케 하고 주의 은혜의 해를 전파하게 하려 하심이라"(눅4 : 18–19)고 했다. 그뿐 아니라 제자들에게도 "오직 성령이 너희에게 임하시면 너희가 권능을 받고 예루살렘과 온 유대와 사마리아와 땅 끝까지 이르러 내 증인이 되리라"(행1 : 8)고도 했다.

유교 경전 『대학(大學)』에도 정치에 참여하여 세상에 평화를 가져오게 하는 것이 궁극의 이상으로 나와 있다. 그러나 무엇보다 우선 "사물을 궁구하고(格物), 앎의 범위를 극대화하고(致知)하고, 뜻을 성실히 하고(誠意), 마음을 바르게 하여(正心), 인격을 도야한(修身) 사람만이 가정을 잘 꾸리고(齊家) 나라를 다스리고(治國), 세상에 평화를 가져올 수 있다(平天下)"고 가르쳤다. 송대(宋代) 이후 신유학(新儒學)에서는 처음 두 단계인 '격물치지(格物致知)'를 의식의 변화, 초월적인 밝음(明)의 획득으로 해석했다.

이런 전통들이 공통적으로 우리에게 말해 주는 것은 우리가 지금껏 붙들고 있는 우리의 자의식(自意識)을 말끔히 비우고 진정으로 '남을 위한 존재'로 탈바꿈할 때 우리의 사회 참여가 이웃과 사회와 세계를 위해 진정으로 향내나는 산 제사가 될 수 있다고 하는 사실이다. (졸저 『종교란 무엇인가』, 김영사, 2012, 141~162 참조)

여기서 그 유명한 심재(心齋)의 이야기는 일단 끝난다. 그러나 앞에서도 지적한 것처럼, 이 사상은 『장자』의 기본 사상으로 6편, 7편 등에 다시 등장한다.

자고(子高)의 고민

16. 섭공(葉公) 자고(子高)가 사신(使臣)으로 제(齊)나라에 갈 때 공자에게 말했습니다. "왕께서 제게 준 임무가 막중합니다. 제나라에서 사신은 정중하게 대접하지만, 일은 빨리 처리해 주지 않습니다. 보통 사람에게도 재촉할 수 없는데, 제후에게 어떻게 하겠습니까? 심히 두렵습니다. 일찍이 선생께서는 제게 '작은 일이든 큰 일이든 성공을 바라지 않고 하는 일은 드물다. 성공하지 못하면 반드시 사람에게 괴로움을 당할 것이고, 성공하면 음양(陰陽)으로부터 괴로움을 당할 것이다. 성공하든 실패하든 괴로움에 시달리지 않을 사람은 덕을 가진 사람뿐이라' 하셨지요.

17. 저는 요리를 간단히 해서 별 맛 없는 음식을 먹습니다. 그래서 요리할 때 부엌에서 덥다며 시원하게 해 달라는 사람이 없습니다. 그런데 오늘 아침에 왕명을 받고, 저녁에 얼음물을 들이켰습니다. 제 속에 열이 난 것입니다. 제가 거기 가서 사정을 보

---

16. 葉公子高將使於齊 問於仲尼曰 王使諸梁也甚重 齊之待使者 蓋將其敬而不急 匹夫猶未可動也 而況諸侯乎 吾甚慄之 子嘗語諸梁也 曰 凡事若小若大 寡不道以懽成 事若不成 則必有人道之患 事若成 則必有陰陽之患 若成若不成 而無後患者 唯有德者能之
☞ 諸梁 - 섭공의 이름 / 蓋(개) - 아마도 / 慄(률) - 무서워하다 / 寡(과) - 적음 / 懽(환) - 기뻐함.

기도 전에 벌써 음양으로부터의 괴로움에 시달리고 있고, 일이 안 되면 반드시 사람에게도 괴로움을 겪을 것입니다. 이렇게 되면 이중으로 괴로움을 당하는 것입니다. 저는 남의 신하로서 이렇게 부족하니 이 일을 이루어 낼 수가 없습니다. 선생께서 한 말씀 해주실 수 없으실지요."

앞에 나온 안회와 공자의 이야기는 안회가 위나라의 폭정을 보고 자발적으로 가서 돕겠다고 한 데 대해 공자가 그에게 무엇보다 우선 '심재(心齋)'해야 한다고 말해 준 것이고, 여기 나온 섭공 자고와 공자의 이야기는 섭공이 왕명을 받고 어쩔 수 없이 가는 경우 어떻게 할까 하소연하는 데 대해 공자가 충고한 이야기이다.

초(楚)나라의 섭공은 일종의 전권 대사 자격으로 제(齊)나라에 가라는 왕명을 받게 되고 공자를 찾아가 자기의 고민을 하소연했다. 자기 임무가 막중하다는 것을 잘 알고 있는데, 제나라 임금은 일을 질질 끌기로 유명하다니 제 때에 임무를 잘 수행하고 올 수 있을지 심히 걱정이라고 했다. 공자의 말대로, 성공을 하지 못하면 왕의 벌이나 사람들의 비난을 면치 못할 것이고, 성공을 한다 하더라도 '음양으로부터 괴로움을 받을 것'이라니, 이것은 성공을 못 해도 물론 낭패지만,

---

17. 吾食也執粗而不臧 爨無欲淸之人 今吾朝受命而夕飮冰 我其內熱與 吾未至乎事之情 而旣有陰陽之患矣 事若不成 必有人道之患 是兩也 爲人臣者 不足以任之 子其有以語我來
☞ 臧(장) ─ 착함. 여기서는 '맛있음' / 爨(찬) ─ 불을 때서 밥을 지음.

비록 성공을 한다 해도 낭패, 그야말로 진퇴양난(進退兩難)이라는 것이다. 성공하면 '음양으로부터의 괴로움'에 시달린다는 것은, 성공했다고 너무 좋아하다가 몸과 마음에서 음양의 조화가 깨어져 육체적으로나 심리적으로 병이 나는 것이라고 볼 수 있다.

아무튼 이런 딜레마를 어떻게 할지 이것만 생각하면, 집에서 요리할 일이 별로 없어서 불 땔 일도 없는데 신열이 올라 얼음물을 들이키지 않을 수 없다는 것이다. 요즘 말로 하면, 콜레스테롤이 있는 음식을 먹지도 않았는데, 혈압이 200 가까이 올랐다는 뜻이다. 공자가 전에 이런 괴로움에 시달리지 않을 사람은 오직 '덕을 가진 사람 뿐'이라고 했으니, 도대체 그런 덕을 가지려면 어떻게 해야 하는지 제발 좀 가르쳐 달라고 찾아온 것이다.

공자의 조언

18. 공자가 대답했습니다. "세상에는 지킬 것이 크게 두 가지입니다. 하나는 명(命)이요 다른 하나는 의(義)입니다. 자식이 부모를 섬기는 것은 명이므로 마음에서 지울 수가 없는 것입니다. 신하가 임금을 섬기는 것은 의로서 어디를 가나 임금이 없는 데는 없습니다. 하늘과 땅 사이 어디를 가도 이 두 가지를 피할 수는 없는 것. 그러기에 이를 '크게 지킬 것(大戒)'이라 합니다. 그러므로 자녀는 언제 어디서나 부모를 편안하게 해드리는 것이 효(孝)의 극치요, 신하는 언제 어디서나 임금을 편안하게 섬기는 것이 충(忠)의 완성입니다. 자기 마음을 섬길 때 슬픔과 기쁨이 눈앞에 엇갈리어 나타나게 하지 말고, 불가능한 일은 어쩔 수 없는 일로 여기고 운명으로 편하게 받아들이는 것이 덕(德)의 극치입니다. 신하나 자식된 사람이 부득이한 일을 당하면 사물의 실정에 맞게 행하면서, 자신을 잊어버려야 합니다. 삶을 기뻐하고 죽음을

---

18. 仲尼曰 天下有大戒二 其一命也 其一義也 子之愛親命也 不可解於心 臣之事君義也 無適而非君也 無所逃於天地之間 是之謂大戒 是以夫事其親者 不擇地而安之 孝之至也 夫事其君者 不擇事而安之 忠之盛也 自事其心者 哀樂不易施乎前 知其不可奈何 而安之若命 德之至也 爲人臣子者 固有所不得 已 行事之情而忘其身 何暇至於悅生而惡死 夫子其行可矣

☞ 命 - 천명(天命) / 義 - 의무(義務).

싫어할 겨를이 어디 있습니까? 당신은 [이런 마음가짐으로] 가셔야 합니다.

19. 내가 들은 것을 말해 주고 싶습니다. 무릇 가까운 나라와 사귈 때는 서로 신의로 대하고, 먼 나라와 사귈 때는 말로 그 진심을 나타냅니다. 말은 반드시 전하는 사람이 있어야 합니다. 양쪽이 서로 기뻐하고 서로 노하는 것을 말로 전하기란 지극히 어렵습니다. 양쪽이 다 기쁘면 서로 좋은 말을 과장하고, 양쪽이 다 노여우면 서로 헐뜯으며 나쁜 말을 과장합니다. 과장하는 말은 사실과는 먼 말입니다. 사실에서 먼 말에는 신의가 없습니다. 신의가 없으면 말을 전한 사람이 화를 입습니다. 그래서 격언에 이르기를 '평소 그대로 전하고 과장된 말을 전하지 않으면 안전할 수 있다'고 했습니다.

20. 또 한 가지가 있습니다. 재주를 겨루는 사람들이 처음에는 양(陽)으로 시작해서 언제나 음(陰)으로 끝냅니다. 그것이 지나치면 여러 가지 기묘한 술수를 씁니다. 처음에는 예의를 갖추고 술을 마시던 사람도 언제나 난장판으로 끝을 냅니다. 너무 지나치면 여러 가지 기묘한 쾌락이 나타나는 것입니다. 어떤 일에나 마

---

19. 丘請復以所聞 凡交近則必相靡以信 遠則必忠之以言 言必或傳之 夫傳兩喜兩怒之言 天下之難者也 夫兩喜必多溢美之言 兩怒必多溢惡之言 凡溢之類妄 妄則其信之也莫 莫則傳言者殃 故法言曰 傳其常情 無傳其溢言 則幾乎全

☞ 靡(미) ─ 여기서는 '서로 비비다', '따르다', '관계를 맺다' 등.

찬가지입니다. 처음에는 성실하게 시작해서는 언제나 바람직하지 못하게 끝냅니다. 시작은 간단하지만 곧 엄청나게 커져 버리는 것입니다.

21. 말(言)이란 바람이나 물결입니다. 행위에는 얻음과 잃음이 따릅니다. 바람과 물결은 움직이기 쉽고, 얻음과 잃음은 위험에 빠지기 쉽습니다. 사람이 화를 내는 것은 모두 간사한 말과 일방적인 언사 때문입니다. 짐승이 죽을 때는 무슨 소리를 낼까 가릴 여지가 없습니다. 숨소리가 거칠어지고 마음에는 사나운 기운이 함께 생겨나는 것입니다.

22. [사람의 경우도 마찬가지.] 너무 지나치게 다그치면, 상대방은 반드시 좋지 못한 마음으로 이에 반응하게 됩니다. 좋지 못한 마음으로 반응하면서도 그런 것을 알지도 못합니다. 그 자신도 그런 것을 알지 못한다면, 그가 어떻게 끝장을 낼지 누가 짐작이라도 할 수 있겠습니까? 그러므로 격언에 이르기를 '군주의 명령을 고치지도 말고, 이루려고 너무 애쓰지도 말라'고 한 것입니

---

20. 且以巧鬪力者 始乎陽 常卒乎陰 泰至則多奇巧 以禮飮酒者 始乎治 常卒乎亂 泰至則多奇樂 凡事亦然 始乎諒 常卒乎鄙 其作始也簡 其將畢也必巨
☞ 諒(량) - 참됨 / 鄙(비) - 비천함.

21. 夫言者風波也 行者實喪也 風波易以動 實喪易以危 故忿設無由 巧言偏辭 獸死不擇音 氣息茀然 於是並生心厲
☞ 茀然(불연) - 성나서 숨을 거칠게 쉬는 모양 / 厲(려) - 여기서는 '사나움'.

194

다. 도(度)를 넘는 것은 쓸데없는 것이기 때문입니다. 주어진 명령을 고치거나 꼭 이루려 너무 애쓰는 것은 위험한 일입니다. 좋은 일은 시간이 오래 걸리지만 좋지 못한 일은 절로 되어 고치지도 못하니 조심하지 않을 수 있겠습니까? 마음이 사물의 흐름을 타고 자유롭게 노닐도록 하십시오. 부득이한 일은 그대로 맡겨 두고, 중심을 기르는 데 전념하십시오. 이것이 최고입니다. 무엇을 더 꾸며서 보고할 것 있겠습니까? 그저 그대로 명을 받드는 것뿐. 그러나 그것이 어려운 일입니다."

여기서도 도가(道家) 사상의 대변자로 등장한 공자는 섭공의 실제적인 고민에 대해 도가적인 해답을 준다. 유가(儒家)에서 중요한 덕목으로 받드는 충(忠)과 효(孝)를 말하면서 도가 사상을 가르쳤다. 여기서 공자는 유가에서 가르치는 것과 달리 부모에 대한 효성과 임금에 대한 충성을 '어쩔 수 없음(不得已)'이라고 했다. 따라서 이렇게 회피할 수 없는 일은 '운명으로 알고 편안히 받아들이는 것(安之若命)'이 바로 '덕의 극치'라는 것이다. 이렇게 할 때 슬픔이나 기쁨 따위 감정이 개입할 여지가 없다는 것이다. 이렇게 '자신을 잊고' '생사에 초연'한 태도를 지니면 어디로 가든 문제될 것이 없으니, 이런 태도를 가질

---

22. 剋核泰至 則必有不肖之心應之 而不知其然也 苟爲不知其然也 孰知其所終 故法言曰 無遷令 無勸成 過度益也 遷令勸成殆事 美成在久 惡成不及改 可不愼與 且夫乘物以遊心 託不得已以養中 至矣 何作爲報也 莫若爲致命 此其難者

☞ 剋核(극핵) - 두 글자 다 '엄하다'는 뜻 / 報 - 여기서는 '보고한다'는 뜻.

수 있으면 걱정 말고 제나라로 가라는 말이다.

여기뿐 아니라『장자』여러 곳에서 이처럼 '명(命)'은 피할 수 없는 것이므로 이를 억지로 거역하지 말고 편안한 마음으로 수용하라는 말이 거듭된다. 이른바 안명론(安命論)·순명론(順命論)이다. 이것은 우리의 운명이 모든 면에서 조금도 움직일 틈이 없이 꽉 짜여 있다는 것을 철학적으로 논증하고 그것을 꼼짝없이 그대로 믿는 '운명론(運命論)'이나 '숙명론(宿命論)'과는 다르다고 할 수 있다. 안명론은 니체(Nietzsche)가 말한 '운명을 사랑함(amor fati)'과 비슷하다고 할까. "바꿀 수 있는 것에는 바꿀 능력을 주시고, 바꿀 수 없는 것은 그대로 받아들일 수 있는 의연함을 주시고, 이 둘을 구별할 수 있는 예지를 주시옵소서." 라고 한 어느 성자의 기도가 생각난다.

공자는 계속해서 섭공이 제나라에 가서 명심해야 할 몇 가지 구체적인 사항을 일러주었다. 무엇보다도 말을 조심하라는 것이다. 억지로 꾸민 말, 과장한 말, 잔재주를 부리는 간사한 말, 남을 곤경에 몰아넣으려는 말, 남을 억지로 고치려는 말 등을 삼가라는 것이다.『도덕경』제81장에 나오는 것처럼 '아름답게 꾸민 말', '변론을 위한 말', '박식을 드러내려는 말'을 하지 말라는 것이다. 오직 "마음이 사물의 흐름을 타고 자유롭게 노닐도록(遊心) 하십시오. 부득이한 일은 그대로 맡겨 두고(託不得已), 중심을 기르는 데(養中) 전념하십시오. 이것이 최고입니다. 무엇을 더 꾸며서 보고할 것 있겠습니까? 그저 그대로 명을 받드는 것"만 하면 된다는 것이다. 그러나 그게 어디 쉬운 일이겠느냐는 말로 끝을 맺는다.

공자의 입에서 이처럼 도가(道家)의 중심 사상인 망아(忘我), 승물

(乘物), 유심(遊心), 탁부득이(託不得已), 양중(養中) 등의 가르침이 술술 나왔다. 바로 무위(無爲)의 가르침이다. '無爲'라는 말 자체는 『장자』 내편에 몇 번밖에 나오지 않고, 그것도 평범한 용어로 쓰였지만, 여기서처럼 모든 것을 억지로 하거나 꾸며서 하지 말고, 순리대로 자연스럽게 행동하라는 무위의 가르침은 책 전체를 흐르는 기본 사상이다.

거백옥(蘧伯玉)의 충고

23. 안합(顔闔)이 위(衛)나라 영공(靈公)의 태자를 보좌하러 가게 되어, 거백옥(蘧伯玉)에게 자문(諮問)했습니다. "여기 한 사람이 있습니다. 나면서부터 덕이 좀 모자랍니다. 그가 하는 일을 그냥 두면 나라가 위태롭고, 제재를 하면 제 몸이 위태합니다. 그의 지능은 겨우 남의 잘못을 알아볼 정도는 되지만 잘못의 원인이 무엇인지는 알아내지 못합니다. 이런 사람에게 어떻게 처신해야 하겠습니까?"

24. 거백옥이 대답했습니다. "훌륭한 질문입니다. 조심하고 신중하십시오. 우선 몸을 바르게 해야 합니다. 겉으로는 그를 따르고, 속으로는 조화를 이루는 것이 상책입니다. 그러나 이 두 가지 모두 조심해야 합니다. 그를 따르더라도 무조건 빠져들어서는 안 되고, 조화를 이루더라도 겉으로 나타내지는 말아야 합니다. 겉

---

23. 顔闔將傅衛靈公太子 而問於蘧伯玉曰 有人於此 其德天殺 與之爲無方 則危吾國 與之爲有方 則危吾身 其知適足以知人之過 而不知其所以過 若然者 吾奈之何

☞ 傅(부) - 돕다. 여기서는 '보좌관이 되다' / 天殺 - 여기서 '殺'을 '살'로 발음하여 '죽인다'는 뜻으로 읽으면 '천성적으로 살기가 있는 사람, 잔인한 사람'으로 풀 수 있고, '쇄'로 읽어 '덜어낸다'는 뜻으로 풀면 '천성적으로 좀 모자라다, 저능하다'는 뜻으로 새길 수 있다. 실제로 그가 귀머거리였다는 설도 있다.

으로 따르다가 무조건 빠져들면 뒤집히고, 파멸하고, 무너지고, 엎어집니다. 조화를 겉으로 나타내면 사람들에게 소리를 듣고, 평판이 나빠지고, 이상스러운 일이나 나쁜 일을 당하게 됩니다.

태자가 어린애가 되거든 당신도 어린애가 되고, 멋대로 행동하거든 당신도 멋대로 행동하십시오. 엉터리같이 굴거든 당신도 함께 엉터리같이 구십시오. 그 사람을 잘 인도해서 흠 잡을 데 없는 경지로 들어가야 합니다.

❊

안합은 노(魯) 나라의 현인. 거백옥은 위(衛)나라의 대부(大夫)로『논어』에 공자의 친구로 나오는 인물이다(14 : 25, 15 : 7). 안합이 위나라 영공의 태자를 도울 보좌관으로 발탁이 되어 가는데, 태자가 본래 덕이 모자라는 사람이라, 하는 대로 놓아두면 나라가 위태로워질 것이고, 법도에 따라 말리면 제 몸이 위태로워질 것이니 어찌하면 좋을지 몰라서 위나라 대부 거백옥에게 물은 것이다.

거백옥은 우선 이런 질문이 '훌륭한 질문'이라고 칭찬했다. 만약 그가 유가(儒家) 사상으로 무장한 꽉 막힌 사람이었더라면, "그런 것을 다 질문이라고 하고 있소? 대의(大義)를 위한 일이라면 자기 몸 하나

---

24. 蘧伯玉曰 善哉問乎 戒之愼之 正女身哉 形莫若就 心莫若和 雖然 之二者有患 就不欲入 和不欲出 形就而入 且爲顚爲滅 爲崩爲蹶 心和而出 且爲聲爲名 爲妖爲孽 彼且爲嬰兒 亦與之爲嬰兒 彼且爲無町畦 亦與之爲無町畦 彼且爲無崖 亦與之爲無崖 達之入於無疵

☞ 蹶(궐) - 넘어지다 / 孽(얼) - 재난 / 無町畦(무정휴) - 밭의 경계도 모르고 멋대로 함 / 無崖(무애) - '끝이 없음'이지만 여기서는 '행동을 자제하거나 제한하지 않음'을 뜻한다.

위태로운 것이 대수요? 목숨을 걸고 직언을 해서 정사를 바르게 해야 할 것 아니오." 하는 식으로 반응했을 것이다. 그러나 이런 질문을 이렇게 '훌륭한 질문'이라고 받아 준 자체가 거백옥이 경직(硬直)한 유가의 윤리 체계를 넘어섰다는 뜻이다.

거백옥의 충고는 우선 자신의 몸을 바르게 하는 것, 곧 중심을 지키라는 것이다. 어떤 환경, 어떤 처지에 있더라도 자신의 기본적 정체성(正體性)이 흔들리지 않도록 하라는 뜻이다. 일단 이렇게 정체성을 확립해 심지를 굳힌 다음에는 구체적인 방법으로, 밖으로 태자가 하는 대로 같이 하고, 속으로도 그의 마음에 맞도록 해주라는 것이다. "태자가 어린애가 되거든 당신도 어린애가 되고, 멋대로 행동하거든 당신도 멋대로 행동하십시오."

이것은 사실 『도덕경』에서 말하는 '물처럼 되는 것'이다. 물은 동그란 그릇에 들어가면 동그랗게 되고 길쭉한 그릇에 들어가면 길쭉해지고, 뜨거우면 김이 되어 날아가고, 차가워지면 얼음으로 굳고. 이렇게 어떤 환경, 어떤 처지에 있더라도 물이 '물임'과 '물됨'을 잃는 일이 없이 그렇게 여러 가지로 적응하는 것 그 자체가 물의 정체성이다. 이것은 또 대나무처럼 휘어짐이기도 하다. 대나무는 휘어지지만 꺾이지 않는다. 제 정체성을 지키면서 유연성으로 대처하는 태도이다. '부드러움'으로 '강함'을 이기는 것이다. 그러나 이런 방법에는 위험이 따름을 명심하라고 했다. 태자가 하자는 대로 하되 빠져들면 곤란하고, 그의 마음에 맞추되 밖으로 드러내지 말아야 한다고 했다. 그렇게 하면 결국 태자와 다를 바가 없기 때문이다.

궁극 목표는 "그 사람을 잘 인도해서 흠 잡을 데 없는 경지로 들어

가게 하는 것"이다. 그러기 위해서 부드러운 방법으로 접근하라는 것이다. 노자도 "성인은 고정한 마음이 없습니다. 백성들의 마음을 자기 마음으로 삼습니다. 선한 사람에게 나도 선으로 대하지만 선하지 않은 사람에게도 선으로 대합니다. 그리하여 선을 이루는 것"(『도덕경』49장)이라고 했다. 바울도 "내가 모든 사람에게 자유하였으나 스스로 모든 사람에게 종이 된 것은 더 많은 사람을 얻고자 함이라… 약한 자들에게 내가 약한 자와 같이 된 것은 약한 자들을 얻고자 함이요, 여러 사람에게 내가 여러 모양이 된 것은 아무쪼록 몇몇 사람을 구원코자 함이라"(고린도전서 9 : 19–22)고 했다.

이것은 속임수로 그들 편인 척한다는 뜻이 아니다. 진정으로 그들 편에 서서 처지를 이해하고 도와 주는 것이다. 이렇게 하여 '선을 이루는 것' 혹은 '몇몇 사람을 구원코자' 하는 것이다. 선하지 않은 사람과 어울려 다 같이 선하지 않은 사람이 되거나 약한 사람과 어울려 다 같이 약한 사람이 되어 버리는 것이 아니라, 그 사람들과 어울려 선을 이루고, 더욱 힘있게 되기 위한 것이다.

거백옥은 이어서 이런 태도와 관련하여 명심할 일을 세 가지 비유로 예시했다.

세 가지 비유

25. 당신은 사마귀라는 벌레를 아시지요? 화를 내어 팔을 휘두르며, 달려오는 수레에 맞섭니다. 제 힘으로 감당할 수 없음을 모르는 것입니다. 이런 짓은 제 능력을 과신하는 것입니다. 조심하고 신중하십시오. 스스로의 훌륭함을 자랑하여 거스르면 오래가지 못합니다.

26. 당신은 호랑이 키우는 사람이 어떻게 하는지 아시지요? 호랑이에게 먹이를 산 채로 주지 않습니다. 먹이를 죽일 때 생기는 사나운 노기를 염려해서입니다. 또 먹이를 통째로도 주지 않습니다. 먹이를 찢을 때 생기는 사나운 노기를 염려해서입니다. 호랑이가 배고플 때와 배부를 때를 잘 알아서 그 사나운 노기를 잘 구슬리는 것입니다. 호랑이가 사람과 다르지만 저를 기르는 사람에게 고분고분한 것은 기르는 사람이 호랑이의 성질을 잘 맞추기 때문입니다. 호랑이가 살기(殺氣)를 드러내는 것은 그 성질을

---

25. 汝不知夫螳螂乎 怒其臂以當車轍 不知其不勝任也 是其才之美者也 戒之愼之 積伐而美者以犯之幾矣

☞ 螳螂(당랑) - 사마귀 / 臂(비) - 팔뚝 / 伐(벌) - 여기서는 '자랑한다'는 뜻.

거스르기 때문입니다.

27. 말(馬)을 사랑하는 사람이 있었는데, 좋은 광주리로 말똥을 받고, 큰 대합 껍질로 말 오줌을 받을 정도였습니다. 말 등에 모기가 앉는 것을 보고 갑자기 말 등을 때렸습니다. [놀란] 말이 재갈을 벗고 야단하는 바람에 [말 사랑하던 사람의] 머리를 깨고 가슴을 받았습니다. 말을 사랑하는 뜻은 극진하지만 사랑하는 방법이 잘못이었습니다. 어찌 조심하지 않을 수 있습니까?"

❋

이 세 이야기는 영공의 태자같이 좀 모자라고 난폭한 사람을 대할 때 조심할 일을 그림 그리듯이 생생하게 묘사했다. 첫째, 달려오는 수레를 향해 팔뚝을 휘두른 사마귀 이야기는 불의하지만 엄청난 힘을 가진 사람 앞에서 우리 개인은 어쩔 수 없이 한 마리 사마귀에 불과하다는 슬픈 현실을 직시하라는 것이다. 불의한 권력에 저항하는 우리의 이상이 아무리 높고 갸륵하다 하더라도 우리가 가진 현실적 능력의 한계를 무시하고 무모한 짓을 하다가 쓸데없이 희생되는 어리석음

---

26. 汝不知夫養虎者乎 不敢以生物與之 爲其殺之之怒也 不敢以全物與之 爲其決之之怒也 時其飢飽 達其怒心 虎之與人異類 而媚養己者順也 故其殺者逆也
☞ 媚(미) - 아첨하다.

27. 夫愛馬者 以筐盛矢 以蜄盛溺 適有蚊䖟僕緣 而拊之不時 則缺銜毀首碎胸 意有所至 而愛有所亡 可不慎邪
☞ 筐(광) - 광주리 / 盛(성) - 담다 / 矢(시) - 똥 / 蜄(신) - 대합 / 溺 - 여기서는 '뇨'로 읽어 '오줌'이라는 뜻. '익'이라 읽으면 '물에 빠진다'는 뜻 / 蚊(문) - 모기 / 䖟(망) - 등에 / 銜(함) - 재갈.

을 범하지 말라는 것이다. 범 무서운 줄 모르는 하룻강아지보다 더 어리석다, 좀더 사리를 깊이 살피고 현명하게 대처해야 한다는 뜻이다. 이렇게 힘도 없으면서 겁없이 대드는 행동을 뜻하는 '당랑지부(螳螂之斧)', '당비당차(螳臂當車)'도 여기서 나온 성어(成語)이다.

둘째, 호랑이 길들이는 이야기는, 성질이 사나운 사람도 그 성질을 잘 알아 거기에 맞춰 가면서 이끌면 고분고분해지는데, 성질을 거스르면 살기(殺氣)를 드러내 덤벼들 수 있다는 것이다. 여기서 주목할 일은 상대방의 성질을 맞추어 주되, 배고플 때와 배부를 때 등을 잘 알아 잘 구슬려야 한다는 것이다. 성질에 맞추는 것이 하는 짓을 무조건 방임하라는 것은 아니다. 먹이를 통째로 주거나 산 채로 주지 않는 것도 사나운 성질을 방임하거나 조장하는 대신, 물의 흐름을 좇아 물을 다스리듯이 자연스럽게 조절하는 요령이다. '함이 없이 함'이다.

셋째, 말(馬)을 사랑하는 사람의 이야기는 말을 지극히 사랑하면서도 사소하고 엉뚱한 실수 하나로 자기의 의도와 달리 그 동안 해준 모든 일이 허사로 돌아갈 뿐 아니라 말에게 해를 입을 수도 있다는 것이다.

둘째와 셋째 이야기에서는 특히 '시간 맞춤'이 중요함을 암시하고 있다. 호랑이 사육사는 시간을 '맞춰(時)' 먹이를 주고, 말을 사랑한 사람은 시간을 '못 맞춰(不時)' 말을 때렸다. 모든 일에 적기(適期)가 있음을 알고 잘 맞추라는 것이다. 영어로 타이밍(timing), 희랍어로 카이로스(kairos), '때를 따름'이 중요하다는 것이다. "날 때가 있고 죽을 때가 있으며 심을 때가 있고 심은 것을 뽑을 때가 있으며…… 사랑할 때가 있고 미워할 때가 있으며."(전도서 3 : 2-8)

장석(匠石)과 사당(祠堂) 나무

28. 석(石)이라는 목수가 제(齊)나라로 가다가 곡원(曲轅)이라는 곳에 이르러 토지신을 모신 사당의 상수리나무를 보았습니다. 나무의 크기는 소 수천 마리를 가릴 만했고 둥치는 백 아름, 높이는 산을 굽어볼 정도였습니다. 맨 아랫가지가 바닥에서 열 길쯤 올라가 벋었는데, 거기에는 통배를 만들 수 있는 가지만 해도 여남은 개가 되었습니다. 구경꾼들이 모여 장터를 이루었는데 목수 석(石)은 그것을 거들떠보지도 않고 가 버렸습니다.

29. 제자가 한동안 보고 나서 석에게 달려가서 물었습니다. "제가 그 동안 도끼를 들고 선생님을 따라다녔지만 재목감으로 이처럼 훌륭한 나무를 아직 본 적이 없습니다. 그런데 선생님은 눈여겨 보시지도 않고 지나치시니 어인 일이십니까?"

"됐네. 거기에 대해서는 더 말을 말게. 쓸모가 없는 나무야. 그것으로 배를 만들면 가라앉고, 관을 짜면 곧 썩고, 그릇을 만들면

---

28. 匠石之齊 至乎曲轅 見櫟社樹 其大蔽數千牛 絜之百圍 其高臨山 十仞而後有枝 其可以爲舟者 旁十數 觀者如市 匠伯不顧 遂行不輟

☞ 匠石(장석) - 목수 석. 직업이 성처럼 쓰였다. 제3편의 포정(庖丁)의 경우와 같다 / 曲轅(곡원) - '길이 구부러진 곳'이라는 보통명사로 읽을 수도 있다 / 櫟(력) - 상수리 나무 / 社(사) - 토지신. '社稷(사직)'의 '社'. '稷'은 곡식신 / 絜(혈) - 줄로 재다 / 仞(인) - 한 길. 7~8자.

쉬 부서지고, 문을 짜면 수액이 흐르고, 기둥을 만들어 세우면 좀이 슬 것이니, 재목이 못 돼. 아무짝에도 못 써. 그러니까 저렇게 오래 살 수 있었던거야."

30. 목수 석이 집으로 돌아오자, 사당 상수리나무가 꿈에 나타나서 말했습니다. "그대는 나를 무엇에다 비교하려는고. 저 좋다는 나무들에다 비기는가? 아가위나무, 참배나무, 귤나무, 유자나무 따위? 열매가 익으면 뜯기고 욕을 당하지. 큰 가지는 꺾이고, 작은 가지는 찢기고. 그런 나무들은 자기들의 [열매 맺는] 재능 때문에 삶이 비참하지. 하늘이 준 나이를 다 못 살고 도중에서 죽는 법이니, 스스로 세상살이에서 희생을 자초한 셈이라. 모든 것이 다 이와 같은 것이지.

31. 나는 오래전부터 내가 쓸모 없기를 바랐네. 몇 번이나 죽을 고비를 넘기고 이제야 완전히 그리 되었으니, 그것이 나의 큰 쓸모일세. 내가 쓸모가 있었더라면, 이처럼 클 수 있었겠는가? 또,

---

29. 弟子厭觀之 走及匠石曰 自吾執斧斤以隨夫子 未嘗見材如此其美也 先生不肯視 行不輟 何邪 曰已矣 勿言之矣 散木也 以爲舟則沈 以爲棺槨則速腐 以爲器則速毁 以爲門戶則液樠 以爲柱則蠹 是不材之木也 無所可用 故能若是之壽
☞ 斧斤(부근) - 도끼 / 散(산) - 쓸모 없음 / 棺槨(관곽) - 널과 덧널 / 樠(만) - 수액이 흐르다 / 蠹(두) - 좀벌레.

30. 匠石歸 歸社見夢曰 女將惡乎比予哉 若將比予於文木邪 夫柤梨橘柚果蓏之屬 實熟則剝 則辱 大枝折 小枝泄 此以其能苦其生者也 故不終其天年 而中道夭 自掊擊於世俗者也 物莫不若是
☞ 予(여) - 나 / 文木 - 결이 좋은 나무나 과일나무 같은 것 / 柤(사) - 아가위 / 橘(귤) - 귤 / 柚(유) - 유자 / 蓏(라) - 풀에서 나는 열매. 나무에서 나는 열매는 '果' / 泄(예) - 찢다 / 掊擊(부격) - 치다.

그대나 나나 한낱 하찮은 사물에 지나지 않는데 어찌 그대는 상대방만을 하찮다고 한단 말인가? 그대처럼 죽을 날이 가까운 쓸모 없는 인간이 어찌 쓸모 없는 나무 운운한단 말인가?"

32. 석이 깨어나 그 꿈 이야기를 하자 제자가 물었습니다. "그것이 그렇게 쓸모 없기를 바랐다면, 왜 사당 나무 노릇은 하는 걸까요?"

"쉬! 조용하게. 저 나무는 그냥 [한 가지 방편으로] 사당에 의지할 뿐이야. 사람들은 그 진의도 알지 못하고 욕을 하고 있지. [저렇게 생각이 깊은 나무는] 설령 사당 나무가 되지 않았더라도 [다른 방법으로] 잘리지 않을 수 있었을 것이다. 저 나무가 자기를 보전하는 방법은 우리 사람들과 다르지. 보통의 판단 기준으로 그것을 떠받든다거나 한다면, 뭔가 빗나간 것 아니겠는가?"

---

31. 且予求無所可用久矣 幾死 乃今得之爲予大用 使予也而有用 且得有此大也邪 且也若與予也皆物也 奈何哉我相物也 而幾死之散人 又惡知散木
☞ 幾死 - '죽을 날이 가까워져'라 번역할 수도 있다 / 散人 - '죽을 때가 가까운 사람'이라는 뜻과 '쓸모 없는 사람'이라는 뜻이 다 포함되어 있다.

32. 匠石覺而診其夢 弟子曰 趣取無用 則爲社何邪 曰 密 若無言 彼亦直寄焉 以爲不知己者詬厲也 不爲社者 且幾有翦乎 且也 彼其所保與衆異 而以義譽之 不亦遠乎
☞ 詬(구, 혹은 후) - 망신 주다 / 翦(전) - 자르다 / 譽(예) - 칭찬하다.

이 장석(匠石)의 이야기도 제1편「소요유(逍遙遊)」(1 : 14)에서 혜자
와 장자가 '가죽나무'를 놓고 이야기한 '쓸모 없음의 큰 쓸모(無用之大
用)'와 근본적으로 같은 내용이다. 구태여 다른 점을 지적한다면 제1
편에서는 장자의 가르침이 얼른 보기에는 쓸모 없는 것 같지만 보통
의 쓸모를 훨씬 넘어서는 쓸모가 있음을 이야기한 데 비하여 여기서
는 재능이 있다는 인물이 함부로 그 '쓸모'를 발휘하려고 하다가는 결
국 정말 쓸모가 있기 전에 "하늘이 준 나이를 다 못 살고 도중에서
죽는 법"이니 이런 식으로 재앙을 자초하지 말라는 것과 남을 쓸모
없다고 판단하는 것이 부당하다는 존재론(存在論)적 이유를 더욱 강조
한 점 정도라 볼 수 있다.

처음에는 장석이 사당 나무가 아무짝에도 쓸모가 없는 나무라고
여겨 거들떠보지도 않았다. 장석은 그 나무를 오로지 목수의 판단 기
준인 재목의 가치로만 따졌는데 꿈에 사당 나무가 나타나서 장석의
단견과 일방적인 생각을 지적했다. 사당 나무가 장석에게 한 말을 요
약하면, 첫째, 자기는 지금껏 쓸모 없기를 바라다가 이제야 장석 같은
목수가 쓸모 없다고 판정했으므로 마음을 푹 놓고 살아갈 수 있게 되
었으니 이런 쓸모 없음이 얼마나 쓸모 있는 것이냐 하는 것이고, 둘째,
나무도 장석도 모두 대자연에 속한 한낱 물체로 서로 상호 보완의 관
계를 맺고 있고, 도(道)의 기준으로 보면 결국 하나인데, 그것도 모르
고 자기를 쓸모라는 기준으로만 판단하여 배제하느냐는 것이다. 마르
틴 부버(Martin Buber)의 용어를 빌리자면, 사물을 '나와 너(Ich und

Du)'로 보는 것도 시원치 않은데, 당신은 사물을 '나와 그것(Ich und Es)'으로 보고 그것을 당신 자신의 목적을 위한 수단으로만 본단 말인가 하는 식이다. 더구나 장석 자신의 판단 기준으로 본다면 장석이야말로 죽을 날이 가까워 오는 '쓸모 없는 인간'이 아닌가. 그러니 사물을 대할 때 함부로 쓸데 있다 없다를 속단할 일이 아니라는 것을 일깨워 준 것이다.

장석이 꿈에서 깨달은 바를 제자에게 이야기하자 제자는 그 나무가 쓸모 없기를 그렇게 원한다면 철저하게 쓸모가 없을 것이지 사당나무 노릇은 왜 하느냐고 따진다. 장석이 사당 나무를 대변한다. '쓸모 없음' 자체가 궁극 목표가 아니라 일단 쓸모 없음으로 자기를 보전하여 더 큰 쓸모에 이르는 것이 중요하다는 것이다. 그러니 그 나무를 보고 왜 사당 나무가 되었느냐고 비난하거나 또 그것이 사당 나무라고 떠받드는 것은 사당 나무 본래의 의도와 상관없이 인간의 평가 기준으로만 따지는 빗나간 판단이라는 것이다. 사당 나무의 더욱 큰 쓸모란 무엇일까?

거목(巨木)과 신인(神人)

33. 남백자기(南伯子綦)가 상구(商丘)에 놀러 갔다가 엄청나게 큰 나무를 보았는데, 네 마리 말이 끄는 수레 천 대를 매어 두어도 나무 그늘에 가려 보이지 않을 정도였습니다. 자기가 말했습니다. "이 어찌된 나무인가? 반드시 특별한 재목이겠군."

그러나 위로 가지를 올려다보니 모두 꾸불꾸불하여 마룻대나 들보 감도 아니었고, 아래로 큰 둥치를 보니 속이 뚫리고 갈라져 널 감도 아니었습니다. 잎을 핥으면 입이 부르터 상처가 나고, 그 냄새를 맡으면 사흘 동안 취해서 깨어나지 못했습니다.

"이것은 과연 재목이 못 될 나무로구나. 그러니 이렇게 크게 자랐지. 아, 신인(神人)도 이처럼 재목감이 못 되는 것을."

여기서도 계속해서 '쓸모 없음의 쓸모'를 이야기한다. 그러나 마지

---

33. 南伯子綦遊乎商之丘 見大木焉有異 結駟千乘 隱將芘其所藾 子綦曰 此何木也哉 此必有異材夫 仰而視其細枝 則拳曲而不可以爲棟梁 俯而視其大根 則軸解而不可以爲棺槨 咶其葉 則口爛而爲傷 嗅之則使人狂酲三日而不已 子綦曰 此果不材之木也 以至於此其大也. 嗟乎 神人以此不材

☞ 南伯子綦(남백자기) - 제2편 처음에 나온 남곽자기(南郭子綦)와 같은 인물 / 駟(사) - 네 마리 말이 끄는 수레 / 芘(비) - 덮다 / 藾(뢰) - 덮다 / 咶(지) - 핥다 / 酲(정) - 취하다 / 嗟(차) - 감탄사.

210

막 "이것은 과연 재목이 못 될 나무로구나. 그러니 이렇게 크게 자랐지. 아, 신인(神人)도 이처럼 재목감이 못 되는 것을." 하는 문장은 의미심장하다. 쓸모 없음이 그 자체로서 중요한 것이 아니라는 것을 강력히 시사하고 있기 때문이다. 여기서는 쓸모 없음이 이를 수 있는 최고의 쓸모가 결국 '신인(神人)'의 경지임을 함의(含意)하는 것으로 볼 수 있다. 신인은 세상에서 통용되는 일반적 유용성의 기준으로 따져 보면 가장 쓸모 없는 존재이다. 그렇지만 깨달은 이의 눈으로 볼 때, 더할 수 없이 큰 쓸모를 지닌 사람이다. 하는 일이 아무것도 없는 것 같지만 그런 '함이 없는 함'을 통해 안 되는 것이 하나도 없는 무위(無爲)의 사람들, 제1편에 나온 [막]고야산의 신인들처럼 가만히 있으면서도 요 임금을 움직였던 사람들(1 : 9–11), 이보다 더 큰 영향력을 미치고 쓸모 있는 사람들이 어디 있겠느냐는 것이다. 이런 사람들이 망치질을 못 한다거나 이해 타산에 서툴다거나 약삭빠르지 못하다고 해서 한심한 사람들이라 취급해야 할까? "주님, 저를 당신의 평화의 도구로 삼아 주십시오." 했던 성 프란체스코의 기도처럼 자질구레한 일에 쓰이기보다 도에 의해 쓰일 때 사람에게 더욱 참된 도움을 주게 되는 것이다.

나무들의 재난과 점박이 소의 행복

34. 송(宋) 나라 형씨(荊氏)라는 곳은 개오동나무, 잣나무, 뽕나무가 잘 자라는 곳이었습니다. 굵기가 한 움큼이 넘는 것은 원숭이 매어 두는 말뚝 만드는 사람들이 베어 가고, 서너 아름 되는 것은 집 짓는 이가 마룻대 감으로 베어 가고, 일여덟 아름 되는 것은 귀족이나 부상들이 널 감으로 베어 가 주어진 수명을 다 누리지 못하고 도끼에 찍혀 죽었습니다. 이것은 스스로 재목감이 됨으로 당한 재난입니다.

이마에 흰 점이 박힌 소나 코가 젖혀진 돼지, 치질 않는 사람은 황하 신의 제물로 바칠 수가 없습니다. 무당들은 이것들을 상서(祥瑞)롭지 못한 것으로 여기지만, 신인(神人)들은 오히려 이를 크게 상서로운 것으로 여깁니다.

---

34. 宋有荊氏者 宜楸柏桑 其拱把而上者 求狙猴之杙者斬之 三圍四圍 求高名之麗者斬之 七圍八圍 貴人富商之家 求禪傍者斬之 故未終其天年 而中道之夭於斧斤 此材之患也 故解之以牛之白顙者 與豚之亢鼻者 與人有痔病者 不可以適河 此皆巫祝以知之矣 所以爲不祥也 此乃神人之所以爲大祥也
☞ 把(파) − 움큼 / 杙(익) − 말뚝 / 斬(참) − 베다 / 麗(려) − 여기서는 마룻대 / 樿(전) − 회양목 / 解 − 봄에 황하의 신에게 바치는 제사. 죄를 씻는다는 뜻에서 '解'. 사람도 제물로 바침 / 顙(상) − 이마 / 亢(항) − 올라가다 / 痔(치) − 치질.

앞의 큰 나무 이야기들과 함께 계속해서 '쓸모 있음'과 '쓸모 없음'의 관계를 이야기했다. '쓸모 있는' 나무는 천수를 다하지 못하고 잘려 죽는다는 이야기이다. 그러면 나무의 목적이란 오로지 천수를 누리고 나서 시들시들 말라죽는 것뿐인가? 그렇지는 않을 것이다. 각자에게 천부적으로 주어진 능력을 최대한으로 발현하는 일일 것이다. 그러나 조급하게 조그만 '쓸모'에만 집착해서 살아가는 일, 한 살이라도 더 먹기 전에 공무원 임용고시다 사법고시다 무슨 자격시험이다 하는 것에 합격하는 것만을 인생의 유일한 목적인 것처럼 여기고 거기에 목을 매고 사는 일은 곤란하다는 뜻이리라. 지금 당장 누구의 주관적 '쓸모'의 기준에 따라 쓰이지 않더라도, 심지어 요즘 많이 논의되듯 '명예퇴직(名譽退職)'을 당하더라도, 그렇게 슬퍼할 일이 아니라는 것이다. 천박하게 이해한 실용주의나 실리주의의 기준에서 벗어난 것은 어느 의미에서 오히려 다행스럽게 여길 일이라는 것이다. 긴 안목으로 볼 때, 이런 일을 통해서 이제까지 몰랐던 자신을 발견하고, 진정한 자기실현(自己實現)을 이루어 낼 수도 있기 때문이다.

곱추의 특권

35. '지리소(支離疏)'라는 곱추는 턱이 배꼽에 묻히고, 어깨가 정수리보다 높고, 상투가 하늘을 향하고, 내장이 위로 올라갔으며, 두 넓적다리가 옆구리에 닿아 있었습니다. 바느질을 하고 빨래를 하면 혼자 먹을 것은 충분히 벌고, 키질을 해 쌀을 까불면 열 식구 먹을 것은 충분히 벌었습니다. 나라에서 군인을 징집할 때도 두 팔을 걷어붙이고 사람들 사이를 [당당하게] 다녔고, 나라에 큰 역사가 있어도 성한 몸이 아니라 언제나 면제를 받았습니다. 나라에서 병자들에게 곡식을 배급하면 3종의 곡식과 장작 열 단을 받았습니다. 이처럼 외모가 온전하지 못한 곱추도 몸을 보존하고 천수를 다하는데, 하물며 그 덕이 곱추인 사람이겠습니까?

---

35. 支離疏者 頤隱於臍 肩高於頂 會撮指天 五管在上 兩髀爲脅 挫鍼治繲 足以餬口 鼓筴播精 足以食十人 上徵武士 則支離攘臂於其間 上有大役 則支離以有常疾不受功 上與病者粟 則受三鍾與十束薪 夫支離其形者 猶足以養其身 終其天年 又況支離其德者乎

☞ 頤(이) - 턱 / 齊(제) - '臍'와 같은 뜻으로 '배꼽' / 會撮(회촬) - 목덜미에 있던 머릿단이라고도 하고, 등에 튀어나온 뼈라고도 함 / 髀(비) - 넓적다리 / 挫鍼(좌침) - 바느질 / 治繲(치해) - 헌 옷을 다루다. 세탁하다 / 鼓筴(고책) - 키질을 하다. '筴'이 '점치는 채'라는 뜻도 있기 때문에 점을 쳐서 돈을 벌었다는 뜻으로 푸는 사람도 있다 / 播精(파정) - 쌀을 까불다. '정미(精米)'처럼 '쌀을 찧는다'로 읽기도 한다 / 鍾 - 곡식의 양을 재는 단위.

지리소(支離疏)는 이름 그대로 '지리멸렬(支離滅裂)'하게, 아무렇게나 뒤죽박죽 생긴 '엉성한(疏)' 사람이다. 이 사람의 몸을 묘사한 말이 기가 막히게 회화적(繪畵的)이다. 아무튼 사회에서 '병신'이라 취급받는 사람이 바느질, 빨래, 키질 등을 해서 잘 먹고살 뿐 아니라 군대로 끌려가거나 부역에 불려 나갈 걱정이 없는데다 나라에서 주는 후생비까지 받으며 살았다는 것이다. 일반적으로 '쓸모 없다'고 하는 이런 몸으로 이렇게 잘 살아가니, 이것이 바로 '쓸모 없음의 쓸모'라는 말이다. 그러면서 결론적으로 "외모가 온전하지 못한 사람도 몸을 보존하고 천수를 다하는데, 하물며 덕이 곱추인 사람이겠습니까?" 하는 말로 끝맺는다.

여기서 '하물며 덕(德)이 곱추인 사람이겠습니까?' 하는 것이 구체적으로 무슨 뜻일까? 글자 뜻대로 '덕에 지리(支離)'한 사람, 도덕적으로 '지리멸렬'한 사람, '막돼먹은 사람'이라는 뜻이다. 지리소는 육신이 이렇게 '막돼먹어' 이른바 군대에 들어가 장군이나 국방장관 같은 것도 생각할 수 없고, 부역에 충실해서 건설부 장관이나 노동부 장관 같은 자리도 꿈꾸지 못한 채, 그저 처한 환경에서 성실하고 근면함으로 그렇게 활기차고 건실하게 산다. 이처럼 정신적으로도 세상 사람들의 표준으로 보아 지리멸렬, 뒤죽박죽이 되어, 이른바 일사불란한 윤리 체계니 일관성 있는 세계관이니 하면서 일반적으로 훌륭한 덕(德)이라고 떠드는 통상적이고 일률적인 가치 체계나 사고 방식 등을 무조건 숭상하거나 거기에 지배받는 일이 없이, 자신의 처지에서 욕심이나 허세 부리지 않고 자유롭고 차분하게 살아갈 수 있다면 얼마나 큰 청복(淸福)인가 하는 뜻으로 읽을 수 있을 것이다.

노자 같은 성인이 이와 같이 '덕이 곱추인 사람'이라고 할 수 있다. 그는 『도덕경』 제20장에서 자기 자신의 상태를 다음과 같이 묘사했다.

"세상 사람 모두 여유 있어 보이는데,
 나 홀로 빈털터리 같습니다.
 세상 사람 모두 총명한데 나 홀로 아리송하고,
 세상 사람 모두 똑똑한데 나 홀로 맹맹합니다.
 바다처럼 잠잠하고, 쉬지 않는 바람 같습니다."

이렇게 '덕이 곱추인 사람' 노자야말로 얼마나 자유스러운 사람이었던가!

미친 사람 접여(接輿)의 노래

36. 공자가 초(楚)나라에 갔을 때, 접여(接輿)라는 미친 사람이 그의 숙소 문 앞을 오가며 노래를 불렀습니다.

"봉황이여, 봉황이여,
　덕이 어찌 쇠했는고.
　오는 세상 기다릴 수 없고,
　간 세상 되잡을 수 없지.
　세상에 도 있으면
　성인 일 이루나,
　세상에 도 없으면,
　성인 그냥 살아갈 뿐.
　지금 같은 이 세상
　벌 면하기 힘들구나.
　복은 깃털처럼 가벼우나
　들 줄을 모르고,
　화는 땅처럼 무거우나
　피할 줄을 모르네.

그만두오, 그만두오.
덕으로 남 대하는 일.
위태롭다. 위태롭다.
땅에 금을 긋고
그 안에서 종종걸음.
가시나무여, 가시나무여.
내 가는 길 막지 마라.
내 발길 구불구불
내 발을 해치 마라.
산 나무는 스스로를 자르고
등불은 스스로를 태운다.
계수나무는 먹을 수 있어 잘리고,
옻나무는 쓸모 있어 베인다.
사람들 모두 '쓸모 있음의 쓸모'는 알고 있어도
'쓸모 없음의 쓸모(無用之用)'는 모르고 있구나."

---

36. 孔子適楚 楚狂接輿遊其門曰 鳳兮鳳兮 何如德之衰也 來世不可待 往世不可追也 天下有道 聖人成焉 天下無道 聖人生焉 方今之時 僅免刑焉 福輕乎羽 莫之知載 禍重乎地 莫之知避 已乎已乎 臨人以德 殆乎殆乎 畵地而趨 迷陽迷陽 無傷吾行 吾行郤曲 無傷吾足 山木自寇也 膏火自煎也 桂可食 故伐之 漆可用 故割之 人皆知有用之用 而莫知無用之用也

☞ 趨(추) - 종종걸음으로 달리다 / 迷陽(미양) - 야산에 나는 가시나무 / 郤(각) - 틈. 3 : 4에 나옴 / 桂 - 계수나무의 껍질(계피).

218

접여가 공자를 보고 부른 이 노래는 『논어(論語)』 「미자편(微子篇)」 (18 : 5)에도 약간 변형된 형태로 그 일부가 나온다. '미친사람 접여'는 앞에도(1 : 9) 나왔고, 뒤에도(7 : 2) 나온다. 여기서도 장자는 이런 인물을 등장시켜 자기의 생각을 대변하게 했다. '쓸모 없음의 쓸모' 같은 것은 물론 『논어』나 유가(儒家)와 별로 상관없는 생각이다. 공자와 그 제자들은 모두 세상에서 '쓸모 있기' 위해서 자신을 훈련하였고, 세상에서 '쓸모 있는 그릇'으로 쓰이기 위해서 천하를 돌아다니며 군주들에게 자기들의 쓸모를 알렸다.

이런 공자에게 미치광이 접여가 쓸모 있으려 애쓰지 말라고 권고했다. 특히 도가 없는 세상에서 누구를 위해 무엇에 쓰이려 한다는 말인가? 모두 '땅에 금을 긋고 그 안에서 종종걸음' 옥신각신하는 세상에서 어느 한편을 위해 '쓸모 있으려' 애쓴다는 것은 그야말로 쓸데없고 위태로운 일이라는 것이다. 사실 공자 자신도 '나라에 도가 있으면 쓰임을 받고, 도가 없으면 자신을 감추어 두는 것(邦有道則仕 邦無道則可卷而懷之)'이 군자(君子)다운 일이라(『논어』 15 : 7)고 했다. 이 접여의 노래와 공자의 생각은 어떤 연관이 있을까? 공자가 접여의 노래를 듣고 깨달은 것일까? 접여가 여기서 공자의 이런 생각을 다시 한번 상기시킨 것일까?

아무튼 접여는 자기를 보라고 했다. 자기는 가시나무가 무성한 길을 이리 구불 저리 구불 가더라도 가시가 막거나 해치지 않는 삶을 산다고 했다. 구애받지 않는 삶, 해를 받지 않는 삶을 산다는 것이다.

이것은 오로지 세상에서 입을 모아 떠받드는 '쓸모 있음의 쓸모'를 넘어서서 '쓸모 없음의 쓸모'를 터득할 때 가능한 일이라는 말로 끝을 맺었다.

어느 주석가는 이 접여의 이야기를 통해 장자가 자신의 자화상을 그린 것이라 했다. 장자든 누구든 정신적인 영웅은 조셉 캠벨(Joseph Campbell)의 말처럼 일단 '인습(因襲)'을 등진 사람이다. 그래서 인습대로 사는 사람에게 정신적 영웅은 어쩔 수 없이 바보처럼, 미친 사람처럼, 우스운 사람처럼 보이게 마련이다.

제4편 「인간세」는 그 제목이 말하듯이 세상을 살아가는 지혜를 이야기한다. 얼핏 그 논지가 세속적으로 보아서 유용하면 위험하니 무슨 일이 있든 유용하게 될 생각은 꿈에라도 하지 말라는 것을 가르친 것쯤이라 생각할 수도 있다. 그러나 가만히 들여다보면, 무조건 유용하지 말라는 것이 아니라 자질구레한 데 유용하겠다고 설치거나 자신의 영광을 위해서 유용해야 한다고 애를 쓰면 정말로 유용해야 할 때 유용할 수 없으니 그러지 말라는 것이다. 유용함 자체를 배격하는 것은 아니다. 큰 나무가 소를 가려 주고, 사당의 상수리나무가 사당에 유용한 것처럼 유용의 용도와 스케일이 다름을 말했다고 보아야 할 것이다. 작은 나무가 제 유용성만 생각하고 하루라도 빨리 유용하게 쓰라고 주장하면서 제 몸을 아궁이에 던졌다고 하자. 이럴 경우 더 기다렸다가 거목이 되면, 아궁이에서 잠깐 동안 열을 공급하는 유용성과 비교할 수 없이 더 큰 유용성, 이전과 차원이 다른 유용성을 발휘할 수 있을 것이다.

『장자』에서 말하는 '쓸모 없음의 쓸모'란 이런 의미에서 '유용성의 극대화'를 말한 셈이다. 궁극적으로는 지인(至人)의 경지에 이르기 이전의 모든 유용성은 진정한 유용성이 아니다. 따라서 진정으로 크게 유용하기 위해서는 먼저 진정으로 내면적 준비를 갖추는 것이 중요함을 말한 것이다. 세상에서 떠받드는 자질구레한 유용성이나 실용성에 정신을 팔지 말고 무엇보다도 먼저 '마음을 굶기는' 심재(心齋)를 실천하라는 것이다.

제 5 편

덕이 가득함의 표시(德充符)

　이 편의 제목 덕충부(德充符)는 '덕(德)이 가득해서 저절로 밖으로 드러나는 표시'라는 뜻이다. 이 편에는 특히 육체가 온전하지 못한 사람들을 등장시켜, 그 사람들이 비록 육체적으로 온전하지 않지만 그 속에 있는 천부의 잠재력을 최대한 발휘해 진실로 의연하고 풍성한 삶을 살 수 있음을 말했다. 특히 이렇게 자랑스런 삶을 살면서도 그것을 일부러 드러내려 하지 않을 때 저절로 밖으로 드러남을 강조했다.

　물론 반드시 글자 그대로 몸이 불구가 되어야만 이런 능력을 발휘할 수 있다는 뜻으로 풀 필요는 없다. 궁극적으로 우리에게 닥친 어떤 외부 조건에도 구애되지 않을 뿐 아니라 그것을 통해 더욱 아름답게 살 수 있는 힘을 키울 수 있음을 말했다고 보는 것이 좋을 것이다. 가만히 생각해 보면, 여기 등장한 '장애인들'은 인간으로서의 실존적 한계성과 결함을 지니고 살아가야 하는 우리 모두를 상징한 것으로 볼 수 있다. 그런 의미에서 이 장애인들에 대한 이야기는 결국 우리들의 이야기요, 이 사람들이 발휘하는 '비보통적' 능력은 모든 인간이 발현(發顯)할 수 있는 인간 승리의 증언이라 할 수 있을 것이다.

　노자의 『도덕경』이 도(道)를 어머니로 표현하는 등 여성적인 면을 강조하고 있다는 뜻에서 현재 '여성 운동가들의 성서(聖書)'가 될 수 있다고 한다면, 『장자』는 장애인이 도를 실현하고 덕을 발휘하는 데 아무 장애가 없다는 것을 그림처럼 생생하게 실증했다는 점에서 '장애인들의 성서'가 될 수 있겠다는 생각마저 든다.

왕태(王駘)와 공자

1. 노(魯) 나라에 왕태라는 사람이 있었는데 형벌을 받아 발 하나가 잘린 사람이었습니다. 왕태를 따르는 사람의 수가 공자를 따르는 사람의 수와 맞먹을 만했습니다.

공자의 제자 상계(常季)가 공자에게 물었습니다. "왕태는 외발인데 따르는 자가 선생님의 제자와 노나라를 반씩 차지하고 있습니다. 서서 가르치는 일이 없고, 앉아서 토론하는 일도 없다는데, 사람들이 텅 빈 채로 찾아가서 가득 얻어 돌아온답니다. 정말 '말로 하지 않는 가르침(不言之敎)'이라는 것이 있습니까? 몸이 불구지만 마음은 온전할 수 있습니까? 그 사람이 도대체 누구입니까?"

공자가 대답했습니다. "그는 성인이다. 나도 꾸물거리다가 아직 찾아 뵙지 못했지만, 앞으로 스승으로 모시려고 하는데, 나보다 못한 사람들이야 말할 것이 있겠느냐? 어찌 노나라 사람들뿐이겠느냐? 나는 온 세상 사람을 이끌고 그분을 따르려 한다."

---

1. 魯有兀者王駘 從之遊者 與仲尼相若 常季問於仲尼曰 王駘兀者也 從之遊者 與夫子中分魯 立不教 坐不議 虛而往 實而歸 固有不言之敎 無形而心成者邪 是何人也 仲尼曰 夫子聖人也 丘也直後而未往耳 丘將以爲師 而況不若丘者乎 奚假魯國 丘將引天下而與從之

☞ 兀(올) - 형벌로 발을 자르다 / 不言之敎 - '말로 하지 않는 가르침'. 『도덕경』 제2장에 나옴 / 奚假(해가) - 어찌, 오로지.

2. 상계가 말했습니다. "외발인 그분이 선생님보다 훌륭하다니, 보통 사람들과는 큰 거리가 있겠습니다. 그런 사람의 마음씀은 어떤 것인가요?"

공자가 대답했습니다. "죽고 사는 것이 큰 일이지만, 그런 것으로 이랬다저랬다 하지 않는다. 비록 하늘이 무너지고 땅이 꺼져도 꿈쩍하지 않는다. 거짓이 없는 경지를 꿰뚫어 보고, 사물의 변천에 요동하지 않는다. 사물의 변화를 운명(運命)으로 여기고 그 근본을 지킨다."

3. 상계가 말했습니다. "그것이 무슨 뜻입니까?"

공자가 대답했습니다. "다름의 입장에서 보면 간과 쓸개도 초나라와 월나라처럼 멀지만, 같음의 입장에서 보면 만물이 모두 하나이다. 그런 사람은 귀나 눈이 옳다고 하는 것과 상관하지 않고, 덕에서 나오는 평화의 경지에서 마음을 노닐게 한다. 사물에서 하나 됨을 보고, 그 잃음을 보지 않는다. 그러니 발 하나 떨어져 나간 것쯤은 흙덩어리 하나 떨어져 나간 것에 지나지 않지."

---

2. 常季曰 彼兀者也 而王先生 其與庸亦遠矣 若然者 其用心也 獨若之何 仲尼曰 死生亦大矣 而不得與之變 雖天地覆墜 亦將不與之遺 審乎無假 而不與物遷 命物之化 而守其宗也
☞ 王 - 여기서는 '旺'으로 읽어, '더 훌륭하다'는 뜻 / 無假(무가) - 거짓이 없는 것. '無瑕(무하)'로 보아 '허물이 없는 것'으로 보는 사람도 있다. 완벽한 경지, 궁극 실재의 경지를 뜻한다 / 命物之化 - '사물의 변화를 명한다'고 푸는 사람도 있다 / 宗 - 근본. 여기서는 '道'를 가리킨다.

3. 常季曰 何謂也 仲尼曰 自其異者視之 肝膽楚越也 自其同者視之 萬物皆一也 夫若然者 且不知耳目之所宜 而遊心乎德之和 物視其所一 而不見其所喪 視喪其足 猶遺土也
☞ 肝膽(간담) - 간과 쓸개 / 宜(의) - 마땅함.

4. 상계가 말했습니다. "그는 '앎'으로 그 마음을 터득하고, 그 마음으로 영원한 마음을 터득하는 등 자기 수양에만 전념했는데, 어떻게 사람들이 모여듭니까?"

공자가 대답했습니다. "사람이 흐르는 물에 제 모습을 비춰 볼 수 없고, 고요한 물에서만 비춰 볼 수 있다. 고요함만이 고요함을 찾는 뭇 사람의 발길을 멈추게 할 수 있다.

땅에서 목숨을 받은 것 중에서는 소나무와 잣나무가 가장 올바르므로 겨울 여름 늘 푸르고, 하늘에서 목숨을 받은 것 중에서는 오직 순 임금이 가장 올바르므로 다행히 먼저 스스로 바르게 살면서 뭇 사람을 바르게 이끌었다.

5. '처음'을 지키는 사람은 두려움이 없다. 용감한 사람은 혼자서도 대군이 지키는 적진에 쳐들어가 싸운다. 이름을 내기 위해서 이런 일을 할 수 있다고 여기는 사람도 이러하거늘 하물며 하늘과 땅을 다스리고, 만물을 감싸안고, 육체를 일시적인 처소로 생각하고, 귀나 눈의 작용을 허망한 것으로 여기고, 자기가 아는 바를 하나로 삼고, 그 마음이 죽지 않은 이런 사람이야 말할 필요

---

4. 常季曰 彼爲己 以其知得其心 以其心得其常心 物何爲最之哉 仲尼曰 人莫鑑於流水 而鑑於止水 惟止能止衆止 受命於地 惟松柏獨也正 冬夏靑靑 受命於天 惟舜獨也正 幸能正生以正衆生
☞ 爲己(위기) - 자기 수양을 함 / 物 - 여기서는 '사람들' / 最(최) - 여기서는 '聚(취)'의 뜻으로 '모여든다.'

5. 夫保始之徵 不懼之實 勇士一人 雄入於九軍 將求名而能自要者 而猶若是 而況官天地 府萬物 直寓六骸 象耳目 一知之所知 而心未嘗死者乎 彼且擇日而登假 人則從是也 彼且何肯以物爲事乎
☞ 始 - 『도덕경』제1장에 "無名天地之始(이름 붙일 수 없는 것이 하늘과 땅의 시원)"할 때의 '始'처럼 '道'를 뜻하는 듯 / 登假(등하) - '假'는 '하'로 발음하여 '까마득하다'는 뜻 / 肯(긍) - 즐거워하다.

가 있겠는가? 이런 사람은 날을 잡아서 어디 먼 곳에 오르려는 것. 그래서 사람들이 따르는 것이다. 그런 사람이 어찌 사람들이 자기를 따르는 것 같은 일에 괘념하겠느냐?"

※

장애인 제1호로 등장하는 노(魯)나라 왕태의 이야기이다. 형벌로 발 하나가 잘린 이 사람을 놓고 공자와 제자 상계가 문답을 했다. 물론 여기 나온 사람들은 모두 가공의 인물이다. 아무튼 상계는 이렇게 불구인 왕태가 어찌하여 공자의 본고장인 노나라에서마저 공자와 맞먹을 정도로 명성이 높고, 특별히 말로 가르치지도 않는데 찾아간 사람들이 모두 많이 배워 온다니 '불언지교(不言之敎)'라는 것이 정말 있는 것인가? 특히 몸이 불구이나 마음은 온전하다는 것이 있을 수 있는 일이냐고 물었다. 일반적으로 라틴말 속담처럼 '건전한 육체에 건전한 정신(Mens sana in corpore sano)'이라는 것이 정석인데, 이 사람은 오히려 '불건전한 육체에 초건전한 정신'인 셈이니, 이게 어찌 된 것인지 도저히 알 수 없다는 것이다.

여기에 대한 공자의 대답은 한마디로 "그는 성인"이라는 것이다. 상계가 사람을 외모로 판가름하려는 데 반해, 공자는 사람의 속을 본 것이다. 왕태야말로 자기뿐만 아니라 세상 사람이 모두 따라야 할 위대한 성인이라 못박는다.

상계가 왕태의 훌륭한 점이 무엇인지 묻자 공자는 왕태가 성인의 경지에 있는 이유를 열거하는데, 첫째는 그가 생사에 초연한 사람이라는 것이고, 둘째는 사물의 본성을 있는 그대로 꿰뚫어 보아 설령 천지개벽 같은 상황이 닥쳐온다 하더라도 꿈쩍하지 않는 의연하고 의젓한 사람이며, 셋째로는 운명을 운명으로 받아들이는 사람이기 때문이라는 것이다. 말하자면 간디가 말한 '진리파지(眞理把持, satyagraha)'를 실현한 사람, 궁극적으로 여실(如實), 진여(眞如), 실상(實相), 실재(實在), 타타타(Tathatā)를 체험한 사람이라는 것이다.

이런 사람은 세상에 두려울 것이 없는 사람일뿐만 아니라 모든 것을 하나의 입장에서 보아 만물에 경계가 사라지므로, 그야말로 거칠 것이 없이 자유롭게 살아가는 사람이다. 본문의 표현을 쓰면 '마음을 노닐게 하는(遊心)' 사람이라는 것이다. 이런 마음은 제1편 「소요유(逍遙遊)」의 주제로 『장자』에 계속해서 나온다. 여기서 분명해진 것은 '노닌다'는 것이 결국은 '마음의 문제'라는 것이다. 그러므로 이런 사람은 '발 하나 떨어져 나간 것쯤은 흙덩어리 하나 떨어져 나간 것'으로밖에 여기지 않는다.

마음의 문제라면 그의 마음이 어떻다는 것인가? 공자는 왕태의 마음이 '명경지수(明鏡止水)'와 같다고 했다. 남의 눈치나 칭찬을 의식해서가 아니라 오로지 '자기 실현만을 위해(爲己)', 차분하고 조용히 정진했을 뿐인데도 사람이 모여드는 것은 이런 거울같이 맑은 마음에 자기들의 참모습을 비추어 보기 위해서라는 것이다. 더구나 이렇게 훌륭한 성인이라면 승천이라도 할 수 있을 터이니 그러기 전에 한 번이라도 만나야겠다고 사람들의 발길이 끊이지 않는다는 것이다. "어찌 그가 사람들이 자기를 따르는 것 같은 일에 괘념하겠느냐?" 하는 것을 볼 때 자기를 따르는 신도의 머릿수나 지지하는 사람의 투표 수

에 따라 일희일비(一喜一悲)하면서 오로지 자기나 자기 집단의 종교
적, 정치적 세(勢) 확장에만 혈안이 된 요즘 세태와 얼마나 대조적인
가?

신도가(申徒嘉)와 정자산(鄭子産)

6. 신도가(申徒嘉)는 형벌로 발이 하나 잘린 사람입니다. 정(鄭)나라 재상 자산(子産)과 함께 백혼무인(伯昏無人)을 스승으로 모셨습니다. 자산이 신도가에게 말했습니다. "내가 먼저 나가면 자네가 남아 있고, 자네가 먼저 나가면 내가 남아 있기로 하세."

그 다음날 둘이 또 한 방에 들어가 같은 자리에 앉게 되자, 자산이 신도가에게 다시 말했습니다. "내가 먼저 나가면 자네가 남아 있고, 자네가 먼저 나가면 내가 남아 있기로 하세. 이제 내가 먼저 나갈 터이니 자네가 남아 주겠는가. 또 자네는 나 같은 재상을 보고도 자리를 비키지 않으니 자네가 재상과 맞먹겠다는 것인가?"

7. 신도가가 대답했습니다. "선생님의 문하에 정말로 이처럼 재상이라는 것이 있었던가? 자네는 재상이라고 우쭐해서 남을 뒤로 밀어내려 하는군. 듣건대 '거울이 맑으면 먼지가 끼지 않고, 먼지가 끼면 정말로 맑은 거울이 아니다. 현인과 오래 지내면 잘

---

6. 申徒嘉兀者也 而與鄭子産同師於伯昏無人 子産謂申徒嘉曰 我先出則子止 子先出則我止 其明日 又與合堂同席而坐 子産謂申徒嘉曰 我先出則子止 子先出則我止 今我將出 子可以止乎 其未邪 且子見執政而不違 子齊執政乎

못이 없어진다'고 하더군. 지금 자네가 우리 선생님을 크게 받들며 살고 있는데, 아직도 그런 소리를 하니, 그것이야말로 뭔가 잘못된 것 아닌가?"

8. 자산이 대답했습니다. "자네는 그 꼴에 요 임금과 훌륭함을 겨누려 하는군. 자네의 덕을 헤아려 보게. 그것도 모자라 스스로 반성할 줄 모른단 말인가?"

신도가가 대답했습니다. "자기 잘못을 변명하면서, 벌받은 것이 억울하다 생각하는 사람은 많지만, 자기 잘못을 변명하지도 않고, 온전한 몸으로 살아남음을 오히려 황공하다 생각하는 사람은 드무네. 어쩔 수 없음을 깨닫고, 편안하게 운명(運命)으로 받아들이는 것. 이것은 덕이 있는 사람만 할 수 있는 일이지.

9. 활 잘 쏘는 예(羿)의 활 사정 거리 안에서 놀 때, 그 안은 모두 화살에 맞을 수 있는 땅. 그런데도 맞지 않았다면 그것은 명(命)일 따름이지. 그런데도 자신이 온전하다 하여 내 발 하나 없음을 비웃는 사람이 많았네. 나는 그 때마다 불끈 화를 내다가도, 선생님 계신 곳에 가면 그런 마음을 말끔히 씻고 평소 상태로 되

7. 申徒嘉曰 先生之門 固有執政焉如此哉 子而說子之執政 而後人者也 聞之 曰 鑑明則塵垢不止 止則不明也 久與賢人處 則無過 今子之所取大者 先生也 而猶出言若是 不亦過乎
☞ 後人子(후인자) - 남을 뒤로 밀치다, 무시하다 / 塵垢(진구) - 티끌과 때.

8. 子産曰 子旣若是矣 猶與堯爭善 計子之德 不足以自反邪 申徒嘉曰 自狀其過 以不當亡者衆 不狀其過 以不當存者寡 知不可奈何 而安之若命 惟有德者能之

돌아왔네. 선생님께서 훌륭하신 덕으로 나를 씻어 주셨나 보이. 내가 선생님을 19년 동안이나 따르며 배웠지만 선생님께서는 아직도 내가 '외발'임을 아신다고 내비치신 적이 없으시다네. 이제 자네와 나는 몸 안의 세계를 배우는데 자네는 아직 몸 밖의 것에만 눈을 돌리고 있으니 이것 역시 뭔가 잘못된 것 아닌가?"

자산은 부끄러워 풀이 죽은 채, 낯빛을 바꾸고 용모를 고쳐 말했습니다. "이보게, 이 이야기는 없던 것으로 하세."

자산(子産)은 이름이 공손(公孫). 정(鄭)나라 재상으로 『논어』에 보면 공자가 매우 존경한 인물이다(5 : 16, 14 : 8-9). 신도가와 백혼무인은 정자산과 같은 유가적 사고 방식의 한계를 드러내기 위하여 설정한 가상 인물이다.

정자산은 재상으로, 형벌로 발이 잘린 전과자(前科者) 신도가와 함께 공부하는 것을 창피스럽게 여겼고, 이런 전과자가 자기같이 지체 높은 이를 제대로 알아모시지도 않고 그저 동창생이라는 사실 하나 때문에 자기와 맞먹겠다고 나오는 것을 몹시 불쾌하게 생각하였다. 그래서 신도가와 거리를 두어 상종하지 않기를 바랐고, 둘이 함께 있

---

9. 遊於羿之彀中 中央者中地也. 然而不中者命也. 人以其全足笑吾不全足者衆矣. 我怫然而怒. 而適先生之所 則廢然而反. 不知先生之洗我以善邪. 吾與夫子遊十九年矣. 而未嘗知吾兀者也. 今子與我遊於形骸之內. 而子索我於形骸之外. 不亦過乎. 子産蹵然改容更貌曰 子無乃稱

☞ 羿(예) - 옛날 하(夏)나라의 활 잘 쏘기로 유명한 사람 / 彀(구) - 활줄을 당기다 / 怫(불) - 불끈 성을 내다 / 十九年 - 이 숫자에 대해서는 3 : 5 참조 / 蹵然(축연) - 삼가는 모양.

는 것이 다른 사람들의 눈에 띄지 않도록 하자고 제안했다.

이런 정자산의 태도에 신도가는 같이 도를 닦는 마당에 그런 사회적 위치가 뭐 그리 중요한가, 거울이 맑으면 먼지가 끼지 않는 것처럼 마음이 거울같이 맑으면 '나'라는 의식이 끼어 있을 곳이 없는 법인데 지금껏 선생님과 그렇게 오랜 시간을 보냈으면서도 아직도 '나'라는 의식이 그렇게 시퍼렇게 살아 있으니 어찌 된 셈이냐는 반응을 보였다.

그랬더니 정자산은 벌컥 화를 내면서, 요즘 말로 하면 다리도 잘린 병신 주제에 일국의 재상을 보고 유식한 척 문자나 쓰고 있으니 정말 '꼴값하고 있다'고 나무란다.

신도가는 계속해서 병신이 되고 안 되는 문제에 대해 차분히 말했다. 이런 난세를 살아가고 있는 우리는 활 잘 쏘는 예(羿)가 쏘는 화살에 맞을 수 있는 사정거리에서 놀고 있는 사람들이라고. 그 활에 맞고 안 맞고 하는 것은 전적으로 우리의 개인적 잘잘못과 상관이 없는 것, 그러니 어쩌다 나처럼 그 활에 맞아서 발이 잘렸다고 부끄러워할 일도 아니고, 어쩌다 자네처럼 그 활에 맞지 않아서 몸이 온전하다고 해서 잘난 체 할 수도 없는 것. 더구나 몸이 성하다고 남을 깔보거나 짓누르려는 것은 그야말로 어리석기 짝이 없는 일이 아니냐는 것이다.

얼마 전에 본 「쉰들러 리스트(Schindler's List)」라는 영화가 생각난다. 나치 장교 하나가 발코니에서, 저 아래 작업장에서 일하는 유대인들을 향하여 심심풀이로 총을 쏘는 장면이 나온다. 그 총에 맞아 병신이 되거나 죽는다면 억울한 일일 수는 있어도 그것으로 죽은 사람의 잘잘못을 논할 수는 없다는 이야기이다.

사리가 이런데도 신도가 자신도 남이 자신을 업신여기면 화가 나는 것을 보면 자신도 아직 '나'라고 하는 의식이 완전히 가시지 않은 모양이라며 그럴 때마다 백혼무인 선생님에게 가서 그런 마음을 씻어 평정을 되찾고 자의식(自意識)을 줄여 가고 있다는 것이다. 선생님은 사람을 외모로 평가하지 않으시기 때문에 오랫동안 선생님과 함께 지내 왔지만 한 번도 몸에 대해 이렇다저렇다 하신 적이 없으신데, 정자산, 자네는 왜 그러는가? 우리는 지금 외모 같은 것을 문제 삼는 공부가 아니라 내면적인 정진을 하고 있는 처지인데 자네는 아직도 외모에만 신경을 쓰고 있단 말인가 한 것이다.

지체 높은 재상 정자산이 외발이 전과자 신도가 앞에서 부끄러움을 당하고 지금까지의 일은 없었던 것으로 해 달라고 비는 처지가 되었다. 정자산뿐 아니라 일상 생활에서 사람을 오로지 외모로만 판단하는 우리 모두를 부끄럽게 한다.

무지(無趾)와 공자와 노자

10. 노나라에 형벌을 받아 발이 하나 잘린 숙산무지(叔山無趾)라는 사람이 있었는데, 어느 날 발을 절면서 공자를 만나러 갔습니다.

공자가 말했습니다. "자네는 일찍이 근신하지 못해서 죄를 짓고 이 꼴이 되었거늘, 지금 이렇게 나를 찾아온들 무슨 수가 있겠는가?"

무지가 말했습니다. "저는 제 할 바를 모르고 제 몸을 함부로 굴리다가 이처럼 발을 잃었습니다. 이렇게 찾아온 것은 발보다 더 귀중한 것이 있기 때문에 그것을 온전히 지키려 온 것입니다. 무릇 하늘은 모든 것을 덮어 주고 땅은 모든 것을 실어 줍니다. 저는 선생님께서 저 하늘이나 땅과 같으리라 생각했습니다. 어찌 선생님께서 이러실 줄 알았겠습니까?"

공자가 말했습니다. "내가 생각이 좁았네. 안으로 들어오지 않겠는가? 내가 듣고 배운 바를 말해 드리리다."

그러나 무지는 그냥 가 버리고 말았습니다. 공자는 제자들에게 말했습니다. "너희는 힘써 배워라. 무지는 발을 잘리고도 힘써 배워 전에 저지른 잘못을 갚으려 하거늘, 하물며 온전한 덕을 가진 너희들이랴."

11. 무지가 이 이야기를 노자에게 했습니다. "공구(孔丘)는 지인(至人)의 경지에 이르려면 아직 까마득하더군요. 그런데 그가 어찌하여 자꾸 선생님께 와서 배우려 하는 것입니까? 그는 괴상하고 허황한 이름을 원하고 있지만, 지인은 이런 것들을 질곡(桎梏)으로 여긴다는 것도 모르고 있는 것 아닙니까?"

노자가 대답했습니다. "왜 그에게 직접 죽음과 삶도 한가지요, 됨과 안 됨도 한 줄에 꿰어 있다는 것을 깨닫게 해서 그 질곡에서 풀려 나게 하지 못했는가? 그러면 되는 것 아니겠나?"

무지가 대답했습니다. "그것은 하늘이 내리는 벌인데 제가 어찌 풀어 줄 수 있겠습니까?"

이것도 무지, 공자, 노자를 가상 인물로 내세워 만들어 낸 이야기이다. 형벌로 발이 잘려 나간 '무지'가 절름거리면서 공자를 찾아갔다.

---

10. 魯有兀者叔山無趾 踵見仲尼 仲尼曰 子不謹 前旣犯患若是矣 雖今來何及矣 無趾曰 吾唯不知務而輕用吾身 吾是以亡足 今吾來也 猶有尊足者存 吾是以務全之也 夫天無不覆 地無不載 吾以夫子爲天地 安知夫子之猶若是也 孔子曰 丘則陋矣 夫子胡不入乎 請講以所聞 無趾出 孔子曰 弟子勉之 夫無趾兀者也 猶粉學以復補前行之惡 而況全德之人乎

☞ 無趾(무지) - '발이 없다'는 뜻. '趾'는 복사뼈 이하의 부분 / 踵(종) - 발뒤꿈치 / 犯患(범환) - 죄를 지음 / 陋(루) - 좁다 / 胡 - '何'와 같음.

11. 無趾語老聃曰 孔丘之於至人 其未邪 彼何賓賓以學子爲 彼且蘄以諔詭幻怪之名聞 不知至人之以是爲己桎梏邪 老聃曰 胡不直使彼以死生爲一條 以可不可爲一貫者 解其桎梏 其可乎 無趾曰 天刑之 安可解

☞ 賓賓(빈빈) - 여기서는 '頻頻(빈빈)'과 같이 '자꾸'의 뜻 / 諔詭(숙궤) - 속임수와 괴이함 / 條(조) - 노끈.

공자는 발이 잘린 사람의 사정을 알아보거나 동정하는 대신 우선 그런 형벌을 받은 것은 인의예지(仁義禮智) 등 유교가 가르치는 윤리적 덕목 같은 것에 따라 '근신하지 못한 탓'으로 당연히 받을 벌을 받았는데 지금 와서 뭘 어떻게 하자는 것인가 하고 무지를 나무란다. 지극히 형식적이고 율법주의적 태도이다.

무지는 '발보다 더 귀중한 것'을 의논하려 왔다고 했다. '발보다 더 귀중한 것'은 '죽음과 삶도 한가지요, 됨과 안 됨도 한 줄에 꿰어 있음'을 뜻하는 것으로 이를 공자와 이야기해 보려고 왔는데, 공자의 태도에 실망했다는 것이다. 도인(道)은 하늘과 땅과 같아 모든 것을 감싸 주고 모든 것을 받들어 준다는데, 당신은 어찌 아직 이렇게 남의 허물이나 찾고 인과응보 같은 형식 논리에 급급하냐는 것이다. 그러자 공자는 자기의 실수를 인정하고 무지에게 들어가자고 하지만, 무지는 이런 사람에게서 무엇을 배울 것인가 하고 그냥 나와 버렸다.

무지가 나가 버린 다음 공자는 제자들에게 무지를 칭찬했다. 한편 무지는 그 길로 노자에게 가서 공자가 지인(至人)의 경지에 이르려면 아직 멀었다고 말했다. 특히 '괴상하고 허망된 이름'에만 연연하고 있는데, 그것이 바로 '차꼬와 수갑(桎梏)'인 줄도 모르는 모양이라고 한다.

노자는 무지에게 왜 공자한테 '죽음과 삶이 하나요, 됨과 안 됨이 결국 둘이 아니라'는 도가(道家)의 진리를 일깨워 주지 못했느냐고 물었다. 무지는 공자가 하늘의 벌을 받고 있는데, 누가 감히 그 벌에서 풀어 줄 수가 있겠느냐고 반문했다. '풀어 준다(解)'고 하는 것은 앞 「양생주(養生主)」(3 : 9)에서 나온 '현해(縣解)'를 연상시킨다.

무지는 왜 공자가 하늘이 내리는 형벌을 받고 있고, 왜 그를 그 형벌에서 풀어 줄 수 없다고 했을까? 『도덕경』 제18장을 보면, "대도(大道)가 폐하면 인(仁)이니 의(義)니 하는 것이 나서고, 지략과 지모가 설치면 엄청난 위선이 만연합니다. 가족이 화목하지 못하면 효(孝)니 자(慈)니 하는 것이 나서고, 나라가 어지러우면 충신이 생깁니다." 했다. 인의예지충효 따위가 이렇게 판을 치는 것은 큰 도가 땅에 떨어져 버렸기 때문이라는 것이다. 따라서 공자가 이런 것을 마치 지상(至上)의 윤리적 덕목처럼 떠받들고, 모든 것을 여기에 비추어 따지고 살아가는 한, 도(道)에 이를 수 없고 지인(至人)의 길에서 한참 멀었다는 것이다. 이렇게 율법주의의 껍데기에 갇히면 어느 누구도 설득할 수가 없다고 했다. '자기 스스로 의롭다는 의식(self-righteousness)'에 도취해서 남의 말에 귀를 기울이지 못한다. 기독교적으로 말하면 '성령'을 거스르는 한 용서받을 길이 없다는 것이다. 이런 사람에게 무슨 할말이 더 있을 수 있겠는가 하는 것이다. 인생 길에서 윤리적 단계 이상을 보지 못하는 사람에게서 느끼는 답답함을 이야기하고 있다.

여기서 무지가 공자를 '공구(孔丘)'라고 한 것은 공자를 경멸한 것이다. 그러나 글 전체를 놓고 보면, 공자가 무지의 말을 듣고 "내가 생각이 좁았소." 하면서 자기의 실수를 겸허히 인정하고, 그를 안으로 들어오라고 청했고 무지가 무례하게 청을 거절하고 나가 버렸는데도 칭찬한 것을 보면, 공자의 대인다운 면을 묘사한 셈이다.

『사기(史記)』의 기록을 보면 공자가 37세 되던 때, 20년쯤 연상인 노자를 찾아가 만났다고 한다. 노자는 공자를 보고 그 위선적이고 인위적인 태도, 감각적인 취미 등을 나무라면서 그런 것들을 당장 걷어치우라고 야단했다. 공자는 노자와 작별하고 나와서 제자들에게 노자와 만난 사실을 이야기하고, "새는 날다가 활에 맞기 쉽고, 고기는 헤엄치다 그물에 걸리기 쉽고, 짐승은 뛰다가 덫에 걸리기 쉽지만, 용은 바람을 타고 하늘 높이 오른다. 나는 오늘 노자를 만났다. 얼마나 위대한 용인가!" 하면서 극찬했다고 한다. 역사적 신빙성이 얼마나 있는 이야기인지는 모를 일이다. 그러나 이 이야기만 놓고 본다면, 여기서 물론 노자가 공자보다 나이도 많고 더욱 훌륭한 모습으로 공자를 꾸짖고 가르친 것으로 되어 있지만, 공자야말로 노자의 위대성을 알아보았을 뿐만 아니라 노자에게 그런 수모를 당하고도 노자를 훌륭한 사람이라 칭찬한 점에서 정말 대범하고 대인다운 사람이 아니었던가 하는 생각을 하게 된다.

사실 역사적으로 기원후 3세기경에 나타난 현학파(玄學派, Neo-Taoism) 사람들은 노자와 장자를 좋아하여 노장(老莊) 철학으로 유가(儒家) 사상을 철저히 재해석하면서도 결국 공자를 노장보다 더욱 위대한 사람으로 모셨다. 그 주된 이유를, 왕필(王弼, 226~249)은 "공자는 무(無)와 하나가 되었기에 그것이 가르침의 대상이 될 수 없음을 깨달아 어쩔 수 없이 유(有)만을 말했지만, 노자나 장자는 유(有)의 경지를 완전히 벗어나지 못했기 때문에 자기들 스스로에게 모자라는 바를 계속 이야기했기" 때문이라는 것이다(Fung, II, 170). 사실(史實)과 관계없이 재미있는 관찰이다. 이 다음에 나오는 이야기에서는 공자가 정말 훌륭한 스승으로 등장한다.

추남 애태타(哀駘它)

12. 노나라 애공(哀公)이 공자에게 물었습니다. "위(衛)나라에 못생긴 사람이 있었는데, 이름은 애태타라 합니다. 그 사람과 함께 시간을 보낸 남자들은 그 사람 생각에 곁을 떠나지 못하고, 그 사람을 본 여자들은 부모에게, 딴 사람의 아내가 되느니 오히려 그 사람의 첩이 되게 해달라고 조르는데, 그 수가 열 몇 명으로 아직도 계속 늘어간다고 합니다. 그 사람은 나서서 주창(主唱)하는 일이 없고, 언제나 사람들에게 동조할 뿐입니다. 임금의 자리에 앉아 사람들을 죽음에서 구해 준 일도 없고, 곡식을 쌓아 두고 사람들의 배를 채워 준 일도 없습니다. 거기다가 몹시 추하게 생겨서 세상을 놀라게 할 정도입니다. 동조할 뿐, 주창하는 일도 없고, 아는 것이라고는 자기 주변의 일상사를 넘지 못합니다. 그런데도 남자 여자가 그 앞에 몰려드는 것은 그에게 반드시 보통 사람들과 다른 무엇이 있기 때문일 것입니다.

---

12. 魯哀公問於仲尼曰 衛有惡人焉 曰哀駘它 丈夫與之處者 思而不能去也 婦人見之 請於父母曰 與人爲妻 寧爲夫子妾者 十數而未止也 未嘗有聞其唱者也 常和人而已矣 無君人之位以濟乎人之死 無聚祿以望人之腹 又以惡駭天下 和而不唱 知不出乎四域 且而雌雄合乎前 是必有異乎人者也

☞ 惡人 ─ 여기서는 '못생긴 사람', '추남(醜男)'이란 뜻 / 望 ─ 보름달이라는 뜻에서 바뀌어 '채운다'는 동사로 쓰임 / 駭(해) ─ 놀라다.

13. 그래서 저도 그 사람을 불러 살펴보았습니다. 과연 추하기가 세상을 놀라게 할 만했습니다. 그러나 저는 한 달이 채 못 되어 그 사람됨에 반했고, 한 돌이 채 못 되어 그 사람을 믿게 되었습니다. 마침 나라에 재상이 없어서 제가 나라 살림을 맡기려 했더니, 모호한 응답을 하는데, 분명하지는 않지만 사양하는 듯했습니다. 저는 민망한 생각이 들었지만 나라 살림을 떠맡겼습니다. 그랬더니 금방 저를 떠나가 버렸습니다. 저는 뭔가 잃어버린 듯 마음이 아팠습니다. 이제 아무와도 이 나라를 다스리는 기쁨을 함께할 수 없을 것 같습니다. 이 사람이 도대체 어떤 사람입니까?"

애공(哀公)은 기원전 494년에서 468년까지 노나라를 다스린 군주이다. 공자와 대담한 내용이 『논어』에 여러 번 나온다. 예를 들면, 애공이 "어떻게 하면 백성들이 순복(順服)하게 됩니까?" 하고 물었을 때, 공자가 "곧은 사람을 쓰고 굽은 사람을 버리면 백성들이 순복하고, 굽은 사람을 쓰고 곧은 사람을 버리면 백성들이 불복합니다."(2 : 19) 하고 대답했다. 한 번은 공자에게 제자들 중에서 누가 배움을 가장 좋아

13. 寡人召而觀之 果以惡駭天下 與寡人處 不至以月數 而寡人有意乎其爲人也 不至乎期年 而寡人信之 國無宰 而寡人傳國焉 悶然而後應 氾而若辭 寡人醜乎 卒授之國 無幾何也 去寡人而行 寡人卹焉若有亡也 若無與樂是國也 是何人者也

☞ 寡人(과인) - '모자라는 사람'이라는 뜻이지만 왕이나 제후가 자기를 가리키는 말로 씀 / 悶(민) - 모호, 아리송함 / 氾(범) - 여기서는 둥둥 뜨듯 확실하지 않다는 뜻으로 푼다 / 卹(술) - 걱정하다. '恤(휼)'과 같음.

하느냐고 물었더니 "안회라는 제자가 배움을 가장 좋아했습니다. 화를 옮기는 일이 없고, 같은 실수를 두 번 하는 일도 없는데 불행히 단명해서 일찍 죽었습니다."(6 : 3) 하고 대답했다. 기타 문헌에도 애공에 대한 이야기가 자주 나온다.

여기서는 공자에게 좀 이상한 질문을 했다. 말하자면, '절세추남'(?) 애태타에 관한 질문이다. 애태타라는 이름부터 '슬플 정도로 등이 낙타처럼 구부러진 어리석은 사나이'라는 뜻이다. 이렇게 세상이 놀랄 정도로 못생긴 사나이이지만 그를 만난 남자들은 헤어지기 싫어하고 여자들은 딴 사람에게 시집가느니 차라리 그 남자의 첩이 되고 싶어 한다는 것이다. 애공은 도저히 이해할 수가 없었다. 요즘 말로 하면, 잘나기를 했나, 독창적인 자기 주장이 있어 박력 있게 밀고 나가기를 하나, 권세를 가지고 인기 전술을 펴기를 하나, 돈이 많아 인심을 쓰기를 하나, 아는 것이 많기를 하나 도대체 인기 있을 만한 조건이란 한 구석도 없는데 이렇게 사람들이 모여드니 도대체 어찌된 일이냐는 것이다.

더구나 하도 이상스러워 애공 자신이 애태타를 불러 살펴보았더니 정말 소문대로 추하기가 이를 데 없지만 그도 곧 그 사람됨에 반해 일 년이 채 못 되어 완전히 신뢰하게 되었다는 것이다. 그래서 그에게 재상 자리를 권했는데 사양하는 듯했으나 분명히 거절하는 것이 아닌 것 같아 나라를 떠맡겼더니 온다 간다는 말도 없이 떠나 버렸다. 그 사람을 잃고 나니 가슴이 아프고 나라를 다스릴 맛이 안 나니 이 사람이 도대체 어떤 사람이냐는 것이다.

여기서 주목할 것은 애공의 질문에 애태타의 특성이 잘 나타나 있는 점이다. 첫째, 애태타는 '나서서 주장하는 일이 없고,' '언제나 사람들에게 동조할 뿐'이라는 것이다. 한마디로 '화이불창(和而不唱)'이다. 이것은 '나'라는 자의식(自意識)에서 완전히 풀려난 상태를 의미한다. 물 같은 상태라는 뜻이기도 하다. 둥근 그릇에 들어가면 둥글어지고 길쭉한 그릇에 들어가면 길쭉해지고, 추우면 얼고, 더우면 증발하고……. 이것은 완전히 '빈 배'가 된 상태(20 : 3), "자기를 비우고 인생의 강을 흘러가는" 사람이 되었다는 것이다.

둘째, 애태타의 태도가 '모호'하고 '분명하지 않다'는 것이다. 박력도 결단성도 없어 사나이답지 않음이 분명하다. 그러나 도(道)의 사람은 제2편 「제물론(齊物論)」에서 그렇게 길게 논의하고 강조한 것처럼 '양행(兩行)'하는 사람, 양쪽을 한꺼번에 보는 사람이다. '이것이냐 저것이냐'로 가르는 사람이 아니라 '이것도 저것도' 감싸 안는 사람. 따라서 어느 한쪽으로 딱부러지는 해답을 제시할 수가 없어 자연히 우물쭈물, "글쎄요"를 되풀이하는 모호한 태도를 보일 수밖에 없다.

『도덕경』 제15장에서도 도(道)의 사람은 "겨울에 강을 건너듯 머뭇거리고, 사방의 이웃 대하듯 주춤거리고, 손님처럼 어려워하고, 녹는 얼음처럼 맺힘이 없고, 다듬지 않은 통나무처럼 소박하고, 계곡처럼 트이고, 흙탕물처럼 탁합니다." 했다. 대를 쪼개듯 명쾌하고, 설득력 있게 자기 주장을 내세우고, 저돌적이고, 공격적이고, 무슨 일에나 능수 능란하고, 확신에 찬 것처럼 행동하고, 매끈하게 다듬어 닳아빠진 행동거지를 보이고, 틀에 박힌 듯 빈틈없이 움직이는 사람이 결코 아니라는 것이다. 이런 도(道)의 사람은 사실 요즘 많이 논의하는 '퍼지(Fuzzy) 이론'에서처럼, 아무것이나 함부로 분명하게 맺고 끊는 일이 없는 사람, 그러기에 정말로 여유 있고 융통성 있는 행동을 하는 사람이다. 애태타는 이런 사람이라는 것이다. 애공의 질문에 애태타의 이런 특성이 나타났지만 여기에 대해 공자는 자기대로 해답을 몇 가지 덧붙였다.

14. 공자가 대답했습니다. "제가 초(楚) 나라에 사신으로 갔을 때 마침 새끼 돼지들이 죽은 어미의 젖을 빠는 것을 보았습니다. 그 새끼 돼지들은 조금 있다가 순식간에 죽은 어미를 버리고 달아나 버렸습니다. 그 어미 돼지에게서 저희의 모습을 볼 수 없었을 뿐 아니라, 이제 저희와 전혀 다른 종류라는 것을 알았기 때문입니다. 그 어미를 사랑한 것은 그 몸을 사랑했기 때문이 아니라, 그 몸을 움직이는 무엇을 사랑했기 때문입니다.

전쟁에서 죽은 사람의 장례식에는 무공을 세운 사람에게 주는 장식이 필요 없고, 발이 잘린 사람은 신 같은 것에 상관하지 않습니다. 그 사람들에게는 그런 것이 소용없기 때문입니다.

왕의 후궁들은 손톱을 깎지 않고, 귀에 귀고리 구멍을 내지 않습니다. 새로 장가든 사람은 제 집에 자고, 숙직을 하지 않습니

---

14. 仲尼曰 丘也嘗使於楚矣 適見狍子食於其死母者 少焉眴若 皆棄之而走 不見己焉爾 不得類焉爾 所愛其母者 非愛其形也 愛使其形者也 戰而死者 其人之葬也 不以翣資 刖者之屨 無爲愛之 皆無其本矣 爲天子之諸御 不爪翦 不穿耳 娶妻者止於外 不得復使 形全猶足以爲爾 而況全德之人乎 今哀駘它未 言而信 無功而親 使人授己國 唯恐其不受也 是必才全而德不形者也

☞ 狍(돈) - 돼지 / 眴(순) - '눈 깜짝할 사이', '瞬'과 같음 / 爾(이) - '뿐'이라는 뜻 / 翣(삽) - 무공을 세운 사람의 관(棺)에 쓰는 부채 모양의 장식 / 刖(월) - 발꿈치를 자르다 / 御(어) - 시비(侍妃) / 翦(전) - 자르다 / 穿(천) - 뚫다.

다. 몸을 온전히 하는 일도 이렇게 하는데, 덕을 온전케 하는 일이야 오죽하겠습니까?

지금 애태타는 말을 안 하고도 사람들의 신임을 얻고, 아무런 공적 없이도 사람들의 사랑을 받습니다. 나라 살림을 맡아 달라고 하면서 맡아 주지 않을까봐 염려마저 하게 합니다. 이 사람은 반드시 자신의 재질을 온전히 하면서도 그 덕을 밖으로 드러내지 않는 사람일 것입니다."

공자는 자신이 직접 체험한 일을 들어 애태타의 덕을 설명했다. 새끼 돼지들이 어미가 죽은 줄 모르고 젖을 빨다가 뭔가 이상함을 느끼고 모두 달아나는 것을 보면, 그 어미의 몸을 사랑한 것이 아니라 '그 몸을 움직이는 무엇'을 사랑했다는 것이다. 진정한 사람됨은 몸이 아니라 '그 몸을 움직이는 무엇,' 때문지 않은 본연의 인간성이라는 것이다. 애태타는 비록 외모가 지극히 흉하지만 그 본바탕에 흠잡을 데 없는 아름다움을 간직하였기 때문에 사람들이 따른다는 것이다. 이렇게 하늘이 준 본래의 재질, 본래의 바탕을 일러 '재(才)'라고 하고 이를 온전히 지키는 것을 '재전(才全)'이라 하는데, 이것이야말로 우리를 진정으로 인간답게 하는 기본 요인이라는 것이다. 따라서 이것이 없는 삶은 삶이 아니고, 살아 있으나 죽은 삶과 같다는 것이다.

전쟁에 죽은 사람과 발이 잘린 사람에 대한 이야기는 해석이 구구하다. 장군은 용맹성이 본바탕인데 그것을 잃은 사람에게 무슨 군인장이 필요하겠는가? 발이 없는 사람에게 신이 무슨 소용 있겠는가? 이처럼 근본적인 것, 본래의 재질, 본바탕을 그대로 보존해야 함을 강조했다.

왕을 받드는 후궁에게 소중한 것은 온전한 몸이므로 귀고리 구멍을 뚫어 몸에 흠집을 내지 않는다. 새로 장가갈 사람은 몸을 잘 보존해야 하므로 밖에서 근무한다거나 위험한 일을 하지 않는다. 몸을 보전하는 것이 이처럼 중요하거늘 덕을 보전하는 것이야 오죽이나 중요하겠는가? 제4편 「인간세(人間世)」(4 : 35)에 몸이 곱추가 된 것은 좋은 일이고, '덕이 곱추됨'은 더욱 좋은 일이라고 한 것과 재미있는 대조를 이룬다. 아무튼 애태타는 덕을 완벽하게 보전해 낸 사람이기에 사람들이 모두 따른다는 뜻이다. 요약하면, 첫째, 애태타는 하늘이 준 본바탕을 보전했고, 둘째, 그것을 밖으로 과시하지 않았다는 것이다. 애공은 이것을 좀더 자세히 설명해 달라고 부탁한다.

15. 애공이 물었습니다. "'그의 재질을 온전히 한다'는 것이 무슨 뜻입니까?"

공자가 대답했습니다. "죽음과 삶, 생존과 파멸, 성공과 실패, 가난과 부유함, 현명함과 어리석음, 비방과 칭찬, 주림과 목마름, 추위와 더위, 이것이 모두 사물의 변화요 명(命)의 운행으로서,

---

15. 哀公曰 何謂才全 仲尼曰 死生存亡 窮達貧富 賢與不肖 毁譽饑渴寒署 是事之變 命之行也 日夜相代乎前 而知不能規乎其始者也 故不足以滑和 不可入於靈府 使之和豫 通而不失於兌 使日夜無郤 而與物爲春 是接而生時於心者也 是之謂才全

우리 앞에 밤낮으로 번갈아 나타나지만, 우리의 앎으로는 그 시원(始原)을 헤아릴 수 없습니다. 그러므로 이런 것들이 마음의 조화를 어지럽히거나 마음속 깊은 곳으로 들어오게 할 수 없습니다. 마음이 조화롭고 즐겁도록 하고, 시원히 트여 기쁨을 잃지 않도록 해야 합니다. 밤낮으로 틈이 없도록 하고, 만물과 더불어 [화기 어린] 봄을 맞습니다. 이것이 사물에 접해서 마음에 봄이 오게 하는 것입니다. 이를 일러 인간에게 주어진 재질을 온전하게 한다고 합니다."

16. "그러면 덕을 밖으로 드러내지 않는다는 것은 무슨 뜻입니까?"

"평평한 것은 물이 완전히 고요해진 상태입니다. 이것이 본보기가 될 수 있음은 안에 고요를 간직하고 밖으로는 출렁거리지 않기 때문입니다. 덕을 이룬 사람은 조화를 이룬 사람으로, 덕을 밖으로 드러내지 않기 때문에 사람들이 그에게서 떠나지 못합니다."

우리의 본바탕을 온전히 지킨다는 것은 한마디로 우리의 마음이 우리에게 주어진 여러 가지 인간의 조건에 흔들리지 않는 것, 그리하

---

16. 何謂德不形 曰 平者水停之盛也 其可以爲法也 內保之而外不蕩也 德者成和之修也 德不形者 物不能離也

여 본마음을 그대로 지킨다는 뜻이다. 우리의 외부 조건을, 사철이 바뀌듯이 사물의 변화나 운명으로 생각하고 의연히 받아들일 뿐, 안달하거나 초조해 하지 않는다는 것이다. 이렇게 상황 따라 일희일비(一喜一悲)하지 않는 마음, 거울 같은 마음으로 마음의 조화와 평정을 유지하여 트인 마음, 즐거운 마음, 봄날처럼 안온하고 느긋한 마음을 지키는 것, 이것이 바로 주어진 재질, 우리의 본바탕을 온전히 지키는 일, '재전(才全)'이라는 것이다. 이것은 이 편 끝에 나오는 '무정(無情)'이기도 하다.

이어서 '덕을 밖으로 드러내지 않음'에 대해 설명했다. 한마디로 말해서 명경지수(明鏡止水) 같은 마음을 유지하는 것이다. 덕을 많이 쌓았다고 하더라도 출랑거리거나 나불거리면서 자신의 덕을 선전하는 사람은 정말로 덕이 있는 사람이 아니다. 『도덕경』 제38장에 "훌륭한 덕의 사람은 자신의 덕을 의식하지 않습니다. 그러기에 정말로 덕이 있는 사람입니다. 훌륭하지 못한 덕의 사람은 자신의 덕을 의식합니다. 그러기에 정말로 덕이 없는 사람입니다. 훌륭한 덕의 사람은 일을 억지로 하지 않습니다." 했다. '훌륭한 덕(上德)'의 사람은 이처럼 자기 덕을 의식하지 않기 때문에 밖으로 드러낼 것이 있는지도 모르면서 그저 묵묵히 살아갈 뿐인데 사람들이 모여든다. 캐나다 록키 산에 있는 루이스 호수(Lake Louise)가 제 아름다움을 선전하고 내세우지 않아도 사람들이 스스로 찾아오듯이.

여기서 공자는 구구절절 옳은 말만 하는 스승으로 등장했다. 공자의 말을 들은 애공은 그 말에 자신을 비추어 보고 임금으로서 자기가 모자라다는 것을 스스로 발견하게 된다. 재미있는 것은 애공이 공자

의 말을 듣고 유가에서 가르치는 정치 철학의 한계를 넘어서게 된다
는 점이다.

17. 애공이 훗날 민자(閔子)에게 이 이야기를 했습니다. "내가
처음 임금이 되어 나라를 다스리면서 백성이 법을 지키게 하고
그들이 죽지 않도록 염려하는 것으로 나의 할 일을 다 했다고 생
각했소. 이제 지인(至人)의 말을 들으니 내겐 임금다운 바탕도 없
으면서 몸을 가볍게 놀려 나라를 망치는 것이 아닌가 두렵소. 나와
공자는 임금과 신하의 관계가 아니라 덕으로 맺어진 벗이오."

애공은 지금까지 임금이 할 일이란 그저 백성이 법을 지키게 하고
백성이 죽지 않게 하는 일이라 생각하고, 이렇게 하면 도를 따르는 것
이라 생각했는데 이제 공자의 말을 듣고 보니 자기의 왕 노릇이 자기
도 망치고 백성도 망치는 일이 아닌가 두려워졌다는 것이다. 이런 두
려움, 이런 자각을 갖게 되었다는 자체가 애공이 이미 도의 길에 들어
섰다는 뜻이다. 이렇게 서로 도의 길에 함께 동행하며 격려하고 돕는
관계는 임금과 신하의 관계라기보다는 도반(道伴), 도우(道友), '길벗'

---

17. 哀公異日以告閔子曰 始也 吾以南面而君天下 執民之紀而憂其死 吾自以爲至通矣 今吾聞至人之言
恐吾無其實 輕用吾身而亡吾國 吾與孔丘非君臣也 德友而已矣
☞ 紀(기) - 법 / 南面 - 임금은 남쪽을 향해 앉으므로 '임금이 되다'의 뜻.

의 관계라는 것이다. 이런 '길벗'을 가진 애공은 행복한 사람이다.

잊어야 할 것과 잊지 말아야 할 것

18. 인기지리무신(闉跂支離無脤 : 절름발이·꼽추·언청이)이라는 사람이 위(衛)나라 영공(靈公)에게 간언을 했더니, 영공이 그를 무척 좋아하게 되었습니다. 그 후로 영공이 온전한 사람을 보면 오히려 목이 야위고 가냘프게 보였습니다.

옹앙대영(甕㼄大癭 : 큰 혹부리)이라는 사람이 제(齊)나라 환공(桓公)에게 간언을 했더니, 환공이 그를 무척이나 좋아하게 되었습니다. 그 후로 환공이 온전한 사람을 보면 오히려 목이 야위고 가냘프게 보였습니다.

그러므로 덕이 뛰어나면 외형은 잊어버리게 됩니다. 그러나 사람들은 잊어야 할 것은 안 잊고, 잊지 말아야 할 것은 잊습니다. 이런 것을 '정말로 잊어버림(誠忘)'이라 합니다.

19. 그러므로 성인은 자유롭습니다. 성인에게는 앎이 화근으로, 규약도 아교풀로, 얻음도 사람 사귐으로, 솜씨 부림도 장사하

---

18. 闉跂支離無脤 說衛靈公 靈公說之 而視全人 其脰肩肩 甕㼄大癭說齊桓公 桓公說之 而視全人 其脰肩肩 故德有所長 而形有所忘 人不忘其所忘 而忘其所不忘 此謂誠忘
☞ 闉(인) - 굽다 / 跂(기) - 육발이 / 脤(신) - 입술 / 脰(두) - 목 / 肩肩(견견) - 여위고 작은 모양 / 㼄(앙) - 항아리 / 癭(영) - 혹.

는 것으로 여겨질 뿐입니다. 성인은 꾀하는 일이 없으니 앎이 무슨 소용이겠습니까? 쪼개지 않으니 아교풀이 무슨 소용이겠습니까? 잃음이 없으니 얻음이 무슨 소용이겠습니까? 물건을 돈 될 것으로 보지 않으니 장사가 무슨 소용이겠습니까? 이 네 가지 함이 없어도 하늘이 죽(粥)을 줍니다. 하늘이 주는 죽이란 하늘의 음식. 하늘에서 음식을 받으니 인위적인 것이 무슨 소용이겠습니까?

☙

이 편의 마지막 타자로 등장하는 두 사람. 하나는 '절름발이에 곱추인데다 입술이 없는 사람'라는 뜻이고, 다른 하나는 '큰 항아리 만한 혹이 붙어 있는 사람'이라는 뜻이다. 내면을 온전히 갖추면 겉모습은 눈에 들어오지도 않고 문제 될 것도 없다는 사실을 보여 주는 인물들이다. 그들은 자기 임금에게 훌륭한 의견을 제시한다. 도(道)에 따른 의견일까? 아무튼 이 때문에 임금들은 이 사람들을 무척 사랑하였다. 그렇게 되자 임금들에게는 그 사람들의 못난 외모가 대수롭지 않게 되고, 얼마 지나서는 그것이 당연한 것처럼, 심지어 자연스러운 것처럼 여겨졌다. 그래서 이제 소위 정상인이라는 사람을 보면 오히려 목이 가늘고 비리비리한 것처럼 보일 지경이 되었다는 것이다.

---

19. 故聖人有所遊 而知爲孼 約爲膠 德爲接 工爲商 聖人不謀 惡用知 不斲 惡用膠 無喪 惡用德 不貨 惡用商 四者天鬻也 天鬻也者 天食也 旣受食於天 又惡用人
☞ 孼(얼) - 곁가지, 화근 / 膠(교) - 아교풀 / 斲(착) - 깎다 / 鬻(륙) - '粥(죽)'과 같음.

외모에 마음 쓸 일이 아니라는 말이다. 그런데도 사람들은 신경 쓰지 않아도 될 외모 때문에 성형외과의 문전이 닳도록 드나들면서 마음을 쓰고, 신경을 써야 할 내면 세계에 대해서는 전혀 무관심이니 어찌 된 일이냐는 것이다. 이처럼 잊지 말아야 할 것을 잊으니 이것이야말로 정말 한심한 '진짜 잊어버림(誠忘)'이라는 이야기이다.

『맹자(孟子)』에도 비슷한 이야기가 있다. 사람들이 집에서 키우는 닭이나 개를 잃으면 그것을 찾아 사방을 헤매면서도, 마음은 잃어도 무관심이고, 또 꼬부라진 무명지(無名指)가 아프지 않을 뿐 아니라 살아가는 데 지장을 주는 것도 아니지만 그것을 펴 줄 의원이 있다는 소문만 들으면 진(秦)나라에서 초(楚)나라를 멀다 하지 않고 찾아가는데, 정작 마음이 꼬부라진 것처럼 중요한 일에는 관심이 없다는 것이다(Ⅵ, Ⅰ, 告子章句上 11-12). 맹자는 이것을 '부지류(不知類)', 곧 무엇이 중요하고 무엇이 덜 중요한 줄 모르는 무지라고 했지만, 장자식으로 말하면 이것도 '진짜 잊어버림'인 셈이다. 요즘 말로 하면 우선 순위의 뒤바꿈이라고 할까.

성인에게는 세상에서 중요시하는 지(知), 약(約), 덕(德), 공(工) 네 가지가 필요 없다고 한다. '지'는 지식, '약'은 예의 범절 등 사회적 규약, '덕'은 사람을 얻고 사귀는 일, '공'은 기술이다. 성인은 '지'를 화(禍)의 근원으로 생각하고, 사회 규범에 얽매이는 것을 아교풀에 달라붙어 꼼짝할 수 없는 것으로 생각하고, 도덕에 따라 사람을 사귀고 인심을 얻는 것은 교제 수단에 불과한 것으로 여기고, 솜씨를 부리는 일을 장삿속으로 치부하여 모두 쓸데없는 것으로 본다고 한다. 꾀하는 일도, 쪼개는 일도, 잃는 일도, 돈에 대한 관심도 없으니 이런 것들이 무슨 소용인가?

성인은 자신을 하늘에 맡기고 살아가는 사람. 하늘이 알아서 먹여 주고 길러 주는데, 일부러 설치면서 허우적거릴 일이 무엇이냐는 것이다. 예수는 공중의 새나 들의 백합화를 보라고 하면서 "무엇을 먹을까 무엇을 마실까 무엇을 입을까 하지 말라……. 너희는 먼저 그의 나라와 그의 의를 구하라. 그리하면 이 모든 것을 너희에게 더하시리라"(마태복음 6 : 26–33)고 했다. 장자는 하늘의 도, 하늘이 준 본래의 바탕, 이것이 성인을 위한 음식이니, 그야말로 '내게 부족함이 없으리로다'를 노래 부르기에 부족함이 없다는 것이다.

무정(無情)과 유정(有情)

20. 성인은 사람의 모양을 지녔지만 사람의 정(情)이 없습니다. 사람의 모양을 지녀서 사람들과 섞여 살지만, 사람의 정이 없으므로 옳고 그름은 그에게는 해당되지 않습니다. 사람들과 섞여, 실로 보잘것없고 작으나 홀로 하늘과 하나 되었으니 실로 크고 위대합니다.

21. 혜자가 장자에게 물었습니다. "사람에게 정이 없을 수 있는가?"

장자가 대답했습니다. "그러하네."

혜자가 물었습니다. "정이 없다면 어떻게 사람이라 할 수 있겠는가?"

장자가 대답했습니다. "도(道)가 얼굴 모양을 주고 하늘이 형체를 주었는데, 어찌 사람이 아니라고 할 수 있겠는가?"

---

20. 有人之形 無人之情 有人之形 故羣於人 無人之情 故是非不得於身 眇乎小哉 所以屬於人也 謷乎大哉 獨成其天

☞ 眇(묘) - 작다 / 謷(오) - 크다.

21. 惠子謂莊子曰 人故無情乎 莊子曰 然 惠子曰 人而無情 何以謂之人 莊子曰 道與之貌 天與之形 惡得不謂之人

22. 혜자가 물었습니다. "사람이라고 하면서 어찌 정이 없을 수 있는가?"

장자가 대답했습니다. "내가 말하는 정이란 그런 것이 아닐세. 내가 정이 없다고 하는 것은 좋아하고 싫어하는 것으로 속상하는 일이 없다는 것. 언제나 모든 것을 그대로 놓아두고, 삶에다 억지로 군더더기를 덧붙이려 하지 않는 것을 이름일세."

23. 혜자가 물었습니다. "덧붙이지 않으면 어떻게 그 몸을 유지할 수 있는가?"

장자가 대답했습니다. "도(道)가 얼굴 모양을 주고, 하늘이 형체를 주었으니, 좋아하고 싫어하는 것으로 속상하는 일이 없는데 지금 자네는 자네의 신(神)을 겉으로 드러내 놓고 정력을 쓸데없이 소모하면서, 나무에 기대어 신음하고, 책상에 기대어 졸고 있네. 하늘이 자네의 형체를 골라 주었는데 자네는 지금 견백론(堅白論) 같은 것으로 떠들고 있네 그려."

---

22. 惠子曰 旣謂之人 惡得無情 莊子曰 是非吾所謂情也 吾所謂無情者 言人之不以好惡內傷其身 常因自然而不益生也

23. 惠子曰 不益生 何以有其身 莊子曰 道與之貌 天與之形 無以好惡內傷其身 今子外乎子之神 勞乎子之精 倚樹而吟 據槁梧而瞑 天選子之形 子以堅白鳴
☞ 吟(음) - 읊다. 신음 소리를 내다. '노래하다'로 옮긴 주석가도 있다 / 槁梧(고오) - 마른 오동. 그것으로 만든 책상 / 瞑(명) - 자다.

하늘에만 의지해 사는 성인에게는 '정(情)'이 없다는 것이다. 성인도 사람인 이상 사람들과 섞여 살지만 정이 없으므로 옳고 그름에 걸림이 없이 자유자재로 산다는 것이다. 사람과 섞여 사니 내면의 위대함을 볼 줄 모르는 보통 사람들에게는 보잘것없는 존재일 뿐이지만 하늘과 하나 되었으니 실로 위대한 존재. 이런 존재야말로, 외모가 어떠하든 홀로 우뚝 선 위대한 인간 승리자가 아닌가!

그러나 혜자는 이의를 제기한다. 이어지는 대화에서는 '무정(無情)'에 대한 혜자와 장자의 생각이 다름을 보여 준다. 혜자는 '무정'을 감정이 없는 상태로 보아 사람에게 어찌 감정이 없을 수 있겠느냐는 주장을 하고, 장자는 그것을 감정을 넘어선 경지, 감정에 좌우되지 않는 경지로 보아 이런 경지에 도달해야 정말로 싱싱하고 자유로운 사람이 될 수 있다는 이야기를 하고 있다.

물론 성인이라고 해서 목석이 되어야 한다는 뜻은 아니다. 성인도 기쁠 때 기뻐하고 슬플 때 슬퍼하되 보통 사람의 기쁨이나 슬픔과 다르다. 첫째, 성인은 그런 기쁨과 슬픔에 압도되어 헤어날 수 없을 정도로 되지 않는다는 것이다. 공자의 말을 빌리면 "기뻐하되 거기에 빠지지 않고, 슬퍼하되 정신을 못 차릴 정도가 되지 않는다(樂而不淫 哀而不喪)"는 것이다. 둘째, 기뻐하고 슬퍼하되 그 기쁨과 슬픔이 나의 이해 관계에서 생기는 감정이 아니라는 것이다. 일체의 이기심이나 집착, 사감(私感) 없이 느끼는 순수한 감정이 무정(無情)이다. 따라서 '무정'이란 감정이 없다는 것이 아니라 '보통 감정을 넘어선 감정'이란 뜻이다. 그야말로 "정일랑 두지 말자. 미련일랑 두지 말자." 하듯이 애증(愛憎)과 집착(執着)에서 벗어나 자유롭고 활달하고 트인 마음, 빈 마음에서 작용하는 티 없는 감정의 흐름일 뿐이다.

이런 마음은 어떤 경우에도 끄떡하지 않고 의연히 대처하는 부동심(不動心)·평등심(平等心), 영어로 해서 'equanimity' 같은 것이다. 외부 상황에 속을 태우지 않고 언제나 차분한 마음으로 정신적 자유를 구가하는 상태이다. 어느 선사가 노래한 것처럼, 호수 위를 날아가는 기러기가 제 그림자를 호수 위에 드리우되 일부러 하지 않고, 호수도 기러기의 그림자를 비추되 일부러 하지 않는 것과 같다. 둘 다 '무심히' 드리우고 무심히 비출 뿐이다.

이런 경지가 있는 줄도 모르고 일상적인 분별심, 논리적이고 '분석적인 의식'에 매달려 안달복달, 시비곡직, 좋고 나쁨을 캐고 앉아 있으면 결국 혜자처럼 나무에 기대어 신음하고 책상에 엎드려 졸기나 하는 창백한 지성, 활기 잃은 상태에서 벗어날 수 없다는 것이다. 이것은 자기 속에 있는 신(神)을 밖으로 내쫓는 일이다. 베르그송이 말하는 알랑 비탈(élan vital), 우리 속에 잠재한 생명력, 그 활기를 잃어버린다는 뜻인가?

이 편(篇)은 어떤 육체적 조건이나 외부 환경에도 흔들리지 않는 무정(無情)의 경지, 어떤 고정 관념이나 집착에서 벗어나 의연하게 마음의 참자유를 누려야 한다는 말로 끝을 맺은 셈이다. '다정(多情)'도 병이런가.

제 6 편

큰 스승(大宗師)

이 편에서는 모든 사람의 귀감이 될 진정으로 '위대하고 으뜸 되는 스승'이 과연 어떤 사람인가 하는 문제를 다루었다. 앞에서 우리는 우리의 일상적인 '굳은 마음(成心)'을 스승으로 삼을 수 없기 때문에(2 : 8), 그런 마음을 말끔히 비우는 '마음 굶기기(心齋)'를 실천해야 한다는 (4 : 12) 이야기를 들었다.

그러면 진정한 앎을 얻기 위해 구체적으로 우리가 의지해야 할 스승은 누구이고, 우리가 따라야 할 기준은 무엇인가? 여기서는 진인(眞人)을 새롭게 등장시켜 이런 '참사람'이 우리가 본받아야 할 참된 스승이라 했다. 그러나 이런 진인도 결국 도(道)를 대표하는 사람이므로 궁극적으로 도(道)야 말로 우리가 따라야 할 가장 '위대하고 으뜸 되는 스승' 혹은 스승 중의 스승이라는 것이다(6 : 15, 37). 『도덕경』 제25장에 "사람은 땅을 본받고, 땅은 하늘을 본받고, 하늘은 도를 본받고, 도는 '스스로 그러함'을 본받습니다." 한 것과 궤를 같이 하는 생각이다.

진정한 앎

1. 하늘이 하는 일과 사람이 하는 일을 아는 사람은 지극한 경지에 도달한 사람입니다. 하늘이 하는 일을 아는 사람은 하늘과 함께 살아가고, 사람이 하는 일을 아는 사람은 그의 '앎이 아는 것'으로 그의 '앎이 알지 못하는 것'을 보완합니다. 이리하여 하늘이 내린 수명을 다하여 중도에서 죽는 일이 없는 것. 이것이 앎의 완성입니다.

2. 그러나 여기에 어려운 점이 하나 있습니다. 앎은 무엇에 근거해야만 비로소 올바른 앎이 됩니다. 그런데 그 근거가 아직 확정되지 않았다는 점입니다. 내가 자연이라고 하는 것이 사실은 인위적인 것이고, 내가 인위적이라고 하는 것이 사실은 자연이 아닌지 어떻게 알 수 있겠습니까?

---

1. 知天之所爲 知人之所爲者 至矣 知天之所爲者 天而生也 知人之所爲者 以其知之所知 以養其知之所不知 終其天年 而不中道夭者 是知之盛也

2. 雖然有患 夫知有所待而後當 其所待者 特未定也 庸詎知吾所謂天之非人乎 所謂人之非天乎

'앎이 아는 것'이란 우리의 지성으로 이해되는 것이고 '앎이 알지 못하는 것'이란 자연의 깊은 이치이다. 지성이 이런 깊고 신비스러운 이치를 꿰뚫어 볼 때 앎의 완성을 이룰 수 있다는 것일까?

아무튼 여기서 제기한 문제는 앎이 바른 앎이 되기 위해서는 그것을 입증해 줄 어떤 확실한 척도가 있어야 하는데, 아직 그것을 찾아내지 못했다는 것이다. 따라서 우리가 지금 자연스러운 것이라고 철석같이 믿고 있는 것이 사실은 인위적인 것이 아닌지, 혹은 인위적이라고 믿고 있는 것이 사실은 자연스러운 것이 아닌지, 이를 분명하게 해 줄 표준은 무엇이냐는 것이다.

우리 보통 인간은 '당연한 것으로 여겨진 견해'에 사로잡혀 있다. 역사적으로도 그랬고 우리 일생을 통해, 이런 저런 선입견에 한번 길들면 그것을 만고불변하는 진리처럼 떠받들고 산다. 말하자면 세뇌된 상태이면서도, 이런 상태를 의식하지도 못하면서 살아가는 셈이다. 이러한 우리의 무지와 착각과 오류를 지적해서 우리를 일깨워 줄 사람이 누구인가. 여기에 대한 대답으로 '진인(眞人)'이 등장한다.

진인(眞人)

3. 그러므로 진인(眞人, 참사람)이 있어야만 참된 앎이 있습니다. 진인이란 어떤 사람입니까? 옛날의 진인은 모자란다고 억지부리지 않고, 이루어도 우쭐거리지 않고, 무엇을 하려고 꾀하지 않았습니다. 이런 사람은 실수를 해도 후회하지 않고, 일이 잘되어도 자만하지 않았습니다. 이런 사람은 높은 곳에 올라도 무서워하지 않고, 물에 들어가도 젖지 않고, 불에 들어가도 뜨거워하지 않았습니다. 바로 그 사람의 앎이 높이 올라 도(道)에 이를 수 있었기 때문입니다.

4. 옛날의 진인(眞人)은 잠자도 꿈꾸지 않고, 깨어나도 걱정이 없었습니다. 음식을 먹어도 맛있는 것을 찾지 않았고, 숨을 쉬어도 아주 깊이 쉬었습니다. 보통 사람들은 목구멍으로 숨을 쉬지만, 진인은 발꿈치로 숨을 쉬었습니다. 외적 조건에 굴복한 사람은 그 목에서 나오는 말이 토하는 소리 같습니다. 여러 욕망에

---

3. 且有眞人而後有眞知 何謂眞人 古之眞人 不逆寡 不雄成 不謨士 若然者 過而弗悔 當而不自得也 若然者 登高不慄 入水不濡 入火不熱 是知之能登假於道者也若此

☞ 不逆寡 - '중과부적(衆寡不敵)' 할 때처럼 '寡'를 소수의 사람으로 보고 '소수의 사람이라고 거역하지 않는다'로 푸는 사람도 있다 / 謨士(모사) - 일을 꾀하다 / 濡(유) - 젖다 / 假(격, 하) - 여기서는 '이르다(격)', '멀다(하)'는 뜻.

깊이 탐닉한 사람은 하늘의 비밀을 헤아리지 못합니다.

5. 옛날의 진인(眞人)은 삶을 즐겁다 할 줄도 모르고 죽음을 싫다 할 줄도 몰랐습니다. 태어남을 기뻐하지도 않고 죽음을 거역하지도 않았습니다. 의연히 갔다가 의연히 돌아올 뿐입니다. 그 시원을 잊어버리지 않고, 그 끝을 알려고 하지 않았습니다. 삶을 그대로 받아들여 살다가, 잊어버린 채로 되돌아갔습니다. 이를 일러 마음으로 도를 해치는 일이 없고, 사람의 일로 하늘이 하는 일에 간섭하려 하지 않음이라 합니다. 이런 사람이 바로 진인(眞人)입니다.

6. 이런 사람은 마음이 비고, 모습이 잔잔하고, 이마가 넓었습니다. 그 시원하기가 가을 같고, 훈훈하기가 봄 같았습니다. 기쁨과 노여움이 계절의 흐름같이 자연스럽고, 모든 사물과 어울리므

---

4. 古之眞人 其寢不夢 其覺無憂 其食不甘 其息深深 眞人之息以踵 衆人之息以喉 屈服者 其嗌言若哇 其耆欲深者 其天機淺
☞ 踵(종) - 발꿈치 / 嗌(익) - 목구멍 / 哇(왜) - 토하다 / 耆(기) - 좋아하다 / 天機 - 여기서는 Wing-tsit Chan(陳榮捷)의 해석에 따라 '자연의 비밀', '천기(天機)'의 뜻으로 풀. 천기누설(天機漏泄)이라고 할 때의 '천기'.

5. 古之眞人 不知說生 不知惡死 其出不訴 其入不距 翛然而往 翛然而來而已矣 不忘其所始 不求其所終 受而喜之 忘而復之 是之謂不以心捐道 不以人助天 是之謂眞人
☞ 訴(혼) - 기뻐하다 / 距(거) - 거역하다 / 翛(유) - 빨리. '翛然(유연)'을 '의연하게'로 옮긴 사람도 있음.

6. 若然者 其心志 其容寂 其顙頯 淒然似秋 煖然似春 喜怒通四時 與物有宜 而莫知其極
☞ 其心志 - 대부분의 주석가는 '志'를 '忘'으로 읽어야 한다고 함. '마음에 생각이 없다', '마음이 비었다'고 할 수 있음 / 顙(규) - 쑥 나오다 / 宜(의) - 화목하다.

로 그 끝을 알 수 없었습니다.

✻

앎을 진정으로 바른 앎이라 할 수 있는 척도, 착각과 오류를 착각과 오류라 할 수 있는 척도가 바로 진인(眞人)이라며, 이런 진인이 도대체 어떤 사람인가 이야기한다. 여기 진인에 대한 여러 가지 묘사가 흥미롭다. 특히 진인은 '발꿈치로 숨을 쉰다'고 하는 것은 숨을 깊이 쉰다는 것을 표현하는 말이라 할 수도 있지만, 이것이 주로 인도의 요가 전통에서 하는 말이라는 것을 감안하여, 이 때 벌써 인도의 요가 수행이 중국에 알려졌으리라 보는 역사가도 있다.

진인은 "삶을 즐겁다 할 줄도 모르고 죽음을 싫다 할 줄도 몰랐다"고 했는데, 죽음과 삶 어느 쪽에도 집착하지 않고 의연하고 초연하게 받아들였다는 것이지 삶을 시무룩하게 보거나 죽음을 찬양했다는 뜻이 아니다. 『장자』에서는 계속 '생사(生死)'가 아니라 '사생(死生)'이라 하고, 여기서처럼 의연히 '갔다가' 의연히 '돌아온다'고 하는 것을 보면 '나서 죽는 일'보다는 '죽었다가 다시 나는 일'이 더 자연스런 표현이었던 모양이다.

성인은

7. 그러므로 성인은 군대를 움직여 적국을 망하게 하지만, 사람들의 마음을 잃는 일이 없었습니다. 이로움과 혜택을 만대에 두루 베풀지만, 사람을 특별히 편애하지 않았습니다. 그러므로 사물에 통달하려는 사람은 성인이 아닙니다. 편애하는 사람은 인자(仁者)가 아닙니다. 하늘을 시간으로 구분하는 사람은 현자(賢者)가 아닙니다. 이해(利害)에 걸림이 있는 사람은 군자(君子)가 아닙니다. 이름을 위해 참된 자기를 잃어버리는 사람은 선비(士)가 아닙니다. 참된 자기를 잃고 참됨이 없는 사람은 딴 사람을 부리지 못합니다. 이런 사람들은 마치 고불해(狐不偕), 무광(務光), 백이(伯夷), 숙제(叔齊), 기자(箕子), 서여(胥餘), 기타(紀他), 신도적(申徒狄)처럼 모두 다른 사람을 위해 일하고, 다른 사람을 즐겁게 하는 것을 즐거움으로 삼았을 뿐, 스스로 즐거움을 맛보지 못한 사람들입니다.

---

7. 故聖人之用兵也 亡國而不失人心 利澤施乎萬世 不爲愛人 故樂通物 非聖人也 有親 非仁也 天時 非賢也 利害不通 非君子也 行名失己 非士也 亡身不眞 非役人也 若狐不偕 務光 伯夷 叔齊 箕子 胥餘 紀他 申徒狄 是役人之役 適人之適 而不自適其適者也

여기 나온 사람들은 모두 왕위 계승을 거절하고 자살하거나 은둔 생활을 했다. 윤리적으로는 어느 경지에 도달했지만, 도가(道家)들이 보면 아직 모자라는 사람들이라는 것이다. 이 중에서 한 가지 예를 들면, 우리 귀에 익숙한 백이·숙제는 은(殷)의 고죽군(孤竹君)의 두 아들로 아버지가 물려주는 임금 자리를 서로 양보하다가 나라를 떠나 주(周)로 갔는데, 주(周)의 무왕(武王)이 은(殷)의 주왕(紂王)을 치자 주(周)의 양식을 먹을 수 없다고 수양산(首陽山)에 들어가 굶어 죽었다고 한다.

지금까지 진인(眞人)에 대한 이야기를 하다가 여기서 갑자기 성인(聖人)을 이야기했다. 그래서 이 문단은 후대에 삽입한 것으로 보는 주석가가 많다. 메이어(Victor H. Mair)나 그레엄(A. C. Graham) 같은 번역자는 아예 이 문단을 생략한다. 그러나 후대에 삽입한 것이든 아니든, 이 사람들을 들고 나온 것은 이런 사람들을 위대한 진인과 비교해서 진인을 더욱 돋보이게 한 것이라 생각할 수도 있다. 옛날의 진인은 이런 사람들과 유를 달리한다는 뜻이다.

옛날의 진인은

8. 옛날의 진인(眞人)은
   그 모습 우뚝하나 무너지는 일이 없고,
   뭔가 모자라는 듯하나 받는 일이 없고,
   한가로이 홀로 서 있으나 고집스럽지 않고,
   넓게 비어 있으나 겉치레가 없었습니다.
   엷은 웃음 기쁜 듯하고,
   하는 것은 부득이한 일뿐,
   빛나느니 그 얼굴빛.
   한가로이 덕에 머물고,
   넓으니 큰 듯하고
   초연하였으니 얽매임이 없고,
   깊으니 입 다물기 좋아하는 것 같고,
   멍하니 할말을 잊은 듯했습니다.

---

8. 古之眞人 其狀義而不朋 若不足而不承 與乎其觚而不堅也 張乎其虛而不華也 邴邴乎其似喜乎 崔乎
其不得已乎 滀乎進我色也 與乎止我德也 厲乎其似世乎 謷乎其未可制也 連乎其似好閉也 悗乎忘其言
也

☞ 義(의) - '峨(아 - 높음)'로 읽음 / 朋(붕) - '崩(붕 - 무너짐)'으로 읽음 / 承(승) - 받다 / 觚(고)
- '孤(고 - 외로움)'로 읽음 / 邴(병) - 기뻐함 / 崔(최) - '催(최 - 재촉받음)'로 읽음 / 滀(축) -
물이 모여 빛나는 모양 / 厲(려) - '廣'으로 읽는 해석을 따름 / 世(세) - '泰(태 - 큼)'로 읽음 /
連(연) - '密'의 뜻으로 품 / 悗(문) - 흐릴 문.

9. [옛날의 진인은] 형(刑)을 다스림의 몸(體)으로 삼고, 예(禮)를 날개로 삼으며, 지(知)를 때맞춤으로 생각하고, 덕(德)을 순리로 여겼습니다. 형을 다스림의 몸으로 삼았다는 것은 죽이는 일에 여유스러웠다는 것이요, 예를 날개로 삼았다는 것은 예를 세상에 널리 퍼지게 했다는 것이요, 지를 때맞춤으로 여겼다는 것은 어쩔 수 없는 일만을 했다는 것이요, 덕을 순리로 여겼다는 것은 발 있는 사람이면 다 오를 수 있는 언덕에 올랐다는 뜻입니다만, 사람들은 진인이 특별히 열심히 노력해서 그런 것으로 생각합니다.

이 단에서는 진인(眞人)을 형벌, 예, 지, 덕을 시행하는 자로 묘사해서 『장자』 전체의 사상과 달리 법가(法家) 사상을 표방한 것 같아, 많은 주석가들은 앞에 나온 6 : 7처럼 후세에 잘못 삽입한 것이라 보고 있다. 그러나 진인이 형벌, 예, 지, 덕 등을 내세웠을 뿐, 자신을 앞세우지 않고, 오로지 뒷전에서 자연스럽게 살아갈 뿐이었다고 풀면 도가의 무기(無己), 무명(無名), 무공(無功)과 어느 정도 부합한다고 볼 수도 있다.

---

9. 以刑爲體 以禮爲翼 以知爲時 以德爲循 以刑爲體者 綽乎其殺也 以禮爲翼者 所以行於世也 以知爲時者 不得已於事也 以德爲循者 言其與有足者至於丘也 而人眞以爲勤行者也
☞ 循(순) - 따르다 / 綽(작) - 너그럽다.

10. 그러므로 좋아하는 것과도 하나요, 좋아하지 않는 것과도 하나였습니다. 하나인 것과도 하나요, 하나 아닌 것과도 하나였습니다. 하나인 것은 하늘의 무리요, 하나가 아닌 것은 사람의 무리입니다. 하늘의 것과 사람의 것이 서로 이기려 하지 않는 경지. 이것이 바로 진인(眞人)의 경지입니다.

꽃

이것으로 진인(眞人)에 대한 서술이 끝난다. 진인은 무엇보다 '이것이냐 저것이냐' 하는 대립, 상극, 이원론(二元論)을 넘어서서 모든 것을 '이것도 저것도' 하는 '하나 됨'의 경지, 막히고 걸리는 것 없는 통전적(統全的) 경지에 이른 사람이다. 한마디로 유연하고 탄력성 있게 생각하는 사람이다.

특히 마지막 문장에서, '하늘의 것과 사람의 것이 서로 이기려 하지 않는 경지'라는 것은 자연과 인위를 대치시켜서 자연만 따르고 인위는 배격해야 한다는 식의 이분법마저도 승화한 경지, 자연적인 것과 인위적인 것이 서로 감싸안은 절대적 초분별의 상태를 말하고 있다. 이런 '양극의 조화'를 터득한 경지가 진인이 다다른 경지임을 말한 셈이다.

---

10. 故其好之也一 其弗好之也一 其一也一 其不一也一 其一與天爲徒 其不一與人爲徒 天與人不相勝也 是之謂眞人

☞ 與天爲徒 ─ 제4편 8에 나옴. '하나인 것'이 '하나인 사람'일 수도 있을 것 같다.

죽고 사는 것

11. 죽고 사는 것은 운명입니다. 밤낮이 변함없이 이어지는 것과 같은 하늘의 이치입니다. 인간으로서는 어쩔 수 없는 일. 모든 사물의 참모습입니다.

사람들은 하늘마저 아버지처럼 여기고 몸 바쳐 사랑하는데, 하물며 하늘보다 더욱 뛰어난 것을 위해 그러지 않을 수 있겠습니까? 사람들은 임금마저 자기들보다 낫다 여겨 목숨을 바치는데, 하물며 임금보다 더욱 참된 것을 위해 그러지 않을 수 있겠습니까?

사람들이 임금에게 몸 바쳐 충성을 하는 것이 보통인데, 임금보다 더 진실한 하늘을 더욱 귀히 여김이 마땅하며, 하늘에 제사를 지내고 떠받드는 것이 보통인데, 하늘의 바탕이 되는 도(道)와 도가 작용하는 원리인 운명이 더 위대하기 때문에 이를 더욱 사랑해야 한다는 것이

---

11. 死生命也 其有夜旦之常 天也 人之有所不得與 皆物之情也 彼特以天爲父 而身猶愛之 而況其卓乎 人特以有君爲愈乎己 而身猶死之 而況其眞乎

☞ 卓(탁) - 뛰어나다 / 愈(유) - 낫다.

다. 초월적 실체인 '절대 주권'에 순응하는 자세, 그 주권을 향해 "나라[주권]가 임하옵시고" 하는 마음가짐이 필요하다는 것이다.

물고기는 물에, 사람은 도에

12. 샘이 말라 물고기가 모두 땅 위에 드러났습니다. 서로 물기를 뿜어 주고, 서로 거품을 내어 적셔 주지만, 강이나 호수에서 서로를 잊어버리고 사는 것이 훨씬 더 좋습니다. 요(堯) 임금을 칭송하고 걸(桀) 왕을 비난하지만, 둘을 다 잊고 도(道)에서 변화되며 사는 것이 훨씬 더 좋습니다.

마지막 문장에서 '화기도(化其道)'를 '화어도(化於道)'로 읽어 '도에서 변해 가다'로 푸는 주석가의 해석을 따랐다. 물고기 이야기는 『장자』 제14편(14 : 11)에, 요와 걸의 이야기는 제26편(26 : 6)에 있다. 물고기가 거품으로 서로 적셔 주면서 사는 상태, 요 임금이나 걸 왕의 잘잘못을 따지는 상태는 모두 아직 인(仁)이니 의(義)니 하는 윤리적 상태에 머무르는 것으로, 도가 완전히 실현되지 않았다는 증거이다. 메마르기 그지없는 세상에서 서로 물기나 뿜어 주고 거품으로나 적셔 주는 세상이다. 그러나 도를 따르고 도와 하나된 상태에 이르면 시비

---

12. 泉涸 魚相與處於陸 相呴以濕 相濡以沫 不如相忘於江湖 與其譽堯而非桀也 不如兩忘而化其道

나 따지는 각박하고 메마른 세상을 벗어나 시원스럽고 자유스럽게 헤엄치듯 살 수 있다는 이야기이다.

『도덕경』 제18장에도 "대도(大道)가 폐하면 인(仁)이니 의(義)니 하는 것이 나서고" 하는 구절이 있다. 인의(仁義)가 필요 없는 세상, 그런 것을 잊어버리고 살 수 있는 세상이 바로 도가 편만한 세상, 물고기가 물에서 헤엄치듯 시원하게 사는 세상이라는 것이다. 이런 세상은 그야말로 '있을 수 없는 곳(no-place)'이라는 뜻의 '유토피아'에 불과한가? 이런 세상이 임하길 기원해야 하는 것 아닌가?

배를 골짜기에 감추고

13. 대지(大地)는 나에게 몸을 주어 신게 하고, 삶을 주어 힘쓰게 하고, 늙음을 주어 편안하게 하고, 죽음을 주어 쉬게 합니다. 그러므로 내 삶을 좋다고 여기면 내 죽음도 좋다고 여길 수밖에 없습니다.

❀

이 문장들은 다음(6 : 26)에 다시 나온다. 주석가들 중에는 이것이 필사 과정에서 여기 잘못 끼여들었을 것이라고 보는 사람이 많다.

14. 배를 골짜기에 감추고, 그물을 늪에 숨겨 두고서 이를 안전하다 합니다. 그러나 한밤중에 힘센 사람이 와서 들고 가 버립니다. 어리석은 사람들은 이를 알지 못합니다. 작은 것을 큰 것 속에 감추면 그만인 줄 알지만, 거기에는 아직도 새어 나갈 자리가 있습니다. 천하를 천하에 감추면 새어 나갈 자리가 있을 수 없습

---

13. 夫大塊載我以形 勞我以生 佚我以老 息我以死 故善吾生者 乃所以善吾死也

니다. 이것이 바로 변함 없는 사물의 참된 모습입니다.

✵

감추는 것은 훔쳐 가지 못하게 하려는 것이다. 훔쳐 간다는 것은 내 집에 있던 것을 딴 사람 집으로 옮겨가는 것이다. 따라서 우주 자체를 제 집으로 삼으면 도둑맞을 일이 없다. 우주 밖이란 있을 수 없으므로, 그 밖으로 새어 나갈 구멍도 없다. 아무리 옮겨가 봐야 모두 언제나 '내 집' 안에만 있을 것이기 때문이다.

도는 무한히 커서 그 밖이 없고, 동시에 무한히 작아서 그 안이 있을 수 없다. 감출 곳이 어디 따로 있을 수 있겠는가. 따라서 도에 머무르는 사람, 도와 하나가 된 사람에게는 삶을 잃는다거나 찾는다는 것도 있을 수 없다. 도와 하나 되면 살아도 거기, 죽어도 거기. 밤중에 죽음이 찾아와 우리의 생명을 도둑질해 간다 해도 결국 숨을 데가 없으니 거기가 거기. 죽음이니 삶이니 하는 구분이 있을 수도 없고, 잃느니 찾느니 하는 대립이 있을 수 없다는 것이다. '에너지 보존의 법칙'을 생각하게 하는 말이다. "도 안에 있는 자에게는 죽음이 있을 수 없다"는 말이 가능하게 된다.

---

14. 夫藏舟於壑 藏山於澤 謂之固矣 然而夜半有力者負之而走 昧者不知也 藏小大有宜 猶有所遯 若夫藏天下於天下 而不得所遯 是恒物之大情也
☞ 壑(학) - 작은 골짜기 / 山 - 이를 '汕'으로 읽어 '그물'로 풀어야 한다는 해석을 따름 / 遯(둔) - 달아나다.

큰 스승

15. 우리는 사람의 모양으로 나온 것만 가지고도 기뻐합니다. 사람의 모양이 한없이 바뀔 수 있다면 그 기쁨을 어찌 다 헤아릴 수 있겠습니까? 그러므로 성인은 사물들이 새어 나갈 수 없어서 언제나 머물러 있는 경지에서 자유롭게 노닙니다. 일찍 죽어도 좋고, 늙어 죽어도 좋고, 태어나도 좋고 죽어도 좋다는 것입니다. 사람들이 그런 사람을 본받으려 하는데, 하물며 모든 것의 뿌리요, 모든 변화의 근원을 본받지 않을 수 있겠습니까?

성인은 천지와 하나 된 상태, 도라는 '전체'의 눈으로 사물을 보기 때문에, 얻음과 잃음이 따로 없는 경지에서 산다. 따라서 일찍 죽는 것이 잃음이 아니고, 늙어 죽는 것이 얻음도 아니며, 태어나는 것이 더하는 것도 아니고, 죽는 것이 더는 것도 아니라는 것을 알고 평안한 마음, 흔들리지 않는 마음으로 살아간다. 이런 사람이 바로 우리의 스

---

15. 特犯人之形 而猶喜之 若人之形者 萬化而未始有極也 其爲樂可勝計邪 故聖人將遊於物之所不得遯 而皆存 善夭善老 善始善終 人猶效之 又況萬物之所係 而一化之所待乎
☞ 特 - 다만 / 犯 - 틀로 모양을 찍어냄 / 效 - 본받음 / 係 - 속하다, 매이다.

승이지만, 궁극적으로는 이런 사람이 본받는 도(道), 모든 것의 근원이 되는 도(道)야 말로 가장 큰 스승이라는 것이다. 그러면 그 도란 무엇인가?

도(道)란?

16. 무릇 도(道)가 실재라고 하는 믿을 만한 증거는 있지만, 그
것은 함도 없고(無爲) 형체도 없습니다(無形). 전할 수는 있으나
받을 수가 없습니다. 터득할 수는 있으나 볼 수가 없습니다. 스스
로를 근본으로 하고 스스로를 뿌리로 하고 있습니다. 하늘과 땅
이 있기 이전부터 본래 있었습니다. 귀신과 하늘님을 신령하게
하고, 하늘과 땅을 내었습니다. 태극보다 높으나 높다 하지 않고,
육극(六極)보다 낮으나 깊다 하지 않습니다. 하늘과 땅보다 먼저
있었으나 오래되었다 하지 않고, 옛날보다 더 오래되었지만 늙었
다 하지 않습니다.

❀

'신(信)'은 믿을 만한 증거, 심증(心證)과 비슷한 것이다. 도는 실재
의 작용으로 보아 믿을 만하다고 할 수 있지만 그 형체가 없으므로

---

16. 夫道 有情有信 無爲無形 可傳而不可受 可得而不可見 自本自根 未有天地 自古以固存 神鬼神帝
生天生地 在太極之先而不爲高 在六極之下而不爲深 先天地生而不爲久 長於上古而不爲老
☞ 太極(태극) - 모든 존재의 끝. 이것을 지나면 무극(無極)이다. 태극은 이런 의미에서 없음(無, 非
存在)과 있음(有, 存在)이 만나는 곳이다 / 六極 - 동서남북과 하늘과 땅. '六極'을 '太極'의 오기(誤
記)로 보는 사람도 있다.

그 자체를 보여 주면서 '이것이 도'라 할 수는 없다는 뜻이다. 그러므로 "전할 수는 있으나 받을 수 없다(可傳而不可受)"고 했다. '전수(傳受)'에서 '전(傳)'은 있지만 '수(受)'가 없다는 것이다. 도를 터득한 사람이 말로 전하기는 하지만 그 말을 듣는 사람은 그것을 정말 알아들을 수는 없다는 뜻이다. 도에 관한 한 말을 통한 '의사 소통'은 불가능하다는 것이다. 영어로 도는 'taught' 될 수 없고 오직 'caught' 될 수밖에 없다고 하는 것이요, 한문으로 해서 교외별전(敎外別傳), 이심전심(以心傳心), 곧 문자나 말을 떠나 오로지 마음으로만 전해질 수밖에 없다는 것이다. 도는 체험의 영역이지 말의 대상일 수 없음을 말한다. '터득할' 것이지 '떠들' 것이 아니라는 이야기이다. 그런데 왜 여기서 '떠들고' 있는가? 여기서는 "도는 이것이다." 하고 떠드는 것이 아니라, 도에 대해서는 떠들 수 없다고 떠들고 있을 뿐이다.

도(道)는 '자본자근(自本自根)'이라고 했다. 앞에도 나온 것처럼 모든 것이 그것에 의지해 있지만 그것은 아무것에도 의지하고 있지 않다는 것이다. 소위 만물은 '유대(有待)'인데 반하여 도는 '무대(無待)'라는 것이다. 현대말로 하면 '자존(自存)'인 셈이다. 여기에 해당하는 라틴말로 'aseitas'라는 것이 있다. '스스로에 의함'이란 뜻이다. 도가 모든 존재의 근원(Ungrund)이요, 모든 존재가 지니고 있는 지금 '그러함'의 바탕이라는 것이다.(졸저 『도덕경』 제4장 및 제39장 풀이 참조)

도를 터득한 사람들

17. 희위씨(狶韋氏)는 도를 터득하여 하늘과 땅을 들고 다녔고, 복희씨(伏戱氏)는 도를 터득하여 기(氣)의 근원으로 들어갔고, 북두칠성은 도를 터득하여 예로부터 틀림이 없이 돌고, 해와 달은 도를 터득하여 예로부터 쉼이 없고, 감배(堪坏)는 도를 터득하여 곤륜산(崑崙山)에 들어가고, 풍이(馮夷)는 도를 터득하여 황하(黃河)에서 노닐고, 견오(肩吾)는 도를 터득하여 태산(泰山)에 살고, 황제(黃帝)는 도를 터득하여 하늘에 오르고, 전욱(顓頊)은 도를 터득하여 현궁(玄宮)에 살고, 우강(禺强)은 도를 터득하여 북극에 서고, 서왕모(西王母)는 도를 터득하여 소광산(少廣山)에 자리잡았는데 그 처음과 끝을 알 수 없고, 팽조(彭祖)는 도를 터득하여 위

---

17. 狶韋氏得之 以挈天地 伏戱得之 以襲氣母 維斗得之 終古不忒 日月得之 終古不息 堪坏得之 以襲崑崙 馮夷得之 以遊大川 肩吾得之 以處大山 黃帝得之 以登雲天 顓頊得之 以處玄宮 禺强得之 立乎北極 西王母得之 坐乎少廣 莫知其始 莫知其終 彭祖得之 上及有虞 下及五伯 傅說得之 以相武丁 奄有天下 乘東維騎箕尾 而比於列星

☞ 狶韋氏(희위씨) - 고대 전설적인 황제 / 挈(설) - 끌다 / 伏戱(복희) - 고대 전설적인 황제. 팔괘(八卦)를 만들었다고 알려짐 / 維斗(유두) - 북두칠성 / 忒(특) - 틀리다 / 堪坏(감배) - 곤륜산에 사는 신(神) / 馮夷(풍이) - 황하의 신 / 肩吾(견오) - 태산의 신. 앞 2 : 9에 나오는 인물과는 다름 / 黃帝(황제) - 전설적인 황제(皇帝) / 顓頊(전욱) - 황제(黃帝)의 손자 / 禺强(우강) - 북방의 수신 / 西王母 - 언제나 젊음을 지니고 산다는 선녀 / 彭祖(팽조) - 기원전 26세기에서 17세기까지 살았다고 알려진 사람. 전욱의 손자 / 有虞(유우) - 순 임금의 이름 / 五伯 - '五覇'로 읽어 옛날의 다섯 독재자들 / 傅說(부열) - 은(殷)나라 무정(武丁)의 재상 / 奄(엄) - 가리다, 덮다 / 東維(동유) - 별이름 / 箕尾(기미) - 별자리 이름.

로 순(舜) 임금 때로부터 아래로 오패(五覇) 때까지 살고, 부열(傳說)은 도를 터득하여 무정(武丁)의 재상이 되어 세상을 뒤덮고, [죽어서는] 동유(東維)를 타고 기미(箕尾)에 올라 여러 별들 중에 자리잡게 되었습니다.

길게 실례를 열거하면서 도를 터득한 이들에 대해 이야기했다. 『도덕경』 제39장에도 "예부터 '하나'를 얻은 것들이 있습니다. 하늘은 하나를 얻어 맑고, 땅은 하나를 얻어 편안하고, 신은 하나를 얻어 영묘하고, 골짜기는 하나를 얻어 가득하고, 온갖 것이 하나를 얻어 자라나고, 왕과 제후는 하나를 얻어 세상의 어른이 되었는데 이것이 모두 하나의 덕입니다." 했다. 『도덕경』에서는 주로 자연 현상이 도를 얻어 그 본연의 모습을 유지한다고 말한 데 반해, 『장자』에서는 주로 신화적 인물들이 도를 터득한 사례를 이야기했다는 것이 흥미롭다.

이제 여러 사람 중에서 그 도를 터득한 한 '여인'을 등장시켜 도를 터득하는 과정과 도를 터득해서 얻은 결과를 더욱 구체적으로 이야기한다.

여우(女偶)가 가르치는 득도(得道)의 단계

18. 남백자규(南伯子葵)가 여우(女偶, 등 굽은 여인)에게 물었습니다. "당신은 나이가 많은데, 아직도 얼굴은 갓난아기와 같으니, 무슨 까닭입니까?"

"도를 들었기 때문입니다."

"저도 도를 배울 수 있겠습니까?"

"안 됩니다. 어찌 될 성이나 싶은 일입니까? 당신은 그럴 수 있는 사람이 못 되기 때문입니다. 복량의(卜梁倚)라는 사람은 성인의 재질은 있으나 성인의 도가 없었고, 나는 성인의 도는 있으나 성인의 재질이 없었습니다. 나는 그 사람을 가르치고 싶었습니다. 그가 과연 성인이 될 수 있을까 생각하면서.

19. 아무튼, 성인의 도란 성인의 재질이 있는 사람에게 가르치는 것이 역시 더 쉬운 일입니다. 그러나 나는 신중하게 그를 지켜보았습니다. 사흘이 지나자 그는 세상을 잊었습니다. 세상을 잊

---

18. 南伯子葵 問乎女偶曰 子之年長矣 而色若孺子 何也 曰 吾聞道矣 南伯子葵曰 道可得學邪 曰 惡 惡可 子非其人也 夫卜梁倚 有聖人之才 而無聖人之道 我有聖人之道 而無聖人之才 吾欲以敎之 庶幾 其果爲聖人乎

☞ 南伯子葵(남백자규) - 제2편의 남곽자기나 제4편의 남백자기와 같은 인물이라 보는 사람도 있는데, 여기서는 대답하는 대신 질문하는 인물로 나온 점이 다르다 / 孺(유) - 젖먹이.

었기에 다시 잘 지켜보았더니 이레가 지나자 사물을 잊읍디다. 사물을 잊었기에 다시 잘 지켜보았더니 아흐레가 지나자 삶을 잊게 되었습니다. 삶을 잊게 되자 그는 '아침 햇살 같은 밝음(朝徹)'을 얻었습니다. 아침 햇살 같은 밝음을 얻자 그는 '하나'를 볼 수 있었습니다. 하나를 보게 되자 과거와 현재가 없어졌습니다. 과거와 현재가 없어지자 죽음도 없고 삶도 없는 경지에 들어가게 되었습니다.

『장자』에서 가장 중요한 문단들 중 하나이다. 앞 제2편의 '오상아(吾喪我)(2 : 1), 제4편에 나온 심재(心齋)(4 : 12)나 뒤에 나올 좌망(坐忘)(6 : 38)과 같은 가르침이다. 여기 나온 여우(女偶)가 남자인지 여자인지 분명하지 않다. 주석가들 중에는 이름과는 달리 남자라고 주장하는 사람도 더러 있다. 여기서는 이름도 그렇고, 얼굴도 갓난아기처럼 이뻤다고 한 점과 더불어, 여자였기를 바라는 마음에서 일단 여자로 본다.

아무튼 도를 터득한 사람의 대표로 등장한 여우는 여기서 '의식(意識)의 심화(深化) 과정', 혹은 '득도(得道)의 일곱 단계'를(여자다운 섬세함과 예리함으로?) 소상하고 정확하게 이야기했다. 순서대로 열거하여

---

19. 不然 以聖人之道 告聖人之才 亦易矣 吾猶守而告之 參日而後能外天下 已外天下矣 吾又守之 七日而後能外物矣 已外物矣 吾又守之 九日而後能外生 已外生矣 而後能朝徹 朝徹而後能見獨 見獨而後能無古今 無古今而後能入於不死不生

☞ 徹(철) - '明과 같음. 통찰, 꿰뚫어 봄, 깨달음 등을 의미한다.

보면, 1) 외천하(外天下)에서 시작하여, 2) 외물(外物), 3) 외생(外生)을
거쳐, 4) 조철(朝徹)의 단계와, 5) 견독(見獨)의 단계에 이르고, 여기서
6) 무고금(無古今), 무시간의 경지와 7)불사불생(不死不生), 곧 사생의
구별이 없어지는 경지를 맛보는 단계로 끝맺음을 분명히 밝혔다. 여
기서 '외(外)'는 '망(忘)'과 같이 '잊어버린다'는 뜻이다. 몇몇 주석가는
'외생(外生)'은 곧 '망아(忘我)'라고 구체적으로 지적했다.

여기에 특히 주목할 것은 여우가 무엇을 특별히 가르쳤다고 하는
이야기가 없는 점이다. 옆에서 '지켜보았다'는 것뿐이다. 『도덕경』 제2
장이나 『장자』 「덕충부(德充符)」(5 : 1)에서 지적한 것과 같은 '불언지
교(不言之敎)'를 수행했다는 뜻인가?

아무튼 이 단계들을 좀더 자세히 따져 보면, 일정한 수련을 통해
일상적 의식에서 비일상적 의식으로 들어가므로, 우선 외부 세계, 물
질 세계를 잊어버리고, 결국에는 우리의 삶 자체, '나'라고 하는 것 자
체를 잊게 된다는 것이다. 이런 단계들은 전체적으로 잊음, 비움의 과
정이라 할 수 있다. 완전히 잊어버리면, 갑자기 새로운 의식이 생겨나
사물을 꿰뚫어 보는 형안(炯眼)이 열려 '밝음'을 체험하게 된다고 한
다. 그런 후 마지막으로 '하나'를 보게 된다. 여기서 '독(獨)'은 물론 '하
나(一)'를 의미한다고 보아야 한다. 엄격히 말하면, '하나를 본다'에서
궁극적으로 '하나와 하나가 된다'고 해야 할 것이다. 하나의 경지에 이
르면 하나라는 말 자체가 의미하듯 하나를 보는 주체와 그 봄의 대상
이 되는 객체의 주객 분리(主客分離)가 있을 수 없기 때문이다. 모두
그 하나 안에 포함될 뿐이다.

재미있는 사실은 서양에서도 여기 나오는 여우의 이야기와 비슷

286

한 가르침이 있었다는 것이다. 서양 정신계의 심층을 형성해 왔다고 볼 수 있는 '신비주의(神秘主義)' 전통에서도 인간의 영적 성장 과정에 이런 세 단계가 있음을 이야기하고 있다. 그것들을 보통 1) 정화(淨化, purgation)의 단계, 2) 조명(照明, illumination)의 단계, 3) 합일(合一, union)의 단계라고 불렀다(Evelyn Underhill의 *Mysticism* 등 참조). 이런 단계를 거쳐 궁극적으로 과거 현재 미래의 구별이 없어지는 무시간(atemporal)의 경지, '영원한 현재(eternal now)'에 머물기에 죽음과 삶이 문제되지 않는 절대 자유의 경지에 이르게 된다는 것을 이야기하고 있다.

물론 서양의 신비주의와 여기 『장자』에서 말하는 체험이 같은 것이냐 하는 것은 그리 간단한 문제가 아니다. 편의상 여기에 대한 한 가지 설만을 예로 들면, 스탠포드 대학의 이열리(Lee Yearley) 교수는 서양 기독교의 신비주의를 '연합의 신비주의(mysticism of union)'라 하고, 힌두교나 불교의 신비주의를 '일치의 신비주의(mysticism of unity)'라 한 데 반하여, 장자의 신비주의를 '세계 내의 신비주의(intraworldly mysticism)'라 했다(Mair, ed. 130f.). 물론 이런 설은 참고할 수는 있어도 꼭 그대로 따를 필요는 없다. 신비주의 체험이 동서고금을 통해 보편적인 것이냐 각각의 전통에 따라 특수한 것이냐 하는 데 대한 설이 수없이 많기 때문이다. 양극으로 나누면, 모든 신비 체험은 '순수 체험(pure experience)'이기 때문에 본질적으로는 어느 종교 전통을 막론하고 다 같다는 설(Huston Smith)에서부터 모든 사람은 그 지적, 사회적, 종교적 배경이 다르므로 신비 체험도 결국 그런 요소와 관련해서 하게 되는 이상 모든 사람의 신비 체험이 각각 다를 수밖에 없다고 보는 설(Steven Katz)에 이르기까지 다양하다.

다시 본문으로 돌아가, 여기서 3일, 7일, 9일 하는 시간은 단순히 달력 날수로 이해할 필요는 없다. 얼마나 오랜 수련일까? 특수한 사람들의 경우 짧을 수도 있겠지만, 대부분의 사람들의 경우 오랜 기간, 혹은 일생이 걸릴 수도 있고, 심지어는 이 생에서 이런 경지에 이르지 못하고 마는 수도 많을 것이다. 그러나 시간이 얼마나 걸리든 이런 단계를 거쳐 최종적으로 '죽음도 없고 삶도 없는 경지'에 이를 수 있다는 사실이 중요하다.

20. 삶을 죽이는 사람은 죽지 않습니다. 삶을 살리는 사람은 살지 못합니다. 사물을 대할 때, 보내지 않는 것이 없고, 맞아들이지 않는 것이 없으며, 허물어뜨리지 않는 것이 없고, 이루지 않는 것이 없습니다. 이를 일러 어지러움 속의 평온이라 합니다. 어지러움 속에 평온이란 어지러움이 지난 다음에는 온전한 이룸이 있다는 뜻입니다."

첫 줄 '殺生者不死 生生者不生'이라는 것이 무슨 뜻일까? 해석이

---

20. 殺生者不死 生生者不生 其爲物 無不將也 無不迎也 無不毀也 無不成也 其名爲攖寧 攖寧也者 攖而後成者也
☞ 將(장) - 보내다 / 攖(영) - 어지러움 / 寧(녕) - 편안함.

여러 가지이다. 여기서는 우리의 작은 삶, 작은 나를 죽이는 것이 진정으로 죽지 않는 길이고, 우리의 작은 삶, 작은 나를 살리는 것이 사실은 참삶을 사는 것이 아니라는 뜻으로 풀었다. 말하자면, "죽기 전에 죽는 사람은 죽어도 죽지 않는다"는 말이나 "제 목숨을 구원코자 하면 잃을 것이요 제 목숨을 잃으면 찾으리라"는 말과 비슷하다. 한 알의 밀알이 썩지 않고 있으면, 그것은 그 한 생명으로 끝나고 말지만, 그것이 썩으면 새로운 생명으로 되살아나는 것이다. 모두 자의식으로 가득한 현재의 '나'가 죽어 없어질 때 '우주적 의식(cosmic consciousness)'을 지닌 진정한 '나,' '우주적 나'가 새로 탄생한다는 '죽음과 부활'의 종교적 진리를 말하는 것이라 볼 수 있을 것이다.

21. 남백자규가 물었습니다. "당신은 어디서 이런 것을 들었습니까?"

여우가 대답했습니다. "나는 부묵(副墨, 버금 먹)의 아들에게 들었고, 부묵의 아들은 낙송(洛誦, 읊는 이)의 손자에게 들었고, 낙송의 손자는 첨명(瞻明, 잘 보는 이)에게 들었고, 첨명은 섭허(聶許, 잘 듣는 이)에게 들었고, 섭허는 수역(需役, 일 잘하는 이)에게 들었고, 수역은 오구(於謳, 노래 잘하는 이)에게 들었고, 오구는 현명(玄

---

21. 南伯子葵曰 子獨惡乎聞之 曰 聞諸副墨之子 副墨之子聞諸洛誦之孫 洛誦之孫聞之瞻明 瞻明聞之聶許 聶許聞之需役 需役聞之於謳 於謳聞之玄冥 玄冥聞之參寥 參寥聞之疑始

☞ 瞻(첨) - 보다 / 聶(섭) - 소곤거리다. / 許(허) - 여기서는 '듣는다'는 뜻 / 謳(구) - 노래하다 / 寥(료) - 쓸쓸함. 횅하니 빔. '參寥'를 '세 가지(有, 無, 有無)가 없어짐'이라 하는 사람도 있고, '빔에 참가함' 혹은 '빔에 삼투함'으로 읽는 이도 있다.

冥, 그윽한 이)에게 들었고, 현명은 삼료(參廖, 빈 이)에게 들었고, 삼료는 의시(疑始, 처음 같은 이)에게 들었습니다.

도의 전수 과정을 말하고 있다. 여기 나온 이름을 우리말로 풀어서 순서대로 나열해 보면, 1) 글씀, 2) 구송함, 3) 잘 살펴봄, 4) 잘 알아들음, 5) 일을 잘 실천함, 6) 노래를 잘함, 7) 그윽함, 8) 빔, 9) 시원(始原) 등이다. 시원의 도(道)가 이런 과정을 거쳐 우리에게 알려졌다는 사실만을 말하는 것일까? 혹은 누구나 이런 과정을 밟아 올라가면 결국 도에 이른다는 뜻을 함께 내포하고 있는 것이 아닐까? 여기서 한 가지 주목할 것은 우리 인간이 도를 들을 수 있는 최초의 창구는 역시 '글'이라는 지적이다.

물론 불립문자(不立文字)라는 말과 같이 도가 문자에 간혀 있을 수는 없고, 또 문자 자체를 진리 자체라고 오해하면 큰일이지만, 문자가 우리에게 도를 터득할 계기를 마련해 준다는 의미에서 결코 문자를 무시할 수 없다는 뜻이다. 문자는 달을 가리키는 손가락. 손가락을 달로 오해하면 곤란하지만 손가락이 우리에게 달을 보게 해주는 한, 없어서는 안 될 수단이다.

글을 읽되 거기에 매이지 말고 읽어라. 그것을 오래오래 구송하고, 맑은 눈으로 그 뜻을 잘 살핀 다음, 그 속에서 속삭이는 미세한 소리마저도 알아들을 수 있게 바로 깨닫고, 그 깨달은 바를 그대로 실천하고, 거기에서 나오는 즐거움과 감격을 노래하라. 그리하면 그윽한 경지, 조용하고 텅 빈 경지를 체험한 다음 시원의 도와 하나되는 경지에 이르리라는 기막힌 이야기이다. '도가구계(道家九階)'라 할 수 있을지 모르겠다.

사생존망이 일체임을 터득한 네 벗

22. 자사(子祀, 제사 선생), 자여(子輿, 가마 선생), 자려(子犁, 쟁기 선생), 자래(子來, 오심 선생), 네 사람이 모여 이야기를 했습니다. "누가 없음으로 머리를 삼고, 삶으로 척추를 삼고, 죽음으로 꽁무니를 삼을 수 있을까? 누가 죽음과 삶, 있음과 없음이 모두 한 몸(一體)이라는 것을 알 수 있을까? 나는 이런 사람과 벗하고 싶네."

네 사람은 서로 쳐다보고 웃었습니다. 마음에 막히는 것이 없어 결국 모두 벗이 되었습니다.

죽음과 삶, 있음과 없음이 따로 떨어져 독립한 실체가 아니라 몸의 각이한 부분처럼 하나의 유기적(有機的) 관계를 가진 단위임을 자각하고 서로 의연하고 자연스럽게 대할 수 있는 사람들이 그야말로 '막역지우(莫逆之友)'라는 것이다. 벗도 여러 부류가 있을 수 있다.

희랍 철학자 아리스토텔레스의 『윤리학(Nocomachean Ethics)』에 보

---

22. 子祀 子輿 子犁 子來 四人相與語曰 孰能以無爲首 以生爲脊 以死爲尻 孰知死生存亡之一體者 吾與之友矣 四人相視而笑 莫逆於心 遂相與爲友

☞ 尻(고) - 꽁무니 / 莫逆(막역) - 서로 거슬리는 일이 없음. 莫逆之友(막역지우).

면, 세 부류의 벗이 있는데, 첫째는 즐기기 위한 벗, 둘째는 이용 가치를 위한 벗, 마지막으로 선과 덕을 바탕으로 한 벗이라는 것이다. 첫째와 둘째는 이해 관계에 따라 맺어진 벗이므로 허망하고, 셋째가 변하지 않는 선(善)을 바탕으로 했기에 오래가는 벗이라고 했다(Ⅷ).

우리 주위를 살펴보아도, 고향 벗, 학교 벗, 직장 벗, 취미 벗, 사업상의 벗, 정치적 목적으로 사귀는 벗, 깊이 뜻이 맞아 사귀는 벗 등여러 벗이 있다. 모두 필요한 벗이다. 이 중에서 구태여 구분을 한다면 요즘의 정치판에서 정치적 목적으로 사귀는 벗이 제일 허망한 벗일 것이다. 오늘의 벗이 내일의 적이 되는 것을 얼마든지 보아 오는터. 그러나 '정치 벗'도 벗 나름. 진정으로 민족의 장래를 염려하고 현재 인류가 당하고 있는 고통을 덜어 주기 위해 함께 몸 바치기로 뜻을 모아 정치에 참여하겠다는 '정치적' 벗이라면 물론 뜻이 맞아 사귀는벗, 아리스토텔레스가 말하는 '선과 덕'을 바탕으로 한 벗일 것이다. 진정한 의미의 독립 투사가 여기에 속할 것이다. 어쨌든 각자의 이해 관계와 상관없이 사귀는 벗이 훌륭한 벗이요, 그 중에서도 '필요할 때 도와 주는 벗이 참된 벗'이어서 영어 속담에도 "A friend in need is a friend indeed."라는 말이 있는 모양이다.

그러나 여기 『장자』에서 말하는 참된 벗이란 선과 덕을 바탕으로한 우정보다 더 깊은 차원에서 맺는 벗이라 할 수 있다. 결국 인생관이나 세계관의 차원에서 의기투합(意氣投合)할 수 있는 벗, 한번 같이웃기만 해도 속마음을 서로 이해할 수 있는 벗이 진정한 벗이라는 뜻이다. 참된 의미의 '길벗'이라야 참된 벗이라는 것이다. 골프장이나 교회나 파티장 같은 데서 쉽게 대할 수 있는 벗 이상이다. 이렇게 귀하기 때문에 이런 참된 벗이 있다면 거리에 관계없이 찾는다. 그래서 공자도『논어』첫머리에 "벗이 있어 멀리서 찾아오면 역시 기쁘지 아니한가?(有朋自遠方來 不亦樂乎)" 하는 말을 했을 것이다. 가까이에서 쉽게 찾기가 어렵기에 멀리서 올 수밖에 없다는 뜻이리라.

23. 자여(子輿)에게 갑자기 병이 나서, 자사(子祀)가 문병을 했습니다. 자여가 말했습니다. "위대하구나. 저 조물자. 나를 이처럼 오그라들게 하다니."

그의 등은 곱추처럼 굽고, 등뼈는 불쑥 튀어나오고, 오장이 위로 올라가고, 턱은 배꼽에 묻히고, 어깨가 정수리보다 높고, 목덜미 뼈는 하늘을 향하고, 음양의 기(氣)가 어지러워졌습니다. 그러나 그 마음은 아무 일 없는 듯 평온했습니다. 비틀거리며 우물에 가서 자기 모습을 비추어 보았습니다.

"아, 정말 조물자가 나를 이렇게 오그라뜨렸구나."

24. 자사가 물어 보았습니다. "자네는 그게 싫은가?"

"천만에. 싫어할 까닭이 무엇이겠는가? 내 왼팔이 점점 변하여 닭이 된다면, 나는 그것으로 새벽을 깨우겠네. 내 오른팔이 차

---

23. 俄而子輿有病 子祀往問之 曰 偉哉 夫造物者 將以予爲此拘拘也 曲僂發背 上有五管 頤隱於齊 肩高於頂 句贅指天 陰陽之氣有沴 其心閑而無事 跰𨇤而鑑於井 曰 嗟乎 夫造物者 又將以予爲此拘拘也 ☞ 拘(구) - 굽다 / 僂(루) - 곱사등 / 贅(췌) - 혹 / 沴(려) - 어지러움 / 跰(변) - 비틀거림 / 𨇤(선) - 비틀거림.

츰 변해 활이 되면, 나는 그것으로 새를 잡아 구워 먹겠네. 내 뒤가 점점 변하여 수레바퀴가 되고 내 정신이 변하여 말(馬)이 되면, 나는 그것을 탈 터이니 다시 무슨 탈것이 필요하겠나. 무릇 우리가 삶을 얻은 것도 때를 만났기 때문이요, 우리가 삶을 잃는 것도 순리일세. 편안한 마음으로 때를 그대로 받아들이고 순리에 따르면 슬픔이니 기쁨이니 하는 것이 끼여들 틈이 없지. 이것이 옛날부터 말하는 '매달림에서 풀려나는 것(縣解)'이라 하는 걸세. 그런데도 이렇게 스스로 놓여나지 못하는 것은 사물에 얽매여 있기 때문이지. 세상의 모든 사물은 하늘의 오램을 이기지 못하는 법. 내 어찌 이를 싫어하겠는가?"

이 네 벗 중 하나에게 병이 났다. 몸이 오그라지는 병이다. 요즘의 의학 용어로 하면 무슨 병일까? 악성 신경통이나 관절염, 영국의 우주물리학자 스티븐 호킹이 걸린 루게릭 같은 병인가? 아무튼 몰골이 흉측해지는 병이다. 이런 몸에 대한 묘사는 앞에도 나왔다[지리소(支離疏, 4 : 35)]. 몰골이 이렇게 되었는데도 하늘을 원망하거나 누구를 탓하는 기색이 전혀 없다. 오히려 "위대하구나. 저 조물자. 나를 이처

---

24. 子祀曰 汝惡之乎 曰 亡 予何惡 浸假而化予之左臂以爲雞 予因以求時夜 浸假而化予之右臂以爲彈 予因以求鴞炙 浸假而化予之尻以爲輪 以神爲馬 予因而乘之 豈更駕哉 且夫得者時也 失者順也 安時而處順 哀樂不能入也 此古之所謂縣解也 而不能自解者 物有結之 且夫物不勝天久矣 吾又何惡焉
☞ 浸(침) - 차츰 / 假(격) - '格과 같은 뜻으로 '이르다' / 駕(가) - 탈 것 / 縣解(현해) - 앞 3 : 9에서도 나왔음. 우리가 거꾸로 매달린 상태에서 풀려나는 것.

럼 오그라뜨리다니." 할 정도로 마음이 느긋하다. 게다가 찾아온 벗에게 "내 왼팔이 점점 변하여 닭이 된다면, 나는 그것으로 새벽을 깨우겠네." 하는 등의 농담 비슷한 말까지 한다. 지극히 달관한 경지이다.

'무릇' 이하의 '현해(縣解)'에 관한 문장은 제3편 「양생주」(3 : 9)에도 나온 말이다. 그것은 노자의 제자들도 깨닫지 못한 진리인데, 여기서 자여(子輿)가 그 이야기를 한 것이다. 인생을 살면 몇백 년을 살겠는가? 하늘에 비하면 우리의 삶은 찰나에 불과한 것을. 길게 살았다 짧게 살았다 따지는 것은 얼마나 부질없는 짓인가? 우리를 내려다보는 조물자가 있다면, 우리가 이렇게 몇십 년을 놓고 마음을 졸이는 것은 도토리 키재기 정도가 아니라 개미들이 허리를 재어 그 몇 마이크로미터 더 길다 더 짧다 하는 것으로 일희일비하는 것보다 더 무의미한 일일 것이다. 아무튼 살아 있어도 살아 있어서 좋고, 죽어도 '거꾸로 매달림에서 풀려나니' 좋고, '사생존망지일체(死生存亡之一體)'를 터득한 사람이다.

25. 갑자기 자래에게 병이 났습니다. 숨이 차서 곧 죽을 것 같아 부인과 아이들이 둘러앉아 울었습니다. 그 때 문병 간 자려가 "자, 저리들 비키세요. 돌아가는 분을 놀라게 하지 마세요." 하더니 문에 기대어 자래에게 말했습니다. "위대하구나. 저 조화. 자네를 어떻게 하려는 것일까? 자네를 어디로 데리고 가려는 것일까? 자네를 쥐의 간으로 만들려나? 벌레의 팔뚝으로 만들려나?"

26. 자래가 말했습니다. "부모가 자식에게 동서남북 어디를 가라 해도 자식은 그 명을 따르는 것. 음양과 사람의 관계는 부모 자식간의 관계 정도가 아닐세. 음양이 나를 죽음에 가까이 가게 하는데 듣지 않는다면, 나는 고집스런 자식. 음양에 무슨 죄가 있나. 대저 대지는 내게 몸을 주어 싣게 하고, 삶을 주어 힘쓰게 하고, 늙음을 주어 편안하게 하고, 죽음을 주어 쉬게 하지. 그러니 삶이 좋으면 죽음도 좋다고 여길 수밖에.

27. 이제 큰 대장장이가 쇠를 녹여 주물을 만드는데, 쇠가 튀어 나와 '저는 반드시 막야(鏌鋣)가 되겠습니다' 한다면 그 대장장이는 필시 그 쇠를 상서롭지 못한 쇠라 할 것일세. 이제 내가 사람으로 나왔다고 해서 '사람의 모양만, 사람의 모양만' 하고 외친다면, 조화자는 필시 나를 상서롭지 못한 인간이라고 할 것일세. 이제 하늘과 땅이 큰 용광로이고 조화가 큰 대장장이라면, 무엇이 되

25. 俄而子來有病 喘喘然將死 其妻子環而泣之 子犁往問之 曰 叱 避 無怛化 倚其戶與之語 曰 偉哉 造化又將奚以汝爲 將奚以汝適 以汝爲鼠肝乎 以汝爲蟲臂乎
☞ 喘(천) - 숨차다. 喘息(천식) / 叱(질) - 꾸짖다 / 怛(달) - 놀라게 하다.

26. 子來曰 父母於子 東西南北 唯命之從 陰陽於人 不翅於父母 彼近吾死 而我不聽 我則悍矣 彼何罪 焉 夫大塊載我以形 勞我以生 佚我以老 息我以死 故善吾生者 乃所以善吾死也
☞ 翅(시) - '~할 뿐'. 불시(不翅)는 '그뿐이 아니라'는 뜻 / 悍(한) - 고집스러움. 사나움 / 이 단 후반부 '夫大塊……'는 앞 6 : 13에 나옴.

27. 今大冶鑄金 金踊躍曰 我且必爲鏌鋣 大冶必以爲不祥之金 今一犯人之形 而曰人耳人耳 夫造化者 必以爲不祥之人 今一以天地爲大鑪 以造化爲大冶 惡乎往而不可哉 成然寐 蘧然覺
☞ 冶(야) - 대장장이. 冶金(야금) / 鑄(주) - 쇠를 부어 무엇을 만듦 / 踊躍(용약) - 둘다 '뛰다'의 뜻 / 鏌鋣(막야) - 옛날 오(吳)나라 우장(于將)이라는 사람이 오 왕을 위해 만든 명검(名劍) / 蘧(거) - 놀라다 / 成然寐 - 이 마지막 문장은 자래가 한 말이라고 해석하는 수도 있고, 자래가 그처럼 조용히 잠들었다가 홀연히 깨어났다고 하는 뜻으로 풀 수도 있다. 문장 자체도 애매하다.

든 좋은 것 아니겠는가? 조용히 잠들었다가 홀연히 깨어나는 것."

✺

이제 다른 벗이 병을 얻었다. 이번에는 문병 간 벗이 "위대하구나. 저 조화……. 자네를 쥐의 간으로 만들려나? 벌레의 팔뚝으로 만들려나?" 한다. 남은 아파서 죽어 가고 부인과 아이들은 둘러앉아 울고 있는데, 이런 농담 비슷한 말을 하고 있으니, 요즘 말로 하면 실례도 보통 실례가 아닌 셈이다. 그러나 아픈 사람은 그보다 한술 더 뜬다. 아파서 지금 당장 죽는다 하더라도 그것은 음양의 조화에 의한 것이고, 부모의 말에 복종하는 것이 자식된 도리거늘 부모보다도 더 큰 부모인 음양의 말을 안 듣는다면 그야말로 얼마나 한심한 자식인가? 몸이 있어도 좋고, 늙어 편안을 얻게 되도 좋고, 죽어서 쉬어도 좋고, 죽으나 사나……. 여기서도 실로 '사생존망지일체(死生存亡之一體)'를 체득한 사람이다.

자래(子來)는 여기서 우리가 조화자의 뜻에 따라 순명(順命)하는 태도로 살아가야 한다는 것을 앞에서 말한 부모 자식간의 관계 외에 대장장이의 비유를 들어 더욱 소상하게 이야기했다. 우리는 모두 대장장이가 만드는 연장들. 어찌 우리 마음대로 '막야' 같은 최고의 명검(名劍)만 되겠다고 고집을 부릴 수 있겠는가. 조용히 대장장이의 큰 뜻에 맡기고 따르라는 것이다.

이 대장장이의 이야기는 히브리 성서에 나오는 토기장이 이야기를 연상시킨다(예레미야 18 : 1-6). 성서에 나오는 토기장이는 진흙으로 만든 그릇 중에 자기가 보기에 선하다고 생각되는 대로 어느 것을 골라 깨어 다른 그릇을 만든다고 한다. 한 가지 재미있는 사실은 이 토기장이 이야기를 계속 읽어 보면 "진흙이 토기장이의 손에 있음 같이 너희가 내 손에 있느니라"고 하여 이런 그릇이 깨어져 저런 그릇이 되는 것이 결국 하느님의 명령을 따르느냐 안 따르느냐 하는 윤리적 요인에 따라 인과응보(因果應報)식으로 결정되는 것이라는 해석이다. 이런 윤리적인 해석에 반하여, 『장자』에 나오는 대장장이는 쇠의 윤리적 행위와 관계없이 자기 보기에 선하다고 생각되는 대로 거기에 맞춰 물건을 만드는 것이다. 『장자』에서는 인간이 행한 행위에 따라 내세가 결정된다는 인과응보라든가 업보(業報) 같은 사상이 없다. 모두 자연이 그 순리에 따라 적절한 길로 만물을 변화시킬 따름이라는 것이다.

더욱이 이 이야기의 초점은 이 대장장이가 주물을 부어 좋은 칼·나쁜 칼, 큰 칼·작은 칼같이 다양한 칼을 만들 뿐만 아니라, 칼이든지 호미든지 다른 그릇이든지 아무 종류의 것이나 다 만들 수 있듯, 우리도 반드시 인간으로만이 아니라 아무 형태의 존재, 심지어 '쥐의 간'이나 '벌레의 팔뚝' 같은 것으로 다시 나타나더라도 그것을 그대로 감수하고 거기에 순응해야 한다는 점이다.

또 한 가지. 여기서 조화자나 대장장이를 등장시킨 것은 유대교나 기독교에서 말하는 것과 같은 인격적인 '신(神)'을 상정하려는 것이 아니라는 것이다. "조화가 큰 대장장이라면" 하는 말에서 보이듯, 대장장이는 자연(自然)이나 도(道)의 변화 과정을 의인화(擬人化)한 메타포 (metaphor)라는 점이다. '조화자'나 창조주인 신을 상정한 것이 아니다.

우리 나름대로 좀 다른 비유를 들어 보자. 우리는 어느 면에서 큰 집의 서까래요, 기둥이요, 이쪽 창문이요, 이쪽 계단이다. 집주인이 식구들의 편의나 어떤 목적으로 집을 개조하는 일이 있다. 이쪽 큰 방을 좀 좁히고 저쪽 작은 방을 넓힌다. 이 때 우리가 큰 방 쪽에 붙어 있던 벽이나 기둥이나 창문이라면 우리는 우리가 헐리는 것으로 우리의 생명이 끝나는 것이라 생각하고, 또 우리만 이렇게 끝나는 것이 억울하고 원통하다고 하소연하며 통곡할 수 있다. 집 전체를 놓고 보면 집이 훨씬 좋아져 식구들이 편리하게 쓸 수 있으므로 이런 수리를 기뻐할 일로 보아야겠지만 우리는 우리 자신이나 사물을 이런 전체의 맥락 속에서 관찰하지 못하기 때문에 우리가 당하는 일 하나하나로 그때그때마다 희희낙락하거나 전전긍긍하거나 애절복통한다. 요점은 여기서 말하듯 '사생존망지일체(死生存亡之一體)'라는 것을 아느냐 모르느냐 하는 데 따라 삶에 나타나는 우여곡절에 대한 우리의 안목이 달라질 수밖에 없다는 것이다. 너무 '전체주의적' 해석이라고 생각할지 모르겠다. 물론 이런 통큰 생각을 가지려면 집주인이 모든 것을 알아서 잘 처리해 줄 것이라는 데 대한 신뢰가 있어야 하듯, 우리가 주위에서 일어나는 사소한 것에 안달하지 않으려면, 여기에 나오는 도나 '조물자,' 혹은 '조화자'가 결국은 만사를 선한 길로 이끌 것이라는 신뢰가 전제되어야 할 것이다. 이런 형이상학적 '믿음'이 있을 때 삶이 그만큼 듬직해지지 않을까?

세상 밖에서 노니는 세 벗

28. 자상호(子桑戶, 뽕나무 문 선생), 맹자반(孟子反, 맹반대 선생),
자금장(子琴張, 거문고 당기기 선생), 셋이 모여 서로 이야기를 했
습니다. "누가 사귐이 없는 데서 사귈 수 있고, 서로에게 하지 않
는 데서 함을 실행할 수 있겠는가? 누가 하늘에 올라 안개 속을
노닐고, 무극(無極)에서 자유롭게 다니며, 서로 삶을 잊어버리고
끝없이 살아갈 수 있을까?"

세 사람은 서로 쳐다보고 웃었습니다. 마음에 막히는 것이 없
어 결국 모두 벗이 되었습니다.

29. 얼마 동안 아무 일 없이 지내다가 자상호가 죽었습니다. 아
직 장례를 치르기 전에 공자가 이 말을 듣고 제자 자공(子貢)을
보내 일을 돕도록 했습니다. 〔자공이 가 보니〕한 사람은 노래를
짓고 또 한 사람은 거문고를 타면서, 목소리를 합해 노래를 부르
고 있었습니다.

"아, 상호여. 아, 상호여.

---

28. 子桑戶 孟子反 子琴張 三人相與語曰 孰能相與於無相與 相爲於無相爲 孰能登天遊霧 撓挑無極 相
忘以生 無所終窮 三人相視而笑 莫逆於心 遂相與爲友

☞ 撓挑(효조) - 돌아다니다. '挑'를 '도'로 읽으면 '뛰어오름.'

그대 이제 참됨으로 돌아갔는데,

우리는 아직 사람으로 있구나. 아.”

자공이 급히 앞으로 나아가 말했습니다. “감히 물어 보겠습니다. 주검을 앞에 놓고 이렇게 노래 부르는 것이 예(禮)입니까?”

두 사람은 서로 쳐다보고 웃었습니다.

“이 이가 어찌 예의 뜻을 안단 말인가?”

30. 자공(子貢)이 돌아가 공자에게 아뢰었습니다. “그 사람들은 도대체 어떻게 된 사람들입니까? 바른 행동은 전혀 없고, 자기들의 외모도 잊어버린 채 주검 앞에서 노래를 부르며, 얼굴색 하나 바뀌지 않으니, 이런 사람들을 뭐라고 불러야 할지 모르겠습니다. 도대체 어떻게 된 사람들입니까?

공자가 대답했습니다. “그 사람들은 이 세상 밖에서 노니는 사람들. 나는 세상 안에서 노닐 뿐. 밖과 안은 서로 만날 수 없는 법. 내가 너를 보내 문상하게 했으니, 내 생각이 좁았구나.

31. 그 사람들은 조물자와 함께하여 하늘과 땅의 일기(一氣)에

---

29. 莫然有間 而子桑戶死 未葬 孔子聞之 使子貢往侍事焉 或編曲 或鼓琴 相和而歌曰 嗟來桑戶乎 嗟來桑戶乎 而已反其眞 而我猶爲人猗 子貢趨而進曰 敢問 臨尸而歌禮乎 二人相視而笑曰 是惡知禮意
☞ 編曲(편곡) - ‘누에 치는 채반을 엮는다’고 해석하는 사람들도 있다. 그러나 가야금을 타는 것과 대조적으로 ‘노래를 짓고 있다’고 보는 것이 더 좋을 듯 / 猗(의) - 어조사 / 嗟來(차래) - 아! / 而已反 - 여기서 ‘而’는 ‘汝’와 같음 / 趨(추) - 종종걸음으로 급히 감. 4 : 36 등에 나옴.

30. 子貢反以告孔子曰 彼何人者邪 修行無有 而外其形骸 臨尸而歌 顔色不變 無以命之 彼何人者邪 孔子曰 彼遊方之外者也 而丘遊方之內者也 外內不相及 而丘使女往弔之 丘則陋矣

서 노니는 사람들. 그들에게 삶이란 마치 군살이 붙거나 혹이 달린 것과 마찬가지요, 죽음은 부스럼을 없애 버리거나 종기를 터트린 것과 같다. 도대체 이런 사람들이 어찌 삶과 죽음의 우열을 따지겠는가? 여러 가지 물질을 잠시 빌려 몸을 이루는 것. 간이니 쓸개 같은 것도 잊고, 귀니 눈이니 하는 것도 놓아둔 채, 끝과 시작을 계속 반복할 뿐. 그 시작과 마지막을 알지 못한다. 모든 것을 잊고 티끌과 먼지 밖에서 유유히 다니고, '함이 없는(無爲) 함'에 자유로이 노닌다. 이런 사람들이니 어찌 구차스럽게 세속의 예 따위를 따라가면서 뭇사람의 눈에 띄려 하겠는가?"

여기서도 세 벗은 의기투합(意氣投合) 정도가 아니라 이심전심(以心傳心), 혹은 이른바 영(靈)으로 통하는 단짝들이다. '사귐을 초월하여 사귀는' 친구들. 사회적 통념이나 일반적 가치관, 윤리관에서 풀려났을 뿐 아니라 지상의 모든 제약을 완전히 벗어 버리고 세상 밖에서 노니는 사람들. 세상 아무도 그 깊은 속을 완전히 알 수 없고, 오로지 자기들끼리만 서로 이해하고 '서로 쳐다보고 웃으면서' '막역지우(莫逆之友)'가 되었다. 여기 나온 세 사람은 가상의 인물이기는 하지만 이

---

31. 彼方且與造物者爲人 而遊乎天地之一氣 彼以生爲附贅縣疣 以死爲決疣潰癰 夫若然者 又惡知死生先後之所在 假於異物 託於同體 忘其肝膽 遺其耳目 反覆終始 不知端倪 芒然彷徨乎塵垢之外 逍遙乎無爲之業 彼又惡能憒憒然爲世俗之禮 以觀衆人之耳目哉

☞ 疣(우) - 혹 / 疣(환) - 부스럼 / 潰(궤) - 터뜨리다 / 癰(옹) - 종기 / 倪(예) - 끝 / 憒憒(궤궤) - 귀찮은 모양

름은 유가(儒家)에서 받드는 자상백(子桑伯), 맹지반(孟之反), 금장(琴張)을 연상하게 한다.

이 세 벗 중에 한 사람이 죽었다. 공자가 제자 자공을 보내 조문하게 했다. 자공이 가서 보니 기절초풍할 일이 벌어졌다. 주검을 앞에 놓고 노래를 부르지 않는가! 자공은 당장 달려가 도대체 예(禮)도 모르냐며 따진다. 두 벗은 자공을 보지도 않고 서로 쳐다보며 빙그레 웃는다. 그러고는 조용히 한마디 하는데, "이 이가 어찌 예의 뜻을 안단 말인가?"였다. 자기들의 예는 사회에서 통상적으로 받드는 예를 넘어서는 '예 아닌 예,' 그러기에 '진정한 예'라는 뜻이다.

자공이 공자에게 보고했다. 공자는 조문이란 이 세상 안의 일이므로 세상 밖에 노니는 사람들을 조문하는 것이 처음부터 이치에 어긋나는 것임을 모르고 조문하러 보낸 것이 자기의 불찰이었음을 깨닫는다. 그러고 나서 자공에게 그렇게 생사에 구애되지 않고 사는 사람들은 구차스럽게 세속의 예에 매여 있을 수 없다고 설명했다.

32. 자공이 물었습니다. "그렇다면, 선생님께서는 어떤 세계에 의지하고 계시는 것입니까?"

공자가 대답했습니다. "나는 하늘의 벌을 받은 사람이다. 그러나 나는 너와 함께 세속에 머물 것이다."

자공이 물었습니다. "그 세계가 어떤 것인지 말씀해 주십시오."

공자가 대답했습니다. "물고기는 물에서 살고, 사람은 도(道)에서 살지. 물에서 사는 것들은 연못을 파 주면 거기서 영양분을 받아 살아갈 수 있고, 도에서 사는 사람들은 일을 저지르지 않고 가만 두면 삶이 안정될 수 있다. 그래서 이르기를 '물고기는 강과 호수에서 서로 잊고, 사람은 도에서 서로 잊는다.' 했다."

"그 이상스런 사람들에 대해 말씀해 주십시오"

"'이상스러운 사람'이란 보통 사람과 비교해서 이상할 뿐, 하늘과는 하등 다를 바가 없다. 그러므로 이르기를 '하늘의 소인이 사람에게는 군자요, 사람의 군자가 하늘에는 소인이라' 한 것이다."

여기서 공자는 예(禮)에 묶여 사는 상태를 하늘의 형벌로 인식하고, 이런 상태에서 벗어나 자유로운 사람이 참으로 군자다운 사람이라고 했다. 이른바 '이상스런' 사람들이란 이 세상의 척도로 잴 때 이상할 뿐이지 하늘의 척도로 재면 하등 이상할 것이 없는 하늘의 사람들, 자유로운 사람들이라고 일러주었다. "하늘의 소인이 사람에게는 군자요, 사람의 군자가 하늘에는 소인이라"는 말은 세례 요한을 두고 예수가 "여자가 낳은 자 중에 세례 요한보다 큰 이가 일어남이 없도다. 그러나 천국에서는 극히 작은 자라도 저보다 크니라"(마태복음 11 : 11)고 한 말을 생각나게 한다.

---

32. 子貢曰 然則夫子何方之依 曰 丘天之戮民也 雖然吾與汝共之 子貢曰 敢問其方 孔子曰 魚相造乎水 人相造乎道 相造乎水者 穿池而養給 相造乎道者 無事而生定 故曰 魚相忘乎江湖 人相忘乎道術 子貢 曰 敢問畸人 曰 畸人者 畸於人而侔於天 故曰 天之小人 人之君子 天君子 人之小人也
☞ 戮(륙) - 죄받다. / 造(조) - 여기서는 '산다', '자란다'는 뜻 / 道術 - 음절을 맞추기 위해 '術'을 덧붙였다고 보는 것이 일반적 견해이다 / 畸(기) - 이상스러움 / 侔(모) - 같음.

이 문단과 앞으로 이어지는 문단에서 모두 인의(仁義)·예악(禮樂) 등 유가(儒家)적 윤리 가치만으로는 모자라다는 것을 강조하고 있다. 이런 사상은 물론 유가 사상을 초극하려는 도가(道家) 사상으로, 이런 반(反)유가적 사상을 공자 자신이 친히 말하도록 하는 형식을 취하였다. 요즘 같으면, 진짜 공자가 『장자』의 작가를 걸어 명예훼손죄로 고발할 수도 있을 것이다. 아니면 자기의 가르침을 확대하거나 연장해 주었다고 고마워할까? 장자가 이렇게 계속 공자를 등장시켜 자기의 사상을 설파했다는 사실을 감안하면, 장자는 본래 유가 출신으로 그 가르침은 결국 유가 사상을 새로운 차원으로 한 단계 끌어올리려 한 것이라고 보는 견해도 있을 수 있다.

또 한 가지. 『장자』에서 윤리적 가치로는 안 된다고 강조하고 있는데, 그러면 비윤리적인 것으로는 될 수 있다는 뜻인가? 여기서 분명히 알아야 할 것은 윤리적인 것으로도 안 되지만 비윤리적인 것으로는 더욱 안 된다는 것이다. 윤리적 가치'만'으로는 안 된다는 것이지, 윤리적 가치가 완전히 필요 없다는 말이 아니다. 이처럼 윤리의 한계를 말한다고 해서 처음부터 윤리적인 것을 모두 무시하라는 것이 아니다. 윤리적 가치를 완성하는 것으로 만족하지 말고 그것을 뛰어넘으라는 뜻이다. 엄격한 의미에서 '반(反)'유가적 가치가 아니라 '초(超)' 유가적 가치를 강조한 셈이다.

맹손재(孟孫才)

33. 안회(顔回)가 공자에게 물었습니다. "맹손재는 그 어머니가 돌아가셨는데, 곡은 하지만 눈물을 흘리지 않았습니다. 마음속으로 근심하지도 않았습니다. 상(喪)을 치르면서 슬퍼하지도 않았습니다. 이 세 가지가 없었는데도 상을 잘 치렀다는 소문이 노나라에 다 퍼졌습니다. 실제로 그렇지도 않은데 이렇게 이름이 날 수 있습니까? 정말 이상합니다."

34. 공자가 말했습니다. "맹손씨는 할 일을 다했다. 보통 사람들이 아는 것보다 더 앞선 사람이다. 사람들은 장례를 간소하게 하고 싶어도 못 했는데 최대한 간소화한 셈이다. 맹손씨는 사는 까닭이 무엇인지, 죽는 까닭이 무엇인지, 또 앞서가야 할 까닭이 무엇인지, 뒤따라야 할 까닭이 무엇인지 모두 잊어버린 사람이

---

33. 顔回問仲尼曰 孟孫才 其母死 哭泣無涕 中心不感 居喪不哀 無是三者 以善喪蓋魯國 固有無其實而得其名者乎 回壹怪之

☞ 感(척) – 근심하다 / 壹(일) – 오직, 정말.

34. 仲尼曰 夫孟孫氏盡之矣 進於知矣 唯簡之而不得 夫已有所簡矣 孟孫氏不知所以生 不知所以死 不知就先 不知就後 若化爲物 以待其所不知之化已乎 且方將化 惡知不化哉 方將不化 惡知已化哉 吾特與汝其夢未始覺者邪

☞ 盡(진) – 다함 / 簡(간) – 단출하게 하다 / 特(특) – 다만.

다. 그 사람은 변화 과정에서 한 사물처럼 되어, 알지 못하는 다른 변화를 기다리고 있을 뿐이다. 또 그가 변화하려 한다면 그가 아직 변화하지 않았는지는 어떻게 알 수 있으며, 변화하지 않는다면 그가 이미 변화했는지 어떻게 알 수 있겠는가? 나와 너는 지금 꿈을 꾸고 있고, 이 꿈에서 아직 깨어나지 못하고 있는 것 아닐까?

35. 더욱이 맹손씨의 몸에는 변화가 있지만 마음은 상처를 입지 않는다. 집은 바꾸지만, 죽지 않는다. 맹손씨는 혼자 깨친 사람. 사람들이 곡을 하니까 자기도 곡을 하는 건 그에게 예사스러운 일이다. 또 사람들이 서로 '나는 나일 뿐'이라고 하는데, 이렇게 말하는 '나'가 정말 '나'인지 어떻게 알 수 있는가? 너는 꿈에 새가 되어 하늘에 오르기도 하고, 물고기가 되어 연못 속으로 들어가기도 하지. 지금 이렇게 말하는 자체가 깨어난 상태인지 꿈꾸는 상태인지 알 수가 없다. 다른 사람을 비난하고 돌아다니는 것보다는 웃는 것이 낫고, 웃음을 즐기는 것보다는 사물과 어울리는 것이 더 나으니, 사물과 편안히 어울려 변화를 잊은 채 텅 빈 하늘로 들어가도록 하라."

---

35. 且彼有駭形 而無損心 有旦宅 而無情死 孟孫氏特覺 人哭亦哭 是自其所以宜 且也相與吾之耳矣 庸詎知吾所謂吾之乎 且汝夢爲鳥而厲乎天 夢爲魚而沒於淵 不識今之言者 其覺者乎 其夢者乎 造適不及笑 獻笑不及排 安排而去化 乃入於寥天一

☞ 駭(해) - 놀라다 / 旦(단) - 아침. 여기서는 '바꾸다'로 풂. / 排(배) - 늘어섬.

주석가들의 해석이 분분한 구절 중 하나이다. 문장이 애매하고 뜻이 추상적이어서 여러 가지로 해석할 수 있다. 요는 맹손재가 윤리의 본뜻을 이해하고 거기에 근거하여 소신껏 행동하면서도 자기가 그렇게 하고 있다는 사실마저도 완전히 잊어버리고 윤리를 진정으로 완성한 사람이라는 점이다. 이런 사람은 윤리적인 차원에 뒤져 있는 것이 아니라 그보다 '앞선 사람'이다. 궁극적으로 "사물과 편안히 어울려 변화를 잊은 채 텅 빈 하늘로 들어간 사람"이다. 그야말로 도가 튼 사람이다.

"아! 내 스승"

36. 의이자(意而子, 의지의 선생)가 허유(許由)를 만나러 갔습니다. 허유가 말했습니다. "요 임금이 자네에게 무엇을 가르쳐 주던가?"

의이자가 대답했습니다. "요 임금이 제게 말하기를 '너는 반드시 인의(仁義)를 실천하고, 시비(是非)를 분명히 말하라'고 했습니다."

"그런데 자네는 무엇 때문에 여길 찾아왔는가? 요 임금이 벌써 자네 이마에 인의로써 먹물을 새겨 넣고 시비로 자네 코를 자르는 형벌을 가했는데, 자네가 어찌 저 자유분방하고 유동성 많은 도(道)의 세계에서 노닐 수 있겠는가?"

"그러나 저는 그 언저리에서라도 노닐고 싶습니다."

"그럴 수 없네. 눈먼 자는 얼굴의 아름다움이나 수놓은 옷의 색깔과 상관이 없는 것이니까."

---

36. 意而子見許由 許由曰 堯何以資汝 意而子曰 堯謂我 汝必躬服仁義 而明言是非 許由曰 而奚爲來軹 夫堯旣已黥汝以仁義 而劓汝以是非矣 汝將何以遊夫遙蕩恣睢轉徙之塗乎 意而子曰 雖然 吾願遊於其 藩 許由曰 不然 夫盲者無以與乎眉目顔色之好 瞽者無以與乎靑黃黼黻之觀

☞ 躬服(궁복) - 몸소 실천하다 / 軹(지) - 의미 없는 어조사 / 黥(경) - 이마에 먹을 새겨 넣는 형벌 / 劓(의) - 코를 베다 / 睢(휴) - 눈을 부릅뜨다 / 藩(번) - 울, 가장자리 / 眉目(미목) - 얼굴 / 黼黻 (보불) - 수(繡)의 두 가지 모양.

310

37. 의이자가 말했습니다. "미인 무장(無莊)이 그 아름다움을 잊고, 장사 거량(據梁)이 그 힘을 잊고, 황제(黃帝)가 그 앎을 잊은 것은 모두 용광로 속에서 다시 단련되었기 때문입니다. 조물자가 저의 먹물을 지워 주고, 저의 베어 나간 코를 되살려 저를 온전히 한 다음 선생님을 따를 수 있게 해줄지 누가 알겠습니까?"

허유가 대답했습니다. "아. 그럴지 모르겠군. 내 자네에게 말해 줌세. 내 스승, 아, 내 스승. 스승은 만물을 이루어 놓지만 스스로 의롭다 하지 않고, 만세에 혜택을 베풀지만 특별히 편애하는 일이 없고, 옛날보다 오래되었으나 늙지 않고, 하늘을 덮고 땅을 받들고, 여러 가지 모양을 깎아 내지만 재주를 부리지 않네. 여기가 바로 자네가 노닐어야 할 곳일세."

의이자가 허유를 찾아갔다. 허유는 제1편 「소요유(逍遙遊)」(1 : 8)에서 요 임금이 왕위를 물려주려고 했던 인물이다. 여기서도 요 임금보다 더욱 훌륭한 인물로 묘사됐다. 의이자가 요 임금에게서 인의(仁義)를 따지고 시비(是非)를 가리라는 가르침을 받았다고 하자, 그것은 마치 형벌로 이마에 먹물이 들고, 코가 잘린 것과 같은 것인데 이런 꼭

---

37. 意而子曰 夫無莊之失其美 據梁之失其力 黃帝之亡其知 皆在鑪捶之間耳 庸詎知夫造物者之不息我 黥 而補我劓 使我乘成以隨先生邪 許由曰 噫 未可知也 我爲汝言其大略 吾師乎 吾師乎 鰲萬物而不爲 義 澤及萬世而不爲仁 長於上古而不爲老 覆載天地 刻雕衆形 而不爲巧 比所遊已
☞ 鑪(로) - 화로 / 捶(추) - 망치질하다 / 鰲(제) - '碎(부수다)' 혹은 '成(이루다)'으로 읽을 수 있는데, 뒤의 해석을 따랐다.

막힌 마음으로 어떻게 저 자유분방한 도의 세계에서 노닐 생각을 하는가, 도 같은 것은 아예 생각도 말라고 꾸짖는다. 그러나 의이자(意而子)는 그 이름 그대로 처음 '뜻을 끝까지 밀고' 나간다. 자기가 도의 세계에 노닐지 못한다면 그 언저리에서라도 노닐 수 있게 해 달라고 한다. 그러나 허유는 그것마저도 불가능한 일이라고 재차 거절한다. 뜻을 굽힐 수 없는 의이자는 과거 외모나 윤리적 특성 때문에 도를 얻지 못한 사람들이 용광로에서 새 사람이 되어 도를 터득한 것처럼 자기도 그렇게 새로 빚어져 허유를 따를 수 없겠느냐고 한다. 이에 감동했는지 허유는 의이자에게 도에 대한 이야기를 해주기로 했다.

허유는 여기서 도(道)를 두고 "아, 내 스승, 내 스승" 하면서 도야말로 우리 인간이 본받아야 할 최고의 스승임을 말해 주었다. 그 스승에게서 무엇을 배우라는 것인가? 도는 스스로 의롭다 하지도 않고, 편애하는 일도 없고, 잔재주를 부리지도 않는다고 했다. 자만이나 집착 같은 자의식이 없는 상태, 완전히 자기를 비운 상태에 도가 들어오고 이렇게 하여 얻은 도가 바로 우리가 '노닐 곳'이라고 했다. 이런 생각을 더욱 자세하고 극적으로 말해 주는 것이 바로 다음에 나오는 '앉아서 잊음(坐忘)'이다.

앉아서 잊다(坐忘)

38. 안회(顔回)가 말했습니다. "저는 뭔가 된 것 같습니다."

공자가 물었습니다. "무슨 말인가?"

"저는 인(仁)이니 의(義)니 하는 것을 잊어버렸습니다."

"좋다. 그러나 아직 멀었다."

얼마 후 안회가 다시 공자를 뵙고 말했습니다. "저는 뭔가 된 것 같습니다."

"무슨 말인가?"

"저는 예(禮)니 악(樂)이니 하는 것을 잊어버렸습니다."

"좋다. 그러나 아직 멀었다."

얼마 지나 안회가 다시 공자를 뵙고 말했습니다. "저는 뭔가 된 것 같습니다."

"무슨 말인가?"

"저는 좌망(坐忘)을 하게 되었습니다."

---

38. 顔回曰 回益矣 仲尼曰 何謂也 曰 回忘仁義矣 曰 可矣 猶未也 它日復見 回益矣 曰 何謂也 曰 回忘禮樂矣 曰 可矣 猶未也 它日復見 曰 回益矣 曰 何謂也 曰 回坐忘矣 仲尼蹴然曰 何謂坐忘 顔回曰 墮枝體 黜聰明 離形去知 同於大通 此謂坐忘 仲尼曰 同則無好也 化則無常也 而果其賢乎 丘也請從而後也

☞ '它日(타일) - 다른 날 / 蹴然(축연) - 깜짝 놀라다 / 墮(타) - 떨어뜨리다 / 黜(출) - 물리치다. 없애다 / 聰明(총명) - 지각 작용. '聰'은 귀, '明'은 눈의 작용.

공자가 깜짝 놀라 물었습니다. "좌망이라니 그게 무슨 말이냐?"

"손발이나 몸을 잊어버리고, 귀와 눈의 작용을 쉬게 합니다. 몸을 떠나고 앎을 몰아내는 것. 그리하여 '큰 트임'(大通)과 하나 됨. 이것이 제가 말씀드리는 좌망입니다."

공자가 말했습니다. "하나가 되면 좋다〔싫다〕가 없지. 변화를 받아 막히는 데가 없게 된다. 너야말로 과연 어진 사람이다. 청컨 대 나도 네 뒤를 따르게 해다오."

꽃

'좌망(坐忘)'은 앞에서도 언급한 바와 같이, 제2편 「제물론(齊物論)」에 나온 오상아(吾喪我)(2 : 1), 제4편 「인간세(人間世)」에 나온 심재(心齋)(4 : 12), 제6편 「대종사(大宗師)」에 나온 여우(女偊)의 이야기(6 : 19), 그리고 제19편 「달생(達生)」에 나온 이야기들, 특히 재경(梓慶)의 이야기(19 : 11)와 함께 『장자』의 중심 사상 가운데 하나이다.

도(道)에 깊이 이르는 길은 우선 인의(仁義)·예악(禮樂) 같은 이지주의(主知主義)나 윤리지상주의(倫理至上主義) 의식 구조를 버려야 한다. 『장자』에서 말한 기심(機心, 기계적인 마음), 이지적이고 관념적이고 계산적이고 논리적이고 분석적이고 합리적인 마음을 우선 잊어야 한다.

그런데 여기서 한 가지 주목할 것이 이런 것을 잊기 위해서는 먼저 이런 것들을 가지고 있어야 한다는 점이다. 생래적인 무지뿐이라면 잊고 버리고 할 것도 없다. 따라서 잊어버린다는 것은 잊어버리기 전에 먼저 획득함이 있고, 그 후 이런 것만 가지고는 안 된다는 것을 스스로 깨달아 이것을 초월하는 단계로 넘어가는 것이다.

이렇게 합리적 사고를 초월한 단계는 합리적 사고에도 미치기 이전의 단계와 분명히 다르다. 이를 분명히 하기 위해 '전(前)합리적 의식', '합리적 의식', '초(超)합리적 의식' 곧 'pre-rational', 'rational', 'trans-rational'로 삼분하는 것이 좋다. 여기서 'pre'와 'trans'를 구별하지 않는 것을 'pre / trans fallacy(前超誤謬)'라 할 수 있다.(Wilber, 24 참조)

인의·예악을 잊어버리는 것이 중요하지만 이런 것만으로는 아직 안 된다고 했다. 이런 외부적인 것을 잊어버리는 것을 소위 망외(忘外), 망물(忘物)이라 할 수 있다면, 내부적인 것 그리고 나 자신을 잊는 것을 망내(忘內), 망기(忘己)라 할 수 있는데 이 둘째 잊음까지 가야 한다는 뜻이다. 이것이 바로 '좌망(坐忘)'이다.

안회가 인의나 예악을 잊었다고 할 때까지는 거의 무심하게 들어넘기던 공자가 이제 '좌망'이라는 소리를 듣고는 '깜짝 놀랐다'고 했다. 그만큼 이 문제가 중요함을 극적으로 표현한 것이다.

좌망에서 우선 '지체(肢體)' 같은 외형적인 것을 잊어버린다고 했다. 감각(感覺) 작용의 중단이다. 그러고 나서 '총명(聰明)' 같은 이지(理智) 작용을 버리게 된다고 했다. 둘 다 이분법적 의식 작용을 잊은 것이다. 그리고 그것을 넘어서는 것이다. 새로운 의식, '이것이냐 저것이냐'에 구애되지 않는 '비이분법적' 혹은 '초이분법적' 의식, '우주 의식'이 생긴 것이다. 이렇게 될 때 공자마저도 안회를 따를 정도가 된다는 효과 장치까지 삽입했다.

이렇게 감각이나 지각을 중단하는 상태가 불교적인 용어로 '지관(止觀, śamatha / vipaśyanā)' 할 때의 '지'요, '정혜(定慧, samādhi / prajñā)' 할 때의 '정'이요, 삼매(三昧)이다.

장자의 이 '좌망(坐忘)'이 선불교(禪佛敎)와 신유학(新儒學) 사상에 많은 영향을 끼쳤다는 것은 잘 알려진 사실이다. 여기 이 좌망(坐忘)과 선불교(禪佛敎)에서 말하는 '좌선(坐禪)' 그리고 신유학(新儒學)에서 말하는 '정좌(靜坐)'는 모두 연관이 있는 것이다. 물론 각 전통마다 가르치는 내용이 다름을 강조한다.(Izutsu, 1977, 425ff. 참조)

한 가지 재미있는 대조는 플라톤(Plato)의 경우, 우리 인간이 가지고 있는 문제의 발단이 바로 우리의 '잊어버림(amnesis)'이라는 것이다. 따라서 해결책은 잊어버린 것을 회상(anamnesis)하는 것이라고 했다. 그에게 "참된 배움이란 회상의 과정에 불과하다"는 것이다(Meno, 81, M. Eliade, *Myth and Realty*, 124 참조). 물론 여기서 플라톤이 말한 잊어버림이나 회상은 장자가 말한 것과 다르다. 플라톤이 우리에게 잊어버리면 안 된다고 했을 때 그 잊어버림이란 진리의 세계, 이데아의 세계를 잊어버린다는 뜻인데 반하여, 장자가 우리에게 잊어버려야 한다고 했을 때 그 잊어버림이란 현상 세계나 우리 마음에 나타나는 여러 가지 잡다한 정신 작용 등을 잊어버려야 한다는 뜻이다. 한 사람은 잊지 말아야 한다고 하고 다른 한 사람은 잊어야 한다고 했지만, 둘 다 궁극 실재의 세계에 접하는 것이 우리의 목표라는 것을 가르친 점에서는 크게 다를 것이 없다.

운명(運命)일 따름이겠지

39. 자여(子輿, 가마 선생)와 자상(子桑, 뽕나무 선생)은 벗이었습니다. 장마 비가 열흘이나 계속 내리던 어느 날 자여가 생각했습니다. '자상이 분명 고생을 하고 있을 것이다.'

자여는 먹을 것을 싸 가지고 그에게 갔습니다. 자상의 집 문 앞에 이르자, 거문고를 타면서 노래하는 듯 우는 듯한 소리가 들렸습니다.

"아버님이실까 어머님이실까. 하늘이실까 사람들일까."

힘에 겨워 목소리가 겨우 나오고, 가사도 곡에 맞지 않게 나왔습니다.

자여가 들어가 물었습니다. "자네 노래가 어찌 그런가?"

자상이 대답했습니다. "나는 나를 이처럼 막다른 골목으로 몰고 온 것이 무엇일까 생각하고 있는 중인데, 아직 알 수가 없네. 부모님이 어찌 내가 이렇게 가난하길 바라셨겠는가? 하늘은 사

---

39. 子輿與子桑友 而霖雨十日 子輿曰 子桑殆病矣 裹飯而往食之 至子桑之門 則若歌若哭 鼓琴曰 父邪 母邪 天乎人乎 有不任其聲而趨擧其詩焉 子輿入曰 子之歌詩 何故若是 曰 吾思夫使我至此極者 而弗 得也 父母豈欲吾貧哉 天無私覆 地無私載 天地豈私貧我哉 求其爲之者而不得也 然而至此極者 命也 夫

▷ 霖(림) - 장마 / 殆病矣 - 여기서 '태(殆)'는 '거의', '분명히'라는 뜻. '병(病)'은 '괴로움', '고생'의 뜻 / 裹(리) - 싸다.

심 없이 모두를 다 같이 덮어 주고, 땅은 사심 없이 모두를 다 같이 떠받아 주고 있으니 어찌 하늘과 땅이 사사롭게 나만을 가난하게 하였겠는가? 도대체 누구일까 알아보는데 알 길이 없네. 그런데도 내가 이처럼 막다른 골목에 이르렀으니, 운명일 따름이겠지."

가난을 운명으로 돌린다는 이야기이다. 얼른 보아 운명론자의 넋두리 같기도 하다. 배가 고프면 밖에 나가 먹을 것을 구할 일이지, 방에 앉아 거문고나 타면서 누구 때문에 이렇게 가난한가 하는 것이나 따지고 있으니 한심하다는 생각이 든다. 그러나 좀더 가만히 들여다보면, 운명론이나 숙명론만이 아님이 분명하다.

앞에서도 몇 번 언급했지만, 장자가 말한 것은 우리에게 일어나는 모든 것을 그저 운명이나 숙명으로 알고 손을 놓고 마냥 기다리는 수밖에 없다는 것을 의미하는 것이 아니다. 오히려 이와 반대이다.

여기 나온 자상이 완전한 숙명론자였다면, 하늘을 원망하고 땅을 원망하고, 부모를 원망하고, 사주팔자를 원망하고, 조상의 묘 터를 원망하고, 주위의 사람들을 원망하고……, 계속 원망하면서 자기 이외의 사람이나 사물의 탓으로 떠넘겼을 것이다. 그러나 자상은 원망을 하지 않았다. 자기가 최선을 다했는데 비가 열흘씩이나 계속되어 '공치는 날'만 계속되는 바람에 이 지경이 되었으니 누구를 탓하랴. 그저 인간의, 나의 어쩔 수 없음을, 그 한계성을 겸허하게 받아들일 수밖에 없지 않은가. 그러니 어리석게 무엇을 탓하며 마음을 상하지 말자. 그저 최선을 다할 뿐. 그러나 만사여의(萬事如意)할 것으로 기대하지 말자. 이른바 '기대 중독'에서 헤어나라 하는 식이다. 말하자면, 주어진 한계 상황을 그대로 받아들이면서 극복하는 길을 채택한 셈이다. 이런 의미에서 여기서 말한 것은 앞에서도 여러 번 지적한 것처럼 운명론(運命論)이 아니라 안명론(安命論)이다.

사실 엄격히 따지면 도를 터득한 사람은 궁극적으로 운명론이든 안명론이든 그런 것에마저도 구애되지 않는 절대 자유의 경지에 들어간 사람이다. 그런 사람이 '큰 스승'이요, 그런 사람이 사회를 지도해야 그 사회가 진정한 의미로 안정하게 번영할 수 있다고 보았다. 다음 편에서는 그런 지도자에 대한 이야기가 나온다.

황제와 임금의 자격(應帝王)

이 편은 이상적인 황제와 임금의 자격이 무엇인가 하는 문제를 다루었다. 따라서 '내성외왕(內聖外王)'이라는 도가(道家) 특유의 정치철학(政治哲學)을 제시했다. 속으로 성인 같은 완전한 자질을 갖추어 그것이 밖으로 표출할 때 이른바 '성제명왕(聖帝明王)'이라는 진정한 의미의 이상적 정치 지도자가 된다는 이야기이다.

이런 지도자는 나라를 어떻게 다스리는가? 권모술수나 정치 기술의 적용은 말할 나위도 없고, 법규나 규정대로 하는 법치주의(法治主義), 심지어 인의(仁義)를 숭상하는 덕치주의(德治主義)마저도 이상적인 다스림이 못 된다는 것이다. 참된 지도자는 그런 인위를 넘어서 실재를 있는 그대로 꿰뚫어 얻은 그 감화력으로 사람들을 자연스럽게, 알듯 모를 듯 이끌어 가는, 노자(老子)식 무위(無爲)의 정치, 가만 놓아둠의 정치, 무심(無心)의 정치를 실현하는 사람이다. "최소한으로 다스리는 것이 최선의 다스림"이라는 원칙에서 궁극적으로 '다스리지 않으면서 다스리는 사람'이다. 이런 다스림은 '실재의 세계(道)'를 그대로 체득한 사람이라야 할 수 있다는 뜻에서 플라톤이 그의 『공화국』에서 말한 '철인왕(哲人王, philosopher-king)'을 연상하게 한다.

순(舜) 임금과 태씨(泰氏)

1. 설결(齧缺, 이 빠진 이)이 왕예(王倪, 왕의 후예)에게 물었습니다. 네 번 물었는데, 네 번 다 모른다고 했습니다. 설결은 껑충 뛸 정도로 크게 기뻐하며 스승 포의자(蒲衣子, 부들풀옷 선생)에게 가서 이 말을 전했습니다.

포의자가 말했습니다. "너는 그것을 이제야 알아냈느냐? 순(舜) 임금은 태씨(泰氏)와 비교가 되지 않는다. 순 임금은 아직도 인(仁)으로 사람을 끌어 모으려 하는데, 그렇게 해서도 사람을 끌어 모을 수는 있다. 그러나 아직 시비의 경지를 벗어나지 못했다.

태씨는 누워 잘 때는 느긋하고, 깨어 있을 때는 덤덤하여, 때로는 스스로 말(馬)이 되고 때로는 스스로 소가 되기도 한다. 그 앎은 실로 믿음직하며, 그 덕은 아주 참되다. 그는 시비(是非)의 경지에 빠져 있지 않다."

---

1. 齧缺問於王倪 四問而四不知 齧缺因躍而大喜 行以告蒲衣子 蒲衣子曰 而乃今知之乎 有虞氏不及泰氏 有虞氏其猶藏仁以要人 亦得人矣 而未始出於非人 泰氏其臥徐徐 其覺于于 一以己爲馬 一以己爲牛 其知情信 其德甚眞 而未始入於非人

▸ 蒲(포) - 부들풀 / 有虞氏(유우씨) - 순(舜) 임금. 앞에 나옴 / 泰氏 - 복희(伏戱)를 가리킨다고 보기도 함 / 要 - 여기서는 '모으다' / 非人 - '남을 비난하는 자리'라고 푸는 사람도 있고, '인간을 넘어선 경지'라 푸는 사람도 있다. 문맥으로 보아 '시비를 따지는 경지'로 보는 것이 좋을 것 같다.

설결과 왕예의 문답은 제2편 「제물론」(2 : 22—24)에도 이미 나왔다. 거기에서도 설결의 질문에 왕예는 세 번씩이나 "내가 그것을 어떻게 알 수 있겠는가?" 하는 말로 대꾸했다. 그런데 여기서는 설결의 네 번 물음에 다 모른다고 했다는데, 무엇을 물었는지는 밝히지 않았다. 그 것은 중요하지 않다는 뜻일 것이다. 오로지 네 번 질문에 네 번 모두 모른다고 했다는 것, 그 때문에 설결이 그렇게 좋아서 껑충 뛰었다고 만 한 것으로 보아 이 사실이 바로 문제의 핵심인 모양이다. 도대체 왜 이것이 그렇게 중요하다는 것일까?

왕예가 모른다고 한 것은 왕예야말로 정말 아는 사람이라는 뜻이 다. 『도덕경』 제56장에 "아는 사람은 말하지 않고, 말하는 사람은 알 지 못한다(知者不言 言者不知)"고 했다. 예로부터 궁극 진리를 진정으 로 아는 사람은 그것이 말로 표현할 수 없는 것임을 통감하고 말하지 않았다. 아무것도 모르면서 진리에 대해 '이것이다' '저것이다', '여기 있다', '저기 있다' 함부로 떠드는 사람은 그것으로 진리가 무엇인지 전혀 알지 못함을 스스로 드러내는 셈이다. 진리에 대해서 함부로 떠 들면서 혼자만 안다고 착각하는 일이야말로 하룻강아지 범 무서운 줄 모르는 격이다.

따라서 진정으로 아는 사람은 '이렇다' '저렇다' 하는 대신에 '이것 도 아니고 저것도 아니다,' 산스크리트어로 '네티 네티(neti-neti)'라는 부정(否定)의 언어를 쓸 수밖에 없다. 이런 것을 두고 서양에서는 '부 정의 길(via negativa)' 혹은 '부정의 신학(negative theology)'이라 했고,

희랍정교에서는 '아포파시스(apophasis, apophatic theology)'라고 하였다. 궁극 실재에 대한 우리의 모든 개념이나 생각을 버릴 때, 오직 그 때 비로소, 우리는 그것을 참다운 '실재(實在)'로 파악하게 되고 이런 직접적인 체험으로 얻은 앎이 진정한 앎이라는 것이다.

왕예는 이처럼 위대한 침묵으로 자신이 그런 경지에 있음을 보여 주었고, 설결은 이런 숨은 뜻을 알아차릴 안목이 있었기에 기뻐서 껑충 뛰었다고 볼 수 있다. 이처럼 진정으로 아는 사람은 진리의 전달 수단으로서 말의 불완전성을 절감하기 때문에 말에 전적으로 의존하지 않는다. 앞에서도 언급한 대로 불언지교(不言之敎)로, 모든 언설(言說)을 떠나 이심전심(以心傳心)으로 가르치는 것이다.(2 : 20 풀이 참조)

설결은 그것을 깨닫고 포의자에게 갔다. 포의자는 설결이 이만큼 깨달았으면 자기의 말을 알아들을 수 있으리라고 생각하고, 순 임금과 태씨를 비교해서 이야기해 주었다. 한마디로 유가(儒家)에서 이상적 임금이라고 여기는 순(舜) 임금도 사실은 이상적 지도자가 못 된다는 지적이다. 아직도 인(仁)으로 다스리는 덕치(德治)의 한계를 넘어서지 못했기 때문이라는 것이다. 그런 방식으로 어느 정도 사람들을 설득할 수는 있겠지만 태씨의 다스림과는 비교가 안 된다는 것이다.

태씨는 누구인가? 주석가에 따라 복희씨라 보기도 하고, 앞에서 대답을 피한 왕예라고도 한다. 아무튼 이름 그대로 '태고(太古)의 황제' 혹은 '최고의 황제'이다. '말이 되기도 하고 소가 되기도 한다'는 사람이다. 이것이 무슨 뜻일까? 무슨 둔갑술을 부리는 재주가 있다는 뜻인가? 몇 가지 해석을 들어보면, 1) 사람들이 알아보지 못하고 말이라 하기도 하고 소라 하기도 하지만 태씨는 그런 말에 전혀 개의하지 않고 오히려 스스로 말이라 생각하기도 하고 소라 생각하기도 하는 사람이라 풀 수도 있고, 2) 완전히 자기를 비운 사람이므로, 백성이 말로 보면 말이 되고, 소로 보면 소가 되는 사람이라고 읽을 수도 있고, 3) 그가 어떤 때는 말의 신(神)을 받고 어떤 때는 소의 신을 받아 행동하는 사람이라고 해석할 수도 있고, 4) 어떤 때는 궤변가들이 말하는 '말'이 되기도 하고 어떤 때는 '소'가 되기도 한다는 뜻으로 새길 수도 있다. 모두 가능한 해석이다. 『도덕경』에서도 참된 지도자는 "백성의 마음을 자기 마음으로 삼는다"(제49장)고 했다.

그러나 전체 문맥으로 보아, 그가 이분(二分)의 세계, 시비(是非)의 세계에 구애되지 않은 사람, 완전한 허심의 세계, 무심의 세계에서 노닐므로, 결국 '말만 소만' 혹은 '이것만 저것만' 하는 '만만'주의의 세계가 아니라, '말도 소도' 혹은 '이것도 저것도' 하는 '도도'주의의 세계, 비이분(非二分)의 세계, 불이(不二)의 세계, 시비 초월(是非超越)의 세계, 제2편에 말한 '양행(兩行)'의 세계에 속한 사람임을 극적으로 표현한 말이라 볼 수 있다. 이렇게 두 쪽을 다 같이 볼 수 있는 사람, 사물을 있는 그대로, '여실(如實)'하게 보는 사람, 이런 사람이 바로 진정한 의미의 제왕이나 지도자가 될 수 있는 사람이라는 뜻이다. 오늘날에도 이런 지도자를 기대해 볼 수 있을까? 오늘 같은 세상에 이런 지도자는 도대체 말도 안 되는 것일까?

2. 견오(肩吾)가 미친 사람 접여(狂接輿)를 만났는데, 접여가 물었습니다. "일전에 중시(中始)가 자네에게 무슨 말을 하던가?"

견오가 대답했습니다. "사람을 다스리는 이가 스스로 원칙과 표준과 의식과 규례를 만들어 내면 사람들이 듣고 교화되지 않을 수가 없을 것이라고 했습니다."

접여가 말했습니다. "그것은 엉터리 덕이다. 세상을 그렇게 다스리는 것은 마치 바다 위를 걸어서 건너고, 강에다 구멍을 파고, 모기 등에다 산을 지우는 것이다. 성인이 다스리는 것이 어디 밖을 다스리는 일인가? 먼저 자신을 올바르게 하고 나서 행동하고 일이 제대로 되는가를 확인하는 것뿐이다. 새는 하늘 높이 날아야 화살을 피하고, 들쥐는 사당 언덕 밑을 깊이 파고들어야 구멍에 피운 연기 때문에 밖으로 튀어나와 잡히거나 파헤쳐져 잡힐 걱정에서 벗어난다. 자네는 오히려 이 두 미물(微物)보다 못하군."

엉뚱하고 충격적인 말만 하는 '미친 사람 접여'가 다시 등장하여, 나라 다스리는 일을 말했다. 나라를 다스리는 데 법이나 규정, 규칙이나 법도로 사람들을 후리거나 따라오게 하려는 것은 그야말로 엉터리

---

2. 肩吾見狂接輿 狂接輿曰 日中始何以語女 肩吾曰 告我 君人者 以己出經式義度 人孰敢不聽而化諸 接輿曰 是欺德也 其於治天下也 猶涉海鑿河 而使蚊負山也 夫聖人之治也 治外乎 正而後行 確乎能其事者而已矣 且鳥高飛 以避矰弋之害 鼷鼠深穴乎神丘之下 以避熏鑿之患 而曾二蟲之無知

☞ 견오(肩吾)와 접여(接輿)는 1 : 9에 나왔다. 접여(接輿)는 4 : 36에도 나옴 / 經式義度 - 모두 인위적인 규정이나 법도 등을 나타내는 말. '羲는 '儀'로 푼다 / 涉(섭) - 물을 건너다 / 蚊(문) - 모기. 앞(4 : 27)에 나옴 / 矰弋(증익) - 오늬에 줄을 매어 쓰는 화살 / 鼷鼠(혜서) - 들쥐 / 神丘(신구) - 토지신의 사당이 있는 언덕. 사람들이 함부로 파헤치지 못한다 / 熏鑿(훈착) - 쥐구멍에 연기를 들여보내 쥐 나오게 하거나 구멍을 파헤쳐서 잡아내는 것.

라는 것이다. 이렇게 겉으로 단속하고 규제하여 나라가 잘 되기를 바라는 것은 모기더러 산을 지고 가기 바라는 것과 같다고 했다. 기막힌 표현이다. 지도자는 먼저 자신을 올바르게 하고 그 감화 아래서 모두가 저절로 되어 가도록 하고, 그렇게 잘 되어 가는 것만 확인하는 정도면 된다는 것이다. 이것이 바로 도가(道家)에서 말하는 '무위(無爲)의 정치', '놓아둠의 다스림'이다.(『도덕경』제57~60장)

백성은 언제 실직할지도 모르는 불안 속에서 사는데 지도자라는 사람들은 '요정'이니 '안가'니 하는 데서 밤을 보내고, 인민들은 굶어 죽는데 '기쁨조'와 희롱이나 하면서 큰소리로 법령이다, 규제다, 운동이다, 개혁이다, 혁명이다 떠들어 보아야 헛일이라는 것이다. 새도 화살을 피하려 하늘 높이 날 줄 알고, 들쥐도 잡힐까봐 사당 밑에다 살자리를 마련하는데, 사람들도 도의다, 법령이다, 규정이다 하고 못살게 굴면 어디고 피하게 마련이니 제발 사람을 그런 식으로 다스릴 생각은 아예 말라는 것이다.

3. 천근(天根)이 은양(殷陽) 남쪽에서 노닐다가 요수(蓼水)에 이르러 우연히 무명인(無名人)을 만나 물었습니다. "세상을 어떻게 다스려야 하는지 여쭈어 보고 싶습니다."

무명인이 말했습니다. "물러가시오. 비열한 사람. 어찌 그렇게 불쾌한 질문을 하시오. 나는 지금 조물자와 벗하려 하오. 그러다가 싫증이 나면 저 까마득히 높이 나는 새를 타고 육극(六極) 밖으로 나가 '아무것도 없는 곳(無何有之鄕)'에서 노닐고, '넓고 먼들(壙垠之野)'에 살려고 하오. 당신은 어찌 새삼 세상 다스리는 일 따위로 내 마음을 흔들려 하오?"

천근이 또 묻자 무명인이 말했습니다. "당신은 마음을 담담(淡淡)한 경지에서 노닐게 하고, 기(氣)를 막막(漠漠)함에 합하게 하시오. 모든 일의 자연스러움에 따를 뿐, '나'라는 것이 들어올 틈이 없도록 하오. 그러면 세상이 잘 다스려질 것이오."

'무명인'은 망명(忘名)하여 이름 같은 것과 상관없이 살아가는 '무관(無冠)의 신사.' 세상을 초탈한 성인이나 지인(至人)이다. 이런 사람에게 세상 다스리는 법을 물으니, 고작 정치학이니 경제학같이 '불쾌하기 짝이 없는' 것에 대한 질문이냐고 나무란다. 그러나 재차 묻자, 불쾌하지만 그런 것들도 어차피 살아가는 데 필요한 질문임을 인정했던지 드디어 입을 열고, 지도자가 될 요건으로 1) 마음을 담담하게 하라, 2) 기를 막막하게 하라, 3) 일을 자연스럽게 하라, 4) '나'를 버리라 했다. 결국 자기처럼 '무명(無名)', '무기(無己)', '무공(無功)'의 경지에 이르게 하라는 것이다. 그러면 저절로 나라를 잘 다스릴 수 있게 된다고 했다. 오늘같이 각박한 정치 현실에서는 잠꼬대 같은 말인가? 혹은 오늘

---

3. 天根遊於殷陽 至蓼水之上 適遭無名人而問焉 曰 請問爲天下 無名人曰 去 汝鄙人也 何問之不豫也 予方將與造物者爲人 厭則又乘夫莽眇之鳥 以出六極之外 而遊無何有之鄕 以處壙垠之野 汝又何帛以治天下感予之心爲 又復問 無名人曰 汝遊心於淡 合氣於漠 順物自然 而無容私焉 而天下治矣
☞ 適(적) - 여기서는 '마침' / 遭(조) - 우연히 만나다 / 爲(위) - 여기서는 다스리다 / 鄙(비) - 천함, 촌스러움 / 豫(예) - 기뻐함 / 莽眇(망묘) - 아득하고 묾 / 垠(량) - 묾 / 帛(예) - 법, 여기서는 뜻이 분명하지 않음.

같이 살벌한 정치 현실이기에 더욱더 이런 정신적 지도자가 절실히 필요한 것 아닌가? 만에 하나라도 이런 지도자가 있다면 과연 누구일까? 역사적으로 보아 누구와 같은 사람일까? 최근에 나온 맥클로글린(Corinne McLaughlin)과 데이빗슨(Gordon Davidson)의 『*Spiritual Politics : Changing the World from the Inside Out*』(New York : Ballantine Books, 1994)는 이런 문제를 진지하게 다루었다.

'무하유지향(無何有之鄕)'은 1 : 14에 나왔다. '황량지야(壙埌之野)'는 거기에 '광막지야(廣莫之野)'로 나와 있다. '유심(遊心)'이라는 단어는 앞 4 : 22 및 5 : 3에도 나왔다. 이런 곳을 '고을(鄕)'이니 '들(野)'이니 하여 지리적 장소로 오해하기 쉽지만, 노닒(遊)은 결국 마음(心)의 문제라는 것을 말하고 있다. 이 말은 후에 불교에서 채택해, 당(唐)나라 법장(法藏)의 『유심법계기(遊心法界記)』, 신라 원효(元曉)의 『유심안락도(遊心安樂道)』 같은 책명이 되기도 했다.

4. 양자거(陽子居)가 노자(老子)에게 말했습니다. "여기 어떤 사람이 있습니다. 메아리처럼 민첩하고, 기둥처럼 튼튼하고, 사물을 뚫어 보고, 머리가 명석합니다. 그러면서도 도를 배우는 데 게을리 하지 않습니다. 이런 사람은 가히 '명철한 왕(明王)'에 비견할 만합니까?"

노자가 대답했습니다. "성인과 비긴다면 이런 사람은 고된 종이요, 일에 얽매인 재주꾼에 불과하오. 몸을 지치게 하고, 마음을 졸일 뿐이지. 호랑이나 표범의 무늬는 사냥꾼을 끌어들이고, 재주 부리는 원숭이나 너구리 잡는 개는 목줄에 매이게 되는 것. 이런 사람을 어찌 명철한 왕에 비길 수 있다는 건가?"

양자거가 놀라면서 다시 물었습니다. "명철한 왕의 다스림은 어떠하온지 여쭙고 싶습니다."

노자가 대답했습니다. "명철한 왕의 다스림이란, 그 공적이 천하를 덮어도 그것을 자기가 한 것으로 여기지 않고, 변화시키는 힘이 만물에 미쳐도 백성들이 그에게 굳이 기대려 하지 않는 것이다. 무슨 일을 하든지 사람들이 그 이름을 들먹이지 않는 것은 그들이 스스로 한 것으로 알고 기뻐하기 때문이라. 이런 사람은 헤아릴 수 없는 경지에 서 있고, 없음(無)의 세계에 노니는 것이다."

요즘 말하는 강력한 지도자, 민첩하고, 박력 있고, 두뇌 회전이 잘되고, 사물의 앞뒤를 훤히 뚫어 보고, 때에 따라 정의니 평화니 하는 말도 섞어 쓸 줄 알고, 적절히 자기 선전에도 신경을 쓰는 그런 지도자가 훌륭한 지도자냐 하는 질문에, 이런 지도자는 잔재주를 부리면서 부산하게 설치느라 몸과 마음을 지치게 하는 정치 기술자나 정치꾼일 뿐이지 결코 참된 지도자, 명왕(明王)이 아니라는 대답이다. 이런

---

4. 陽子居見老聃 曰 有人於此 嚮疾彊梁 物徹疏明 學道不勸 如是者可比明王乎 老聃曰 是於聖人也 胥易技係 勞形怵心者也 且也 虎豹之文來田 猨狙之便 執斄之狗來藉 如是者可比明王乎 陽子居蹴然曰 敢問明王之治 老聃曰 明王之治 功蓋天下 而似不自己 化貸萬物 而民弗恃 有莫擧名 使物自喜 立乎不測 而遊於無有者也

☞ 老聃(노담) - 노자의 이름, 3：9 등에 나옴 / 嚮(향) - 메아리 / 怵(출) - 조바심 내다 / 田(전) - 여기서는 사냥 / 勸(권) - 게을리 하다. / 斄(리) - 너구리. / 恃(시) - 기대다.

지도자는 제 꾀에 넘어지고, 자기 방귀에 자기가 놀라는 사람. 자승자박(自繩自縛)하는 사람이다.

참된 지도자는 이슬처럼 공기처럼 있는지 없는지 모르게 백성들 뒤에서 그들의 필요에 따라 너무나 자연스럽게 순리대로 다스린다. 그래서 백성들이 그 '이름을 들먹이지 않고', 만사 이렇게 잘 되는 것이 마치 자기들 스스로 잘해서 그런 줄 알고 기뻐하도록 한다는 것이다.

이런 생각은 『도덕경』에도 있지만, 거기서 직접 인용한 것은 아니다. 『장자』 내편에는 『도덕경』에서 직접 인용한 것은 없다. 『도덕경』 제17장에 다음과 같은 말이 있다.

"가장 훌륭한 지도자는
사람들에게 그 존재 정도만 알려진 지도자,
그 다음은 사람들이 가까이하고 칭찬하는 지도자,
그 다음은 사람들이 두려워하는 지도자,
가장 좋지 못한 것은 사람들이 업신여기는 지도자.
[지도자에게] 신의가 모자라면
[사람들이] 불신하게 마련.
[훌륭한 지도자는] 말을 삼가고 아낍니다.
[지도자가] 할 일을 다하여 모든 일이 잘 되면,
사람들은 말할 것입니다.
'이것이 모두 우리에게 저절로 된 것이라'고"

앞에서 지적한 『*Spiritual Politics*』라는 책에서는, 이렇게 있는

지 없는지 모르게, 그러면서도 사람들을 변하게 하는 지도 방법을 'transformational leadership(변혁의 지도력)'이라 하고 노자의 가르침이 바로 이런 것이라고 지적했다.(99)

무당 계함(季咸)과 열자(列子)와 그의 스승 호자(壺子)

5. 정(鄭)나라에 계함(季咸)이라는 신통한 무당이 있었습니다. 사람이 죽고 사는 것, 살아 남고 죽게 되는 것, 화나 복을 받는 것, 오래 살고 일찍 죽는 것 등을 다 알 수 있었습니다. 연월일(年月日)까지 알아맞히는 것이 꼭 귀신같았습니다. 정나라 사람들은 그를 보면 모두 도망을 갔습니다. 열자(列子)만은 계함을 만나 보고 심취하여 돌아와서 스승 호자(壺子)에게 아뢰었습니다. "제가 처음에는 선생님의 도(道)가 지극하다고 생각했습니다만, 지금 보니 그보다 더한 도가 있습니다."

호자가 말했습니다. "나는 너에게 도의 껍데기만 가르치고 아직 그 알맹이는 가르치지 않았다. 그런데도 너는 내가 가르치는 도를 다 터득했다고 생각했단 말인가? 암탉이 많아도 수탉이 없으면 어떤 달걀이 나오겠느냐? 너는 그 [알맹이도 없는] 도를 가지고 세상과 겨루어 필경 세상이 너를 믿게 되리라 생각했더냐? 그러니 그따위 사람이 너의 관상이나 보게 된 것이지. 어디

---

5. 鄭有神巫曰季咸 知人之死生存亡禍福壽夭 期以歲月旬日若神 鄭人見之 皆棄而走 列子見之而心醉 歸以告壺子 曰 始吾以夫子之道爲至矣 則又有至焉者矣 壺子曰 吾與汝旣其文 未旣其實 而固得道與 衆雌而無雄 而又奚卵焉 而以道與世亢 必信夫 故使人得而相汝 嘗試與來 以予示之

☞ 巫(무) ― 무당. 보통 巫(무당)는 여자, 覡(격 ― 박수)은 남자 / 壺(호) ― 병 / 亢(항) ― '抗과 같이 '겨루다'의 뜻 / 相(상) ― 여기서는 '관상 본다'는 동사.

한번 그 사람을 데리고 와 나를 보게 해보아라."

✺

정나라에 요즘 말로 해서 '족집게' 무당이 있었다는 것이다. 하도 신통해서 생사는 물론 길흉화복을 날짜까지 정확히 알아맞혔다. 그래서 정나라 사람들은 모두 그만 보면 무서워 도망을 갔다. 왜 도망을 갔을까?

놀라운 사실은 요즘 한국에서는 정치가, 기업인을 비롯하여 상당수의 종교인까지 이런 무당을 보면 그 문 앞에 장사진을 쳐서, 용하다는 어떤 무당은 이천 몇 년까지 이미 예약이 되어 있다고 하니, 과연 이상스런 나라는 정나라일까 한국이란 나라일까?

미래가 왜 그리 알고 싶을까? 알아서 어떻게 하자는 것인가? 한번 좋지 못한 무당을 만나면, 무슨 살(煞)이 끼어 나쁜 일이 있을 터이니 그 일을 막으려면 굿을 해야 하니 돈을 내라, 앞으로 좋은 일이 있을 터이니 그 일이 성사되려면 굿을 해야 하니 돈을 내라, 이리저리 뜯기게 마련이다. 정말로 담이 큰 사람이 아닌 이상 이렇게 알지 못할 미래와 생명과 건강을 담보로 흥정을 하는 데 넘어가지 않을 사람이 몇이나 되겠는가? 무당을 보면 정나라 사람처럼 피하는 것이 상책이다.

정나라 사람들이 모두 도망을 가는데, 열자만은 거기에 혹해서 감히 자기 스승 호자를 보고 스승의 도가 지극한 줄로 알았는데 무당의 도술이 그보다 더 훌륭하더라고 선언할 정도였다. 호자는 어리숙한 열자의 위험을 감지하고 그를 일깨워 주려고 했다. 선무당이 사람 잡는다더니 너야말로 귀동냥이나 한 주제에 참도를 터득한 것처럼, 누구의 도가 지극하다느니 못하다느니 함부로 아는 척하니 한심하구나, 이렇게 거들먹거리니까 무당이 관상이나 보려고 하는 게 아니냐고 나무랐다. "어디 그가 내 관상까지 볼 수 있는지 한번 데리고 와 보라"고 했다.

6. 다음날 열자가 무당과 함께 호자를 만났습니다. 무당은 밖으로 나와서 열자에게 말했습니다. "아. 당신의 선생이 죽게 되었소. 살 수가 없지. 열흘을 넘기지 못할 것이오. 나는 그에게서 이상한 것을 보았소. 물에 젖은 재(恢)의 상이었소."

열자가 들어와 눈물로 옷깃을 적시면서 그 말을 호자에게 전했습니다.

호자가 말했습니다. "아까 나는 무당에게 땅의 모양을 보여 주었다. 싹이 트지만 흔들리지도 않고 멈추지도 않는 모양이지. 그는 분명 나에게서 덕의 움직임이 막힌 것을 조금 보았을 것이다. 또 한번 데려와 보아라."

---

6. 明日 列子與之見壺子 出而謂列子曰 嘻 子之先生死矣 弗活矣 不以旬數矣 吾見怪焉 見溼灰焉 列子入 泣涕沾襟 以告壺子 壺子曰 鄉吾示之以地文 萌乎不震不止 是殆見吾杜德機也 嘗又與來
☞ 沾襟(첨금) - 옷깃을 적시다. 2 : 26에 나옴 / 鄉(향) - 여기서는 '아까' / 杜(두) - 막다 / 機 - 여기서는 '움직임'이라 풂.

무당은 호자에게서 물에 젖은 재의 상을 보고 호자가 곧 죽을 것이라고 예언했다. 열자가 슬퍼하며 이 말을 전하지만 호자는 걱정할 필요가 없다고 한다. 자신은 속에 있는 기(氣)를 자유자재로 할 수 있는 능력이 있기 때문에 무당에게 일부러 자기 속에서 기가 움직이지 않고 막혀 있는 듯한 모습을 보여 주었을 뿐이라고 대답한다. 말하자면 호자는 제2편 첫머리에 나온 남곽자기처럼 "몸도 마른 나무처럼 되게 할 수 있고, 마음도 죽은 재(灰)처럼 되게 할 수 있"는 사람이라는 뜻이다. 정상적인 기의 흐름을 바꾸어 제6편에 나온 진인(眞人)들처럼 '발꿈치로 숨을' 쉬었기 때문에 딴 사람들에게는 전혀 숨을 쉬지 않는 것으로 보였는지도 모른다(6 : 4). 아무튼 아무리 용한 무당이라도 이렇게 몇 단계 위에서 내려다보는 상대를 만나서는 어쩔 수가 없었던 모양이다.

7. 다음날 또 열자는 무당과 함께 호자를 만났습니다. 무당은 밖으로 나와서 열자에게 말했습니다. "다행히 당신의 선생이 나를 만나 병을 고쳤습니다. 이젠 살 수 있겠소. 그에게서 막혔던 것이 트인 것을 보았소."

---

7. 明日 又與之見壺子 出而謂列子曰 幸矣 子之先生 遇我也有瘳矣 全然有生矣 吾見其杜權矣 列子入以告壺子 壺子曰 鄕吾示之以天壤 名實不入 而機發於踵 是殆見吾善者機也 嘗又與來
☞ 瘳(추) - 병이 낫다 / 壤(양) - 고운 흙의 땅.

열자가 안으로 들어가 이 말을 호자에게 전했습니다.

호자가 말했습니다. "아까 나는 하늘과 땅의 모양을 보여 주었다. 이름이나 실질이 끼여들 틈이 없고, 기운의 움직임이 발꿈치에서 나오는 것. 무당은 분명 나에게서 움직임이 원활함을 조금 보았을 것이다. 또 한번 데려와 보아라."

이번에는 무당이 호자에게서 생기가 넘치는 것을 보았다. 호자가 자기 안에 있는 기가 하늘과 땅에 걸쳐 화통하게 움직이는 것을 보여 주었기 때문이다. 여기서 재미있는 사실은 무당이 호자에게서 생기가 보이는 것이 호자가 그 전날 자기를 만났기 때문이고 이것이야말로 호자를 위해서 다행한 일이라고 주장한 점이다. 무당들이 사람들에게 잘되는 일이 생기면 그것이 모두 자기들 덕이라고 공치사하는 버릇은 그 옛날부터 있었던 모양이다.

8. 다음날 또 무당과 함께 호자를 만났습니다. 무당은 밖으로 나와서 열자에게 말했습니다. "당신 선생은 일정하지 않소. 나는

---

8. 明日 又與之見壺子 出而謂列子曰 子之先生不齊 吾無得而相焉 試齊 且復相之 列子入以告壺子 壺子曰 吾鄕示之以太沖莫勝 是殆見吾衡氣機也 鯢桓之審爲淵 止水之審爲淵 流水之審爲淵 淵有九名 此處三焉 嘗又與來

☞ 沖(충) - '虛'와 같음 / 衡(형) - '平'과 같음. 균형 / 鯢桓(예환) - 물이 빙빙 도는 모양.

이제 도저히 그의 관상을 볼 수가 없소. 일정해지거든, 다시 한 번 보기로 하겠소."

열자가 안으로 들어가 이 말을 호자에게 전했습니다.

호자가 말했습니다. "아까 나는 무당에게 더할 수 없이 큰 빔(沖)을 보여 주었으니 분명 나에게서 균형 잡힌 기의 움직임을 보았을 것이다. 빙빙 돌아 모이는 물도 못(淵)이고, 괴어 있는 물도 못이고, 흐르는 물도 못이다. 못에는 아홉 가지가 있는데, 이 중에서 세 가지를 보여 준 셈이다. 어디 다시 데려와 보아라."

기(氣)가 태허(太虛)나 태극(太極)에서 음양(陰陽)으로 균형 있게 혼용되어 있음을 보여 주었다는 것이다. 그래서 한쪽으로 기울어지지 않기 때문에 '이것이냐 저것이냐' 점칠 수가 없었다는 뜻이다.

호자가 보여 준 것은 조용히 고여 있는 물, 흐르는 물, 빙빙 도는 물, 이렇게 우주의 세 가지 모습이 자신 속에 자유자재로 실현될 수 있음을 보여 준 것이다. 그래서 무당이 어리둥절, 호자의 관상을 더 볼 수 없다고 고백한 것이다.

9. 다음 날 또 무당과 함께 호자를 만났습니다. 무당은 채 자리를 잡기도 전에 얼이 빠져 달아나 버렸습니다. 호자가 말했습니

다. "따라가서 데리고 오라."

열자가 따라갔으나 잡지 못하고 되돌아와 호자에게 아뢰었습니다. "없어져 버렸습니다. 간 곳을 몰라 따라갈 수가 없었습니다."

호자가 말했습니다. "아까 나는 그 사람에게 내가 근원에서 아직 나오기 이전의 본모습을 보여 주었다. 나는 그 근원 속에서 나를 비워 사물의 변화에 그대로 따라, 내가 누구인지 모른 채, 바람 부는 대로 나부끼고, 물결치는 대로 흘렀지. 그래서 그가 달아나 버린 것이다."

'未始出吾宗'. 태극보다 먼저인 무극 혹은 아직 분화하기 전의 상태, 모든 것의 근본, 으뜸, 마루이다. 이런 경지가 바로 막힘이나 걸림이 없이 바람 부는 대로 물결 치는 대로 움직이는 자유의 경지이다. 이런 경지가 보통 사람들에게는 '엄청난 것', '무서운 것'이다. 오토(Rudolf Otto)는 '거룩한 것(the Numinous)'에 대한 인간의 경험을 'mysterium tremendum et fascinosum(엄청나면서도 매혹적인 신비)'라고 표현하고 그 다섯 가지 특징 중의 하나가 바로 엄청나게 무서운(awe-ful) 것이며, 이를 보통의 말로 표현할 때 '하느님의 진노(wrath of God)'가 된다고 했다. 여기서 호자가 말한 경지는 만물이 분화하기 전, 이른바 미

9. 明日 又與之見壺子 立未定 自失而走 壺子曰 追之 列子追之不及 反以報壺子曰 已滅矣 已失矣 吾弗及已 壺子曰 鄕吾示之以未始出吾宗 吾與之虛而委蛇 不知其誰何 因以爲弟靡 因以爲波流 故逃也 ☞ 委蛇(위이) - '蛇'를 '이'로 읽음. '순순히 따른다'는 뜻 / 弟靡(제미) - '弟'를 '茅(모 - 풀)'로 보고, '풀이 바람에 나부낌'으로 풂.

발(未發)의 절대적 상태이기에 오토가 말한 '성(聖)'의 경지보다도 더 깊은 경지라 할 수 있을 것이다. 아무튼 이런 엄청난 두려움 때문에 무당은 혼비백산해 열자가 따라잡을 수 없을 정도로 빨리 달아나 버렸다. 이 무당은 히브리 성서 시편의 "내가 주의 신을 떠나 어디로 가며 주의 앞에서 어디로 피하리이까. 내가 하늘에 올라갈지라도 거기 계시며 음부에 내 자리를 펼지라도 거기 계시니이다."(시편 139 : 7, 8) 한 것보다도 더 참담한 심정이었을 것이다.

도망간 무당 계함이 어떻게 되었다는 얘기는 없다. 열자를 일깨워 무당의 '신통력' 같은 것이야말로 '신통할 것이 없다'는 것을 가르치려는 것이 이 이야기의 주제이기 때문이다. 사실 이런 신통력이 종교적 수행 과정에서 지극히 매력적인 것임에는 틀림이 없다. 예수가 공생애를 시작하기 직전에 받았다는 시험 중의 하나가 바로 이런 신통력을 발휘해 보라는 것이었다. 돌로 떡을 만들라고 한 것이 기복적, 경제적, 물질적 시험이었다면, 성전 꼭대기에서 뛰어내려 보라고 한 것은 이런 신통력을 발휘해 보라는 유혹이라고 할 수 있다.

어느 종교에서고, 수행 과정에서 일상적인 차원을 좀 넘어선 경지에 이르면 독심술(讀心術)이라든가, 천리안(千里眼)이라든가, 환상을 본다든가, 신유(神癒)의 힘이 생긴다든가 하는 초능력, 산스크리트어로 '싯디(siddhi)'라는 현상이 따르게 마련이라고 한다. 여러 종교에서는 이런 일이 가능한가 가능하지 않은가를 문제 삼는 것이 아니라, 이런 일이 생기면 그것이 구도 과정에서 구경(究竟)의 경지나 되는 것으로 착각하고 거기에 홀려 정신을 잃지 않도록 각별히 조심하라고 가르친다.

한 예로, 기원후 1세기에 인도의 아스바고샤(馬鳴)가 썼다고 하지만 사실은 중국 사람이 쓴 것으로 보이는『대승기신론(大乘起信論)』이라는 유명한 불교 서적에는 삼매(三昧)의 도를 닦아 가다가 어느 경지에 이르면 아름다운 천사와 보살, 심지어 부처를 볼 수도 있는데, 설령 이들이 나타나 아무리 아름다운 말로 온갖 진리를 설파한다 하더라도 그것은 모두 '마(魔)'일 뿐이니 빠져들지 말라고 경고하고 있다. 더욱이 지난 일이나 다가올 일을 아는 힘이 생기고, 다른 사람의 마음을 읽고, 심지어 방언을 하듯 말을 청산유수로 하는 힘도 생길 수 있지만, 결코 거기에 현혹해서 속된 명예나 이익을 추구하지 말라고 경고하고 있다.(Yoshito S. Hakeda 번역, *The Awakening of Faith*, 97f. , 李箕永,『元曉思想 - 世界觀』388-9 참조)

이렇게 초능력 같은 것이 생기면, 그것을 구도의 길에서 이제 어디쯤 왔구나 하고 가르쳐 주는 일종의 이정표(里程標)쯤으로 생각하고 거기에 한눈 팔지 말고 계속 정진해야 한다는 것이다. 이런 일이 생길 때 그것을 종교의 전부인 것처럼 착각하거나 나아가 이런 것을 선전하여 사람을 모으고, 금력이나 권력을 잡는 데 몰두하면, 예수도, 석가도 있을 수 없고 오로지 돌팔이 종교꾼(charlatan)이 우글거리는 세상으로 끝장나고 만다는 것이다.

10. 그 후 열자는 자기가 아직 배움을 시작조차 못 했음을 깨닫고, 집으로 돌아가 삼 년간 두문불출하고, 아내를 위해 밥도 짓고, 돼지도 사람 대접하듯 먹이고, 세상일에 좋고 싫고를 구별하

지도 않았습니다. 깎고 다듬는 일을 버리고 다듬지 않은 통나무로 돌아갔습니다. 흙덩어리처럼 홀로 그 형체만으로 서서, 여러 가지 엉킴이 있어도 그는 봉한 것 같은 상태였습니다. 이처럼 한결 같은 삶을 살다가 일생을 마쳤습니다.

아직 배움을 시작하지도 못했음을 스스로 깨달았다는 사실 자체가 배움이 지극한 경지에 이르렀음을 의미한다. 열자는 이제 요상스런 신통력에 홀리지 않고 참된 도의 길에 들어서서 실상을 찾는 공부에 전념하게 된 것이다. 말하자면, 무속(巫俗)의 경지를 넘어서게 된 것이다.

거기서 변화가 생기기 시작한다. 아내를 위해 밥을 짓고, 돼지를 사람처럼 대접하고, 좋고 싫은 일이 따로 없게 되었는데, 이것은 모두 열자가 이제 남녀를 구분하고, 인간과 동물을 차별하고, 좋아하는 사람 싫어하는 사람을 가르는 일체의 이분법(二分法)적 세계관을 초월했다는 뜻이다. 성 차별을 반대하는 여성 해방 운동, 인종뿐만 아니라 모든 종(種)의 차별을 넘어서는 동물 애호 운동, 계급 차별을 없애려는 평등 운동이나 인권 운동 등은 근본적으로 이런 이분법적 의식(意識)을 초월한 깊은 안목과 통찰에서 우러난다는 뜻이 아닌가?

이제 열자는 '깎고 다듬는' 인위(人爲)의 세계에서 자연을 그대로

---

10. 然後列子自以爲未始學而歸 三年不出 爲其妻爨 食豕如食人 於事無與親 雕琢復朴 塊然獨以其形立 紛而封哉 一以是終
☞ 爨(찬) - 밥짓다. 4 : 17에 나옴 / 豕(시) - 돼지 / 雕琢(조탁) - 새기고 쫌.

받아들이는 '다듬지 않은 통나무' '박(樸)'의 세계로 넘어갔다. '박'은 『도덕경』에서 계속 도(道)의 상징으로 등장한다. 쪼개거나 다듬지 않은 통나무는 도와 하나됨으로 원초적 비이분의 세계를 되찾았음을 상징한다. 흙덩이처럼 우뚝 선 모습이란 앞 5 : 23에서 말한 것 같이 일상적인 의식이나 분별심에서 벗어나 그야말로 무심(無心), 무정(無情)의 경지에 이르렀다는 뜻이다. 이렇게 한결같이 일생을 보낸 열자의 이야기가 「소요유(逍遙遊)」(1 : 7)에서 "바람을 타고 올라가 마음대로 노닐고…… 세상의 행복에 연연하지 않고 초연히 노닐었다"고 나와 있다. 바람을 타고 나는 붕(鵬)의 경지에 이르렀다는 것이다.

그런데 왜 이 이야기를 「응제왕(應帝王)」 편에 실었을까? 지도자가 되려면 적어도 무당의 괴력에 혹하지 않는 열자와 같은 경지에 이르러야 된다는 얘기가 아닌가? 지도자가 되겠다는 사람들이 선거 때만 되면 무당이나 점쟁이들 집 앞에 성시를 이루는 한국의 현실을 생각하면, 아!

거울 같은 마음

11. 이름에 매이지 말고.
　　꾀의 창고 되지 말고,
　　쓸데없는 일 떠맡지 말고,
　　앎의 주인 되지 마십시오.

무궁한 도를 체득하고 없음의 경지에 노니십시오. 하늘에서
받은 바를 완전히 하고, 터득한 것을 드러내려 하지 마십시오. 역
시 비움뿐입니다. 지인(至人)의 마음씀은 거울과 같아 일부러 보
내지도 않고 일부러 맞아들이지도 않습니다. 그대로 응할 뿐 갈
무리해 두려 하지도 않습니다. 그러므로 사물을 이기고 상함을
받지 않습니다.

---

11. 無爲名尸 無爲謀府 無爲事任 無爲知主 體盡無窮 而遊無朕 盡其所受乎天 而無見得 亦虛而已 至
人之用心若鏡 不將不迎 應而不藏 故能勝物而不傷
☞ 名尸(명시) - '尸'를 '主'로 보아 '명예의 주인이 되지 말라'고 푸는 사람이 있으나, 글자 그대로
'이름에 붙들린 시체가 되지 말라'는 뜻으로 푸는 사람도 있다.

344

계속해서 지도자의 자격과, 지녀야 할 마음가짐을 다른 각도에서 이야기했다. 첫째, 이름에 매이지 말라. 명함을 크게 박아 가지고 다니며 거들먹거리거나 자기 선전에 골몰하지 말라. 둘째, 꾀의 창고가 되지 말라. 모략과 지략, 음모를 꾀하면서 나라를 다스리겠다는 생각을 버리라. 소위 'Think Tank'라는 것도 조심할 일이다. 밀실 정치, 요정 정치는 더 말할 나위도 없고. 셋째, 쓸데없는 일 떠맡지 말라. 이것저것 감투 쓰지 말고 공적 위주로 무슨 프로젝트다 이벤트다 떠벌리지 말라. '무위(無爲)의 위(爲)'를 염두에 두라. 넷째, '앎의 주인'이 되지 말라. 잔꾀나 지모의 주인이 돼야 일이 된다고 생각하지 말라. 이런 부정적인 방법을 버리고 무궁한 도, 사물의 근본을 체득하고, 없음의 경지, 비움의 경지에서 자발적이고 자연적인 행동을 하라. 이것이 바로 마음을 거울처럼 한다는 뜻이라고 충고하고 있다.

여기서 특히 주목할 것은 지인(至人)의 마음을 '거울'에 비유하고 있다는 것이다. 거울은 앞에 나타나는 것을 그대로 비출 뿐, 밉다고 쫓아 보내고 예쁘다고 받아들이는 짓을 하지 않는다. 앞에 나타난 것이 슬프다고 함께 슬퍼하는 것도 아니고, 더러운 것을 비췄다고 제가 더러워지는 것도 아니고, 출렁거리는 것을 보여 준다고 같이 출렁이는 것도 아니다. 오직 잔잔히 떠오르는 대로 비추는 거울, 이것이 자유인의 고요하고 잔잔한 마음이라는 것이다.

『장자』에서 마음을 거울에 비유한 것은 매우 의미 깊은 일이다. 사상사(思想史)를 연구하는 사람들은 '거울'의 비유가 『장자』에서 처음

발견된 것이라고 보고 있다. 이 '거울' 비유는 나중에 불교 및 신유학(新儒學)에서도 즐겨 쓰는 아날로지(analogy)가 되었다. 중국 화엄종(華嚴宗)의 사조(四祖) 징관(澄觀)의 『법계현경(法界玄鏡)』이라는 책이나, 선종(禪宗)의 육조(六祖) 혜능(惠能)이 거울을 소재로 삼아서 지은 게송(偈頌)은 유명하다.*

---

* 거울에 대해서 영어로 쓴 글로 다음 것들을 참조할 수 있다. Kwang-ming Wu, 124ff.; Harold H. Oshima, "A Metaphorical analysis of the Concept of Mind," Victor H. Mair, ed., *Experimental Essays on Chuang-tzu* (Hawaii: University of Hawaii Press, 1983), 63-84; Lee Yearley, "The Perfect Person in the Radical Chuang Tzu," ibid., 131-134; Alex Wayman, "The Mirror as a Pan-Buddhist Metaphor-Simile," *History of Religions*, 12, no. 2 (1973), 251-269; Julia Ching, "The Mirror Symbol Revisited: Confucian and Taoist Mysticism," Steve Katz, ed., *Mysticism and Religious Traditions* (New York: Oxford University Press, 1983), 226－246; Paul Demieville, "The Mirror of the Mind," Peter N. Gregory, ed. *Sudden and Gradual: Approaches to Enlightenment in Chinese Thought* (Honolulu: University of Hawaii Press, 1987), 13-40.

혼돈에 일곱 구멍(混沌七竅)

12. 남쪽 바다의 임금을 숙(儵)이라 하고, 북쪽 바다의 임금을 홀(忽)이라 하였고, 그 중앙의 임금을 혼돈(混沌)이라 하였습니다. 숙과 홀이 때때로 혼돈의 땅에서 만났는데, 혼돈은 그 때마다 그들을 극진히 대접했습니다. 숙과 홀은 혼돈의 은덕을 갚을 길이 없을까 의논했습니다.

"사람에겐 모두 일곱 구멍이 있어, 보고, 듣고, 먹고, 숨쉬는데, 오직 혼돈에게만 이런 구멍이 없으니 구멍을 뚫어 줍시다." 했습니다. 하루 한 구멍씩 뚫어 주었는데, 이레가 되자 혼돈은 죽고 말았습니다.

숙(儵)은 남쪽 바다의 임금으로 '밝음'을 대표하고 홀(忽)은 북쪽 바다의 임금으로 '어두움'을 대표한다. 이 둘은 각각 '빨리 나타나는 것'과 '갑자기 사라지는 것' 곧 만물의 '생성'과 '괴멸'을 나타내기도 한다. 중앙

---

12. 南海之帝爲儵 北海之帝爲忽 中央之帝爲混沌 儵與忽 時相與遇於混沌之地 混沌待之甚善 儵與忽 謀報混沌之德 曰 人皆有七竅 以視聽食息 此獨無有 嘗試鑿之 日鑿一竅 七日而混沌死
☞ 鑿(착) - 뚫음. 穿鑿(천착) / 竅(규) - 구멍.

의 혼돈(混沌)은 아직 이런 분별이나 경계가 생기기 전의 '하나', 영어로 'the One', 'the Undifferentiated', 'the Simplicity'라 할 수 있을 것이다.

서양에서는 혼돈을 '카오스(chaos)'라 하여 보통 부정적인 의미로 쓴다. 질서가 생기기 이전이나 질서가 무너진, 무질서의 상태로 보기 때문이다. 이에 반하여 동양, 특히 도가(道家)에서는 그것이 모든 것의 근원, 모든 가능성의 총체로서 긍정적인 것이다.

『도덕경』 제25장 "분화하지 않은 완전한 무엇, 하늘과 땅보다 먼저 있었습니다(有物混成 先天地生)." 할 때의 그 '분화하지 않은 무엇'이다. 이것은 물론 도(道)의 궁극적인 차원인 무극이나 태극을 의미한다. 신유학(新儒學)의 용어를 빌리면 그 무엇도 나타나기 이전의 '미발(未發)' 상태이다.

이 미분화의 세계가 분화하여 된 것, '이발(已發)'의 세계가 우리가 일상적으로 경험하는 현존 세계이다. 『도덕경』 28장에서는 이를 두고 "다듬지 않은 통나무를 쪼개면 그릇이 됩니다(樸散卽爲器)", 즉 원초적인 통나무(樸)가 쪼개져 개물(個物)이 생겨났다는 것이다. 이렇게 분화해 가는 과정을 진화(進化, evolution)라 한다면 이런 분화 이전 상태를 회복하는 과정을 회선(回旋, involution)이라 할 수 있을 것이다.

여기 혼돈에 구멍이 생긴다는 것은 원초적 비이분법적 의식 상태가 이분법적 의식 상태로 변하는 과정을 의미하기도 한다. 이렇게 분화하지 않은 초이분법적 의식이 주객 이원적으로 분별하는 일상적 의식으로 바뀌면, 그 원초적 단순성, 전일성(全一性)이 죽어 버리고 만다는 것이다.

우리에게 부활할 가능성이 있다면 이런 본래의 순일성(Primordial Simplicity)을 회복하는 일이다. 이것이 근원으로 되돌아감(going back to the origin)이요, 복락원(paradise regained)이요, 귀향(歸鄕, homecoming)이요, 귀일(歸一)이요, 복귀(復歸)요, 원시반본(原始返本)이요, 귀명(歸命)이요, 영어의 at-one-ment(救贖), re-conciliation(和解), re-union(聯合) 등등의 낱말이 상징하는 바로 그것이다. 이런 일이 가능할 때 옛날의 '나'는 진정한 '나'로 다시 태어나는 '변혁(變革)'의 긴 여정을 완성하는 것이다.

외편·잡편에서 중요한 구절들

여기서는 외편(外篇) 잡편(雜篇) 중에서 비교적 잘 알려진 이야기를 골라 보았다. 이런 것들을 살펴보기 전에 우선 『장자』 외편·잡편은 어떤 글이고 내편과 다른 점은 무엇인지 알아본다. 참고 삼아 외편·잡편의 제목을 열거하면 다음과 같다.

외편 15편 : 8. 변무(騈拇) 9. 마제(馬蹄) 10. 거협(胠篋) 11. 재유(在宥) 12. 천지(天地) 13. 천도(天道) 14. 천운(天運) 15. 각의(刻意) 16. 선성(繕性) 17. 추수(秋水) 18. 지락(至樂) 19. 달생(達生) 20. 산목(山木) 21. 전자방(田子方) 22. 지북유(知北遊)

잡편 11편 : 23. 경상초(庚桑楚) 24. 서무귀(徐无鬼) 25. 즉양(則陽) 26. 외물(外物) 27. 우언(寓言) 28. 양왕(讓王) 29. 도척(盜跖) 30. 설검(說劍) 31. 어부(漁父) 32. 열어구(列禦寇) 33. 천하(天下)

장자 학자들은 외·잡편(外雜篇)을 여러 가지 다른 생각을 가진 장자 후학(後學)들이 『장자』 내편 이후 계속 확대 부연하거나 자기들 나름으로 새로운 생각을 덧붙인 것이라고 본다. 특히 그레엄(A. C. Graham)

이나 리우샤오간(劉笑敢, Liu Xiaogan)은 이런 생각을 바탕으로 내·잡편들을 자기들 나름대로 분류하였다.

그레엄은 외·잡편을 다음과 같이 나눈다.

1) 장자파(School of Chuang Tzu) 사람들의 글(17~27, 32편)

2) 원시주의자(Primitivist)들의 글(8~11편)

3) 양주(楊朱)파(Yangist) 사람들의 글(28~31편)

4) 절충파(Syncretist) 사람들의 글 (12~13, 15, 33편)

그레엄은 편에 따라 분류하기보다는 같은 편을 다시 세분하여 여기저기에 끼워 넣었기 때문에 괄호 안의 편수 표시는 대략적인 것이다.

한편 리우샤오간은 외잡편을 다음과 같이 세 종류로 분류했다.

1) 내편에 나타난 것과 같은 장자의 사상을 계승하고 천명하는 데 힘쓴 '술장파(述莊派)' 사람들의 글 (17~27, 32편)

2) 원시 사회를 이상으로 여겨 현실의 정치 체계나 윤리 체계 등을 완전히 부정하며 공자나 유가(儒家)들을 극심할 정도로 신랄하게 공격한 '무군파(無君派)' 사람들의 글 (8~11, 28~31편)

3) 도가의 사상에다 유가나 법가의 사상을 절충하여 장자 철학을 일종의 치세술(治世術)로 바꾸려고 한 '황로파(黃老派)' 사람들의 글 (12~16, 33편)

그러면 외·잡편은 내편과 어떻게 다른가? 첫째, 내편의 각 편들이 '소요유(逍遙遊)'처럼 그 편의 기본 내용을 요약한 석 자를 골라 제목을 붙인 데 반하여, 외편·잡편은 각편 초두의 두 자나 석 자를 따서 제목을 삼았다.

둘째, 내편에서는 장자에 대해 언급할 때 '장주(莊周)'라는 본명을 썼는데, 외·잡편에서는 '장자(莊子)'라는 존칭을 썼다.

셋째, 내편에는 노자의 『도덕경』에서 직접 인용한 것이 없는데, 외·잡편에는 그런 것이 많다.

넷째, 내편에는 도(道), 덕(德). 성(性), 명(命), 정(精), 신(神) 등의 글자를 따로따로 썼는데, 외·잡편에는 도덕(道德), 성명(性命), 정신(精神) 등 복합어가 많다. 이것은 외·잡편이 내편보다 뒤에 씌었으리라고 추측할 근거가 되기도 한다.

다섯째, 표현과 내용이 내편에 비해 훨씬 떨어진다는 것이 일반적 견해이다. 그러나 내편의 난해한 사상에 비해 외·잡편은 우화가 중심을 이루어서 이해하기는 한결 쉽다고 할 수도 있다.

이상 열거한 몇 가지 사실과 기타 몇 가지 다른 이유로 외·잡편이 내편보다 후대에, 장자 자신의 가르침이나 글에 영향을 받은 사람들이 썼으리라고 보는 데 학자들의 의견이 대체로 일치한다.

여기 골라 놓은 것은 주로 '장자파'나 '술장파'에 속하는 편에서 나온 것들이다. 그 중에서 제17편 「추수(秋水)」 편은 사상이 『장자』 내편과 가장 비슷하고, 독립된 편으로서도 아름답고 심오한 글들이다. 여기서 17편은 거의 모두 뽑은 셈이다. 제33편은 고대 중국에서 영향을 미친 사상가들을 한데 모아 일목요연하게 소개하고 있어서 중국 사상사의 귀한 재료지만 지금 이 책의 주요 내용이 사상사가 아니기 때문에 여기서는 다루지 않았다.

오리 다리, 학의 다리

그러므로 오리의 다리가 짧다고 길게 늘여 주어도 괴로움이
따르고, 학의 다리가 길다고 잘라 주어도 아픔이 따릅니다. 그러
므로 본래 긴 것은 자를 것이 아니며, 본래 짧은 것은 늘일 것이
아닙니다. 두려워하거나 괴로워할 까닭이 없습니다. 인의(仁義)
가 사람들의 본래적 특성일 수 있겠습니까? 저 인(仁)을 갖춘 사
람들, 괴로움이 얼마나 많겠습니까? (「변무(騈拇)」 8 : 3)

❈

이 문단은 외편 제8편에 있는 것인데 이 편은 바로 앞에서 지적한
바와 같이 무군파(無君派)나 그레엄(Graham)이 말한 원시주의
(Primitivist)학파에 속하는 사람들이 쓴 것으로 보이는 글이다. 사회
제도나 유가(儒家)의 윤리 체제를 철저히 배격하므로 내편에 나오는
장자의 생각과 큰 차이를 드러내고 있는 부분이다. 무군파에 속한 글
중에서는 이 구절 하나만을 대표로 골랐다

是故鳧脛雖短 續之則憂 鶴脛雖長 斷之則悲 故性長非所斷 性短非所續 無所去憂也 意仁義其非人情
乎 彼仁人何其多憂也
☞ 無所去憂 - 여기서는 '去(거)'를 '怯(겁)'의 차자(借字)로 보는 해석을 따름.

여기서도 오리 다리를 늘이거나 학의 다리를 자르는 것처럼 본성에 어긋나는 일을 하면 괴로움과 슬픔이 따르는 법. 사람들에게 인의(仁義)를 가르치는 것도 사람들의 본성에 어긋나는 일을 강요하는 것이기 때문에 괴로움과 슬픔을 가져올 뿐이라는 주장이다.

『장자』 내편의 사상은 대체로 윤리가 중요하기는 하지만 그것만으로는 충분하지 않기 때문에 윤리의 한계를 넘어서야 한다고 가르친 데 반하여, 무군파의 글들은 처음부터 윤리 자체를 완전히 무시하고 윤리 이전의 상태, 완전 원시 상태로 돌아가야 한다고 강조했다. 『장자』 내편에서는 하늘의 본성을 자연으로 보고 그대로 따를 것을 강조했는데, 무군파들은 이와 대조적으로 인간의 본능적 성향 자체를 자연으로 보고 그것을 그대로 따라야 한다고 했다. 제29편 「도척(盜跖)」편에는 천하 도둑의 괴수를 등장시켜 공자를 힐난하고 수모를 주는 이야기인데, 해도 너무한다는 감을 떨칠 수 없고, 나아가 이런 글을 쓴 사람의 기본적인 윤리 의식 자체를 의심하지 않을 수 없을 정도이다. 이처럼 문맥 전체를 보면 엄격한 의미에서 여기 '학의 다리가 길다고 자르지 말라'고 한 외편 제8편의 이 말은 『장자』 내편의 기본 사상과 거리가 멀다.

이렇게 공자를 과격하게 비난한 부분 때문에 한국에서는 공자를 숭상한 조선조 500년 동안 『장자』를 배척하고 무시해서, 『장자』 연구서는 박세당(朴世堂, 1629~1703)의 『남화경주(南華經注)』와 한원진(韓源震, 1682~1751)의 『장자변해(莊子辨解)』, 그리고 중국 송(宋)나라 임희일(林希逸)의 책에 토를 붙인 작자 미상의 『현토구해남화진경(懸吐句解南華眞經)』밖에 나오지 않았다. 그것도 내편을 '최초로 본격적으로 문제삼은 거작(巨作)'이라는 한원진의 저술마저 장자 사상을 이해하고 수용하려는 것이 아니라 오로지 비판하고 '반격'하기 위한 것이었다. (李康洙, 219)

오늘 같은 종교적 다원주의(多元主義) 시대에 남의 종교나 그 종교의 창시자를 부질없이 비난한 부분을 일부러 부각할 필요는 없다고 생각한다. 그럴 필요가 없다기보다 그러면 안 된다고 해야 할 것이다. 더욱이 앞에서 여러 번 지적한 바와 같이『장자』내편에 나온 '시각주의(perspectivalism)' 입장에 철저하게 설 경우, 남의 종교나 그 창시자를 무조건 비난하는 일은 있을 수 없을 것이다.『장자』를 읽되 이렇게 '무군파'에 속한 부분은 조심해서 다원주의 시대에 걸맞게 읽어야 하리라.

하백(河伯)과 북해약(北海若)

가을에 큰물이 나서 여러 강물이 황하로 흘러들었습니다. 그 흐름이 너무나 커서 강가 양쪽이나 모래톱에서 보면 소와 말을 분간할 수 없을 정도였습니다. 이렇게 되자 황하의 신(神) 하백(河伯)이 흐뭇해 하며 자기가 세상의 모든 훌륭함을 독차지했다고 기뻐했습니다. 하백이 물결을 타고 동쪽으로 내려가다가 북해에 이르렀습니다. 거기서 동쪽을 보니 물의 끝이 보이지 않았습니다. 그래서 얼굴을 돌려 북해의 신 약(若)을 보고 한숨을 지으며 말했습니다. "옛말에 '도에 대해 백 번을 들으면 저보다 나은 이가 없는 줄 안다'고 한 말이 바로 나를 두고 하는 말이군요."

(「추수(秋水)」 17 : 1)

황하의 신 하백(河伯)은 가을 홍수로 강물이 가득해지자 자신이 세

秋水時至 百川灌河 涇流之大 兩涘渚崖之間 不辯牛馬 於是焉 河伯欣然自喜 以天下之美爲盡在己 順流而東行 至於北海 東面而視 不見水端 於是焉 河伯始旋其面目 望洋向若而歎曰 野語有之 曰聞道 百以爲莫己若者 我之謂也

☞ 灌(관) - 흘러들어 가다 / 涇(경) - 통하다 / 涘(사) - 물가 / 渚(저) - 물 가운데 있는 모래톱 / 野語 - 속담.

상에서 제일이라고 생각하며 넘실거리는 물결을 타고 동쪽으로 내려가다가 마침내 북해에 이르렀다. 여기서 말하는 북해는 중국에서 보아 동북쪽에 있는 바다. 한국에서 보면 서해(西海)로서, 정확히 말하면 발해(勃海)만이다.

「소요유(逍遙遊)」편에 나온 매미나 새끼 비둘기처럼 지금까지 자신이 최고라고 생각하며 살아온 하백이 눈을 번쩍 떴다. 망망 대해 북해를 다스리는 신 약(若)에 비하면 자신이 아무것도 아님을 깨달은 것이다. 그래도 하백이 매미나 새끼 비둘기와 다른 점은 매미나 새끼 비둘기가 끝까지 자신들이 제일이라는 착각 속에서 살다 죽는 데 반하여 하백은 자기의 한계를 깨닫고 이를 겸허히 인정했다는 것이다. 자신의 무지를 아는 것은 위대한 앎으로, 모든 참된 앎의 출발점이다. 하백이 이렇게 겸허하고 개방석인 자세가 될 때 북해의 신도 그를 받아들이고 대화의 상대로 대접해 주었다.

우물 안의 개구리

　북해약(北海若)이 대답했습니다. "우물 안 개구리에게는 바다 이야기를 할 수 없지요. 한 곳에 갇혀 살기 때문이오. 여름 벌레에게 얼음 이야기를 할 수 없지요. 한 철에 매여 살기 때문이오. 마음이 굽은 선비에게 도(道)를 이야기할 수 없지요. 한 가지 가르침에 얽매여 살기 때문이오. 지금 당신은 좁은 강에서 나와 큰 바다를 보고 비로소 당신이 미미함을 알게 되었소. 이제 당신에게 큰 이(理)에 대해 이야기할 수 있게 되었구려."

(「추수(秋水)」 17 : 2)

✲

　바로 이 문단이 그 유명한 '우물 안 개구리' 이야기의 출전(出典)이다. 개구리 이야기가 또 하나 조금 뒤에 나온다(17 : 14). 여기서 우물 안 개구리는 물론 매미나 새끼 비둘기, 버섯이나 메뚜기처럼 앎의 한계가 있으면서도 그것을 모르는 사람들을 빗댄 것이다.(개구리의 '종교

北海若曰 井鼃不可以語於海者 拘於虛也 夏蟲不可以語於冰者 篤於時也 曲士不可以語於道者 束於敎也 今爾出於崖涘 觀於大海 乃知爾醜 爾將可與語大理矣

적 체험'에 대해서는 졸저,『열린 종교를 위한 단상』제2편 1장 참조)

우물 안 개구리나 하루살이와 달리 하백은 이렇게 자신의 '미미함'을 알았으므로 이제 이(理)에 대해 이야기할 수 있는 자격을 얻었다고 했다. 여기 나오는 '이(理)'는 '도(道)'와 같은 뜻으로,『장자』곳곳에 나오는 이 말이 나중에 불교와 신유학(新儒學)에 들어가 중국 철학사에서 중요한 용어가 되었다.(3 : 4 참조)

"자네는 무너진 우물 안 개구리 이야기를 들어 보지 못했나? 그 개구리가 동해에서 온 자라에게 말했네. '나는 여기가 좋으이. 밖으로 나가면 난간 위에서 뛰놀고, 안으로 들어오면 벽돌 빠져나간 구멍 끝에서 쉬네. 물에 들어가면 거드랑이까지 차게 하고, 턱을 받치지. 진흙을 찰 때는 발등까지 흙에 묻히고. 장구벌레, 게, 올챙이 모두 나만 못하이. 이 웅덩이 물을 독차지해서 마음대로 노는 즐거움이 더할 나위 없네. 자네도 가끔 들어와 보면 어떻겠나?'

동해의 자라는 왼발을 미처 넣기도 전에 오른쪽 무릎이 걸려 꼼짝할 수 없었지. 어정어정 물러나 개구리에게 동해 이야기를 해주었다네. '대저 천리 거리로도 그 크기를 말할 수 없고, 천길 길이로도 그 깊이를 말할 수 없네. 우(禹) 임금 때 십 년 동안에 아홉 번이나 홍수가 났지만 그 물이 불어나지 않았고, 탕(湯) 임금 때는 팔 년 동안에 일곱 번이나 몹시 가물었지만 바닷물이 줄지 않았네. 시간이 길거나 짧다고 변하지도 않고, 비가 많거나 적다고 불어나거나 줄어드는 일도 없는 것. 이것이 동해의 큰 즐거움일세.'

무너진 우물 안 개구리는 이 말을 듣고 놀라 아주 얼이 빠져버렸다네." (「추수(秋水)」 17 : 14)

여기 나오는 개구리에게는 우물 안이 '지상(지하?) 낙원'이었다. 그보다 더 좋은 세상이 다시없는 줄 알고 동해에서 온 자라에게 들어와 보라고 한다. 자라는 호기심에서인지 들어가 보려고 했는데, 왼발을 들어 넣기도 전에 오른쪽 무릎이 걸려 꼼짝할 수가 없었다.

히브리 성서(기독교의 구약) 창세기 첫머리에 나오는 '지상 낙원'에 덴 동산에서 생긴 일을 두고, 프랑스 사람들은 그것이 프랑스에서 나온 이야기라고 한다. 아담과 이브가 과일 하나를 두고 속삭이는 '사랑'을 묘사했기 때문이라고. 영국 사람은 그것이 영국의 이야기라고 주장한다. 아담이 의연하게 이브와 함께 죽기로 결심하는 '신사도'가 나

子獨不聞夫埳井之蠅乎 謂東海之鱉曰 吾樂與 吾跳梁乎井幹之上 入休乎缺甃之崖 赴水則接掖持頤 蹶泥則沒足滅跗 還虷蟹與科斗 莫吾能若也 且夫擅一壑之水 而跨跱埳井之樂 此亦至矣 夫子奚不時來入觀乎 東海之鱉 左足未入 而右膝已縶矣 於是逡巡而却 告之海曰 夫千里之遠 不足以舉其大 千仞之高 不足以極其深 禹之時十年九潦 而水弗爲加益 湯之時八年七旱 而崖不爲加損 夫不爲頃久推移 不以多少進退者 此亦東海之大樂也 於是埳井之蠅聞之 適適然驚 規規然自失也

☞ 埳(감) - 구덩이 / 蠅(와) - '蛙(와)'의 옛 글자. 개구리 / 鱉(오) - 자라 / 甃(추) - 벽돌 / 掖(액) - 겨드랑이 / 頤(이) - 턱 / 跗(부) - 발등 / 虷(간) - 장구벌레 / 蟹(해) - 게 / 科 - 여기서는 올챙이 / 擅(천) - 멋대로 하다 / 壑(학) - 웅덩이 / 跨(과) - 걸터앉다 / 跱(치) - 머뭇거리다 / 縶(칩) - 매다 / 逡(준) - 뒷걸음치다 / 却(각) - 물러서다 / 潦(료) - 장마.

타나 있기 때문이라고. 어떤 사람은 그것을 북한 이야기라고 한다. 입을 것이 없어 벌거벗고 먹을 것이라고는 과일 하나밖에 없으면서도 그곳을 '지상 낙원'인 줄 알고 있기 때문이라고.

물론 궁극적으로는 개구리 이야기가 우리 눈에 보이는 현상 세계만이 유일한 실재요 그 이상의 세계란 있을 수 없다고 믿고 있는 우리 인간 모두를 두고 하는 이야기겠지만, 좁게 생각하면, 자신이 속한 사회, 사상, 종교만이 최고의 진리라고 주장하는 꼭 막힌 사람들 이야기일 수도 있다. 이렇게 자기 것만을 유일한 무엇이라 믿는 것까지는 자유이지만, 그런 잘못된 확신 때문에 드넓은 바다처럼 훌륭하고 신나는 세계에 접하지 못하게 된다는 것은 슬픈 일이다. 더구나 자기의 것을 최고라고 생각하고 딴 사람들을 보고 자꾸 들어와 보라고 강요하는 '열성'은 딴 사람들을 더없이 성가시게 한다. 여기 나오는 동해(한국의 서해)의 자라처럼 한번 들어가 보려고 하지만 그 집단의 폐쇄적 세계관을 도저히 받아들일 수가 없기 때문에 처음부터 그것이 불가능함을 알아차린다.

그래도 이 개구리는 흔히 보는 배타적 국수주의자들이나 이데올로기의 노예가 된 열성 당원이나 광신적 열성파 교인들보다는 훨씬 나았던 모양이다. 자라의 바다 이야기를, 턱도 없는 소리, 불온한 소리, 남을 시험에 들게 하는 소리라고 손을 내젓거나, 귀를 막거나, 달아나지 않고 일단 들어 보는 태도를 보였기 때문이다. 더구나 그 바다 이야기는 자기가 여태까지 '당연한 것으로 여기던 세상'을 초월하는 '엄청난 신비'이지만 그것을 듣고 기절초풍할 정도로 열린 마음을 가지고 있었다는 점이다. 이제 이 개구리가 할 일은 정신을 가다듬어 세상을 있는 그대로 보기 위해 우물 밖으로 일생 일대 '신앙의 도약(leap of faith)'을 감행하는 것이다.

진흙 속에 꼬리를

장자(莊子)가 복수(濮水)에서 낚시질을 하고 있었습니다. 초(楚)나라 임금이 대부(大夫) 두 사람을 보내 자신의 뜻을 전했습니다. "원컨대 나랏일을 맡아 주시기 바랍니다."

장자는 낚싯대를 쥔 채 돌아보지도 않고 대답했습니다. "내가 듣자 하니 초나라에는 죽은 지 삼천 년이나 된 신령한 거북이가 있는데, 왕께서 그것을 비단으로 싸서 상자에 넣고 사당 위에 잘 모셔 두었다 하더군요. 이 거북이 죽어서 뼈를 남겨 귀히 여겨지기를 바랐을까요, 살아서 진흙에 꼬리를 끌고 다니고 싶었을까요?"

두 대부가 말했습니다. "물론 살아서 진흙에 꼬리를 끌고 다니고 싶었겠지요."

장자가 말했습니다. "돌아가십시오. 나도 진흙에 꼬리를 끌고 다니겠소." (「추수(秋水)」 17 : 16)

莊子釣於濮水 楚王使大夫二人往先焉 曰 願以竟內累矣 莊子持竿不顧曰 吾聞楚有神龜 死已三千歲矣 王巾笥而藏之廟堂之上 此龜者 寧其死爲留骨而貴乎 寧其生而曳尾於塗中乎 二大夫曰 寧生而曳尾塗中 莊子曰 往矣 吾將曳尾於塗中

☞ 釣(조) – 낚시 / 累(루) – 끼치다. 여기서는 '나랏일을 맡아서 심려를 끼치게 된다'는 뜻 / 笥(사) – 상자 / 曳(예) – 끌다.

권력을 마다하고 자연과 더불어 한평생을 보내겠다는 자연인의 태도를 가장 극명하게 묘사한 문단이다. 이와 비슷한 이야기가 제32편 (32 : 10)에, 소가 아무리 아름다운 비단옷을 입고 풀과 콩을 잘 먹어도 막상 끌려가 제사에나 쓰인다면 그 호강이 무엇이겠느냐는 식으로 나온다. 바로 다음 문단에 나오는 원추의 이야기도 같은 생각을 말한 것이다.

이렇게 자연에 묻혀 사는 즐거움을 말할 때마다 고산(孤山) 윤선도 (尹善道, 1587~1671)의 「오우가(五友歌)」가 떠오른다.

내 버디 몃치나 ᄒ니 水石과 松竹이라
東山의 둘 오르니 긔 더욱 반갑고야
두어라 이 다슷밧긔 ᄯᅩ 더ᄒ야 무엇ᄒ랴.

원추와 올빼미

혜자(惠子)가 양(梁)나라 재상으로 있을 때, 장자가 찾아가 만나려 했습니다. 어떤 사람이 혜자에게 "장자가 당신 대신 재상이 되려고 오는 것"이라고 말했습니다. 이에 혜자는 겁이 나서 사흘 낮밤 동안 온 나라를 뒤졌습니다.

장자가 이 말을 듣고 [혜자를 찾아가] 말했습니다. "남쪽에 있는 원추(鵷鶵)라는 새를 아는가? 원추는 남해에서 출발하여 북해로 날아가는데, 오동나무가 아니면 앉지를 않고, 대나무 열매가 아니면 먹지를 않고, 감로천이 아니면 마시지를 않지. 그런데 마침 썩은 쥐를 얻은 올빼미 한 마리가 원추가 지나가자 [그 썩은 쥐를 뺏길까 겁이 나서] 원추를 쳐다보며 꽥 소리를 질렀다는 거네. 지금 자네도 그 양나라 대신(大臣)의 자리가 욕심이 나서 나에게 꽥 소리를 지르는가?" (「추수(秋水)」 17 : 17)

惠子相梁 莊子往見之 或謂惠子曰 莊子來 欲代子相 於是惠子恐 搜於國中三日三夜 莊子往見之曰 南方有鳥 其名爲鵷鶵 子知之乎 夫鵷鶵發於南海 而飛於北海 非梧桐不止 非練實不食 非醴泉不飮 於是鴟得腐鼠 鵷鶵過之 仰而視之曰 嚇 今子欲以子之梁國而嚇我邪
☞ 鵷鶵(원추) - 봉황새의 일종이라 함 / 練實(연실) - 대나무 열매라고도 하고 멀구슬나무 열매라고도 하는데, 봉황이 먹는 것이라 함 / 鴟(치) - 올빼미.

366

권력욕에 사로잡힌 사람은 권력에 전혀 관심이 없는 사람을 보고도 모두 정적(政敵)으로 생각하고 인간 관계만 살벌하게 한다는 이야기이다. 정치에서뿐만 아니라 일상사에서도 상대는 별다른 생각이 없는데 쓸데없이 경쟁 대상으로 생각하고 그 사람이 하는 모든 일이 자기를 해치거나 불리하게 하는 행동으로 해석하는 경우가 허다하다. 우리 속에 잠재한 열등감 때문에 이런 일이 일어나는 수가 많다.

물고기의 즐거움

장자가 혜자와 함께 호수(濠水)의 다리 위를 거닐고 있었습니다.

장자가 말했습니다. "피라미가 나와서 한가롭게 놀고 있으니 이것이 물고기들의 즐거움이겠지."

혜자가 말했습니다. "자네는 물고기가 아닌데, 어찌 물고기의 즐거움을 알 수 있나?"

장자가 말했습니다. "자네는 내가 아닌데, 어떻게 내가 물고기의 즐거움을 모른다는 것을 알 수 있는가?"

혜자가 말했습니다. "나는 자네가 아니니까 물론 자네를 모르지. 그렇다면 자네도 물고기가 아니니까 자네가 물고기의 즐거움을 알지 못한다는 것은 확실한 일이지."

"자, 처음으로 돌아가 보세. 자네는 나더러 '어찌 물고기의 즐거움을 알 수 있냐고 했지. 이 말은 자네가 이미 내가 물고기의 즐거움을 안다는 것을 알고 물은 것이네. 나는 호숫가에서 물고기의 즐거움을 알 수 있네." (「추수(秋水)」 17 : 18)

莊子與惠子遊於濠梁之上 莊子曰 鯈魚出遊從容 是魚之樂也 惠子曰 子非魚 安知魚之樂 莊子曰 子非我 安知我不知魚之樂 惠子曰 我非子 固不知子矣 子固非魚也 子之不知魚之樂 全矣 莊子曰 請循其本 子曰汝安知魚樂云者 旣已知吾知之而問我 我知之濠上也

☞ 梁(양) - 다리 / 鯈魚(숙어) - 피라미.

여기서 장자가 한 마지막 말이 좀 이상하다. 논리적으로 끝까지 끌고 간다면, "자네는 내가 물고기의 즐거움을 알지 못한다고 했는데, 그것은 자네가 내가 아니면서도 내가 모른다는 것을 이미 알고 있었다는 뜻이 아닌가? 그러니 자네도 내가 아니면서 나를 아는 셈인데, 나라고 물고기가 아니라고 하여 물고기를 알지 못하라는 법이 어디 있는가?" 해야 정상일 것 같다. 그런데 장자는 "자, 처음으로 돌아가 보세. 자네는 나더러 '어찌 물고기의 즐거움을 알 수 있냐'고 했지. 이 말은 자네가 이미 내가 물고기의 즐거움을 안다는 것을 알고 물은 것이네. 자네가 내가 아니면서 내가 안다는 것을 알았던 셈이니, 나도 물고기가 아니지만 물고기의 즐거움을 알 수 있네" 하고 대답했다. 설득력 있는 대답일까?

어쨌든 이 문단에서 주목할 것은 혜자가 주객 이분법적 입장에서 장자와 물고기 둘 사이에는 넘나들 수 없는 인식론적 간극이 있을 수밖에 없다는 논리를 펴고 있는 데 반하여, 장자는 이런 이분법적 차원을 넘어선 경지를 이야기했다는 사실이다. 장자가 여기서 물고기의 즐거움을 안다고 한 것은 그것이 논리나 인식론의 문제가 아니라 주객 합일, 주객 초월을 통해 나와 만물이 하나됨에서 얻을 수 있는 직관적 체험에 근거한 것임을 시사했다고 볼 수 있을 것이다. 물고기와 하나가 되면 물고기의 즐거움이 곧 나의 즐거움이 아닌가.

하이데거가 '진리의 본질'이라는 강연을 한 다음, 어느 집에 가서 인간이 딴 사람을 진정으로 이해할 수 있는가 하는 문제를 가지고 토론하면서 사람들에게 이 문단을 읽어 주었다고 한다(Parkes, 105). 나중에 나온 그의 책,『진리의 본질에 대하여(Vom Wesen der Wahrheit)』를 보면, "진리의 본질은 자유이다…… 자유는 존재들이 스스로 '그러하게 놓아둠'…… 우리가 우리의 현존이 되게 그냥 그대로 놓아둔 형태로 나타난다"고 했다. 자유롭게 노니는 물고기와 내가 하나를 이루어 나도 그 자유에 동참할 수 있다는 뜻인가? 하이데거와『장자』사이의 유사성과 차이점에 대해서는 Parkes의 글(105)과 Wu의 글(1982, 61)을 참조할 수 있다.

장자 아내의 죽음

장자의 아내가 죽어, 혜자가 문상을 갔습니다. 그 때 장자는 두 다리를 뻗고 앉아 질그릇을 두드리며 노래를 부르고 있었습니다.

혜자가 말했습니다. "자네는 아내와 살면서 아이들을 기르고 이제 늙은 처지일세. 아내가 죽었는데 곡을 하지 않는 것도 너무한 일인데, 거기다 질그릇을 두드리며 노래까지 하다니 너무 심하지 않은가?"

장자가 대답했습니다. "그렇지 않네. 아내가 죽었을 때 나라고 어찌 슬퍼하는 마음이 없었겠나? 그러나 그 시작을 곰곰이 생각해 보았지. 본래 삶이란 게 없었네. 본래 삶이 없었을 뿐만 아니라 본래 형체도 없었던 것이지. 본래 형체만 없었던 것이 아니라 본래 기(氣)가 없었던 것이지. 그저 흐릿하고 어두운 속에 섞여 있다가 그것이 변하여 기가 되고, 기가 변하여 형체가 되었고, 형체가 변하여 삶이 되었지. 이제 다시 변해 죽음이 된 것인데, 이것은 마치 봄 여름 가을 겨울 사철의 흐름과 맞먹는 일. 아내는

莊子妻死 惠子弔之 莊子則方箕踞 鼓盆而歌 惠子曰 與人居 長子 老 身死不器 亦足矣 又鼓盆而歌 不亦甚乎 莊子曰 不然 是其始死 我獨何能无槪然 察其始 而本无生 非徒无生也 而本无形 非徒无形也 而本无氣 雜乎芒芴之間 變而有氣 氣變而有形 形變而有生 今又變而之死 是相與爲春秋冬夏四時行也 人且偃然寢於巨室 而我噭噭然 隨而哭之 自以爲不通乎命 故止也

☞ 箕踞(기거) - 다리를 뻗고 앉음 / 盆(분) - 질그릇 / 偃(언) - 눕다 / 噭(교) - 울부짖다.

지금 '큰 방'에 편안히 누워 있지. 내가 시끄럽게 따라가며 울고 불고한다는 것은 스스로 운명을 모르는 일이라. 그래서 울기를 그만 둔 것이지." (「지락(至樂)」 18 : 4)

이 문단에서 보면, 장자는 결혼해서 자녀를 몇 둔 사람이었다. 우리가 일반적으로 생각하는 '도사'와는 거리가 멀다. 아무튼 자기 아내가 죽었을 때, 아내의 주검을 앞에 놓고 질그릇으로 장단을 맞춰 가며 노래부르는 장자를 본 혜자는 장자가 어느 부류의 남편들처럼 부인의 죽음을 기뻐하는 줄로 오해했다. 장자는 그것이 아니라 간디가 말한 일종의 '진리파지(satyagraha)를 체험했다고 할까, 진실의 깊은 면을 통찰할 때 죽음의 본질을 깨달아, 결국 울고불고하는 것을 그만 둘 수 있었다면서 혜자의 오해를 풀어 준다. 앞에서도 계속 나온 것처럼 여기서도 죽음을 자연스런 변화의 일부로 본다. 죽음을 계절의 변화와 같이 자연스런 것으로 받아들여 오히려 죽음을 극복한다는 이야기이다. 순명(順命)이요, 안명(安命)이요, '아모르 파티(amor fati)'이다.

바다새의 행·불행

[공자가 말했습니다] "너는 들어 보지 못했느냐? 옛날 바다새
가 노나라 서울 밖에 날아와 앉았다. 노후(魯侯)가 이 새를 친히
종묘 안으로 데리고 와 술을 권하고, 구소(九韶)의 음악을 연주해
주고, 소와 돼지, 양을 잡아 대접했다. 그러나 새는 어리둥절해
하고 슬퍼할 뿐, 고기 한 점 먹지 않고 술도 한잔 마시지 않은
채, 사흘 만에 죽어 버리고 말았다." (「지락(至樂)」 18 : 8)

"새를 새 되게 하라"는 것이다. 각자에게는 천부의 본성이 있는 것.
이것을 무시하고 새를 사람으로, 그것도 이 이야기에서처럼 '국빈(國
賓)'으로, 대접하면 곤란하다는 뜻이다. 곤란 정도가 아니라 '새 죽이
는 일'이다. 뱁새가 황새처럼 되는 것도, 황새가 뱁새처럼 되는 것도,
모두 무리이다. 그것은 각자의 천성을 제대로 발휘하지 못하게 하는

且女獨不聞邪 昔者海鳥止於魯郊 魯侯御而觴之於廟 奏九韶以爲樂 具太牢以爲膳 鳥乃眩視憂悲 不敢
食一臠 不敢飮一杯 三日而死
☞ 觴(상) - 잔을 주다 / 九韶(구소) - 순 임금 때 지은 악곡 / 太牢(태뢰) - 소, 돼지, 양을 갖춘
제사상. 소가 빠지면 少牢 / 眩(현) - 어지러움 / 臠(련) - 저민 고기.

일이다. 남처럼 되는 것이 아니라 각자의 본성 그대로 살고, 본성을 계발하는 것이 중요하다.

술취한 사람이 수레에서

"대개 술취한 사람은 빨리 달리는 수레에서 떨어져도 죽지는 않는다. 그 뼈마디나 관절은 다른 사람들과 같은데 다침이 다른 사람과 다른 것은 그 의식이 온전했기 때문이지. 타고 있는 줄도 모르고, 떨어지는 줄도 모르니 죽고 사는 데 대한 두려움이 마음 속에 들어갈 리 없지. 따라서 사물을 대하는 데 두려움이 없네. 그 사람이 술에서 온전함을 얻어도 이와 같거늘 하물며 하늘에서 온전함을 받을 경우야 어떠하겠는가?" (「달생(達生)」 19 : 3)

'의식이 온전(神全)'하다는 것은 의식이 둘로 나뉘지 않았다는 것이다. 아직 의식이 주(主)와 객(客)으로 완전히 나뉘지 않은 갓난아기는 침대에서 떨어져도 웬만해서는 다치지 않는다. 술취한 사람이나 갓난아기의 의식 상태는 '주객 미분(主客未分)'으로 온전한 것이고, '하늘로부터 얻은 온전함'은 '주객 초월(主客超越)'로 온전한 것이다. 미분 상

夫醉者之墜車 雖疾不死 骨節與人同 而犯害與人異 其神全也 乘亦不知也 墜亦不知也 死生驚懼 不入乎其胸中 是故遻物而不慴 彼得全於酒 而猶若是 而況得全於天乎

☞ 疾(질) ─ '병든다'로 해석할 수도 있고, '질주한다'로 해석할 수 있다 / 遻(오) ─ 대하다.

태와 초월 상태는 분명히 다르다. 제19편 「달생(達生)」(통달한 삶)이란 이처럼 주객으로 나뉜 일상적 의식이 외부적인 조건을 잊어버리고 궁극적으로 이런 이분법을 초극한 상태에 이르렀을 때 생기는 자연스럽고 부드럽고 힘있는 삶을 의미한다. 이 「달생(達生)」 편도 외편 중에서 제17편 「추수(秋水)」와 함께 널리 애독되는 부분이다.

내기 활

"기왓장을 놓고 내기 활을 쏘면 잘 맞고, 허리띠 고리를 놓고 쏘면 주저하게 되고, 황금을 놓고 쏘면 마음이 혼란해진다. 기술은 마찬가지인데, 뭔가 더 귀중히 여기는 것이 있어서 그 외면적인 것을 중시하는 것이다. 무릇 외면적인 것을 중시하면 내면적인 것에 허술해질 수밖에 없다." (「달생(達生)」 19 : 5)

「달생(達生)」편의 주제는 마음이 주객으로 분리되는 일이 없도록 마음을 모으는 것, 전일(專一), 전신(全神), 허심, 무심이라 할 수 있는데, 여기 내기 활을 쏜 사람은 상품 때문에 마음이 흐트러져 이런 마음 상태를 유지하지 못했다는 것이다. 아직 이런 외적 조건에 좌우되어 흔들리는 것은 '기술'의 단계를 넘지 못했기 때문이다. 뒤에 나오는 목수 재경(梓慶)의 이야기에서 재경이 귀신같은 솜씨를 발휘할 수 있게 된 준비 과정 중의 하나가 "축하나 상을 받고 벼슬이나 녹을 타고

以瓦注者巧 以鉤注者憚 以黃金注者殙 其巧一也 而有所矜 則重外也 凡外重者內拙
☞ 鉤(구) - 허리띠 고리 / 憚(탄) - 꺼리다 / 殙(혼) - 흐리다.

하는 생각을 품지 않는 것"으로 되어 있다. 이것이 '도'를 따르는 경지이다. '궁술(弓術)'과 '궁도(弓道)'의 차이다.

1996년도 미국 애틀랜타 올림픽에서 대회 첫 금메달을 탈 것이라고 온 국민이 기대했던 한국 여자 공기총 선수가 뜻을 이루지 못하고 말았다. 나중에 인터뷰에서 국민의 기대가 너무 커서 정신적 부담이 됐기 때문이라고 했는데, 이 문단에 비추어 보면 충분히 이해할 수 있는 말이다.

싸움 닭 기르기

기성자(紀渻子)가 왕을 위해 싸움닭을 길렀습니다. 열흘이 지나 왕이 물었습니다. "닭이 되었느냐?"

"아직 안 되었습니다. 지금은 쓸데없이 허세를 부리고 자기 힘만 믿습니다."

다시 열흘이 지나 왕이 또 물었습니다.

"아직 안 되었습니다. 다른 닭의 소리나 모습만 보아도 덤벼듭니다."

다시 열흘이 지나 왕이 또 물었습니다.

"아직 안 되었습니다. 아직도 상대를 노려보고, 혈기 왕성합니다."

다시 열흘이 지나 왕이 또 물었습니다.

"이제 됐습니다. 상대가 울음소리를 내어도 아무 변화가 없습니다. 멀리서 보면 마치 나무로 깎아 놓은 닭 같습니다. 그 덕이 온전해진 것입니다. 다른 닭이 감히 상대하지 못하고 돌아서 달아나 버립니다." (「달생(達生)」 19 : 9)

紀渻子爲王養鬪鷄 十日而問 鷄已乎 曰 未也 方虛憍而恃氣 十日又問 曰 未也 猶應嚮景 十日又問 曰 未也 猶疾視而盛氣 十日又問 曰 幾矣 鷄雖有鳴者 已无變矣 望之似木鷄矣 其德全矣 異鷄无敢應者 反走矣

☞ 恃(시) ― 믿다, 기대다.

『열자(列子)』「황제(黃帝)」편에도 나오는 이 이야기는 잘 알려져 있다. '덕이 온전한 상태(德全),' 완전한 허심, 무심에서 생기는 내면의 힘이 겉으로 허세를 부리는 공격 자세를 압도한다는 얘기이다. '부드러운 것이 강한 것을 이긴다'는 원리이다. 이 이야기를 근거로 예로부터 나무를 깎아 만든 닭을 정신 수양을 위한 좌우명처럼 몸 가까이 지니면서 내면적인 힘을 배양하는 데 전념하는 사람들이 있었다. 이 문단은 하이데거도 인용했다.

귀신같은 솜씨를 지닌 목수

재경(梓慶)이라는 목수가 나무를 깎아 거(鐻)를 만드는데, 그것을 본 사람들은 그 귀신같은 솜씨에 놀랐습니다. 노나라 임금이 보고 물었습니다. "자네는 무슨 기술로 이렇게 만드는가?"

재경이 대답했습니다. "저는 목수일 뿐, 무슨 특별한 기술이 있겠습니까? 그러나 오직 한 가지 있기는 있습니다. 저는 거를 만들 때 기(氣)를 함부로 소모하지 않고, 반드시 재계(齋戒=금식)를 하고 마음을 가라앉힙니다. 사흘을 재계하고 나면, 축하나 상을 받고 벼슬이나 녹을 타는 생각을 품지 않게 됩니다. 닷새를 재계하고 나면 비난이나 칭찬, 잘 만들고 못 만들고 하는 생각을 품지 않게 됩니다. 이레를 재계하고 나면 문득 제게 사지(四肢)나 몸뚱이가 있다는 사실마저 잊습니다. 이 때가 되면 이미 공무니 조정이니 하는 생각도 없어져, 오로지 기술에만 전념하고 주의를 산만하게 하는 외부적 요인이 완전히 없어집니다. 그런 후 산의

梓慶削木爲鐻 鐻成 見者驚猶鬼神 魯侯見而問焉曰 子何術以爲焉 對曰臣工人 何術之有 雖然有一焉 臣將爲鐻 末嘗敢以耗氣也 必齊以靜心 齊三日 而不敢懷慶賞爵祿 齊五日 不敢懷非譽巧拙 齊七日 輒然忘吾有四枝形體也 當是時也 无公朝 其巧專而外滑消 然後入山林 觀天性形軀至矣 然後成見鐻 然後加手焉 不然則已 則以天合天 器之所以疑神者 其由是與

☞ 梓(재) - 목수 / 鐻(거) - 악기의 일종이라 하기도 하고, 악기를 거는 틀이라기도 함. 영어로는 bellstand / 輒(첩) - 문득 / 滑(골) - 어지러움.

숲에 들어가 나무의 본래 성질을 살펴 모양이 더할 수 없이 좋은 것을 찾게 됩니다. 그리고 나서 거기서 완성된 거(鐻)를 보게 된 후야 비로소 손을 대고, 그렇지 않으면 그만둡니다. 이렇게 되면 하늘과 하늘이 합하는 것입니다. 제가 만드는 것들이 귀신같다고 하는 것이 여기에서 비롯하는 것입니다." (「달생(達生)」 19 : 11)

이 재경의 이야기는 내편 제3편 「양생주(養生主)」에 나오는 포정(庖丁)의 이야기와 비슷하여 그 이야기와 함께 널리 알려져 있다. 여기서도 임금은 재경이 이른 경지를 '기술'이라고 했다. 재경은 "무슨 특별한 기술이 있겠습니까? 그러나 오직 한 가지 있기는 있습니다." 한다. 포정은 "제가 귀히 여기는 것은 도(道)입니다. 기술을 넘어선 것입니다." 하고 분명히 말했는데, 재경은 자신의 경지가 '기술'이 아님을 완곡하게 표현하고, 도(道)라는 말 대신에 '하나'가 있다고 말했다. 그러면서 이런 신기(神技)가 나오는 것은 일체의 외부적인 일을 잊어버리고 마음이 완전히 한 점에 집중한 상태에서 '초의식적'이고 자연적으로 움직이기 때문이라고 말했다.

여기서 '하늘과 하늘이 합한다'고 한 것은 내 밖에 있는 하늘과 내 속에 있는 하늘이 합한다는 것이고 주객(主客)이 합일하는 경지에 이르렀다는 것이다. 이렇게 독립한 개체인 내가 없어지고 하늘과, 도와 하나가 되어 만들기 때문에 '그가 만든 것들이' 사실은 그가 만드는 것이 아니라 신(神)이 만든 것이 된다. 그래서 사람들이 '귀신같은 솜씨'라고 찬탄하는 것이다.

신과 허리띠

발을 잊는 것은 신발이 꼭 맞기 때문이고, 허리를 잊는 것은 허리띠가 꼭 맞기 때문이고, 마음이 시비를 잊는 것은 마음이 꼭 맞기 때문입니다. (「달생(達生)」 19 : 13)

신발이 발에 맞지 않으면 계속 신발을 의식한다. 신발이 꼭 맞으면 신발을 신었는지 안 신었는지 의식하지 못한다. 안경이 눈에 잘 맞으면 안경을 쓰고 있다는 사실을 잊는다. 심지어는 안경을 쓰고 안경을 찾느라 한참 부산을 떨 때도 있다. 등에 업은 아기가 계속 보채면 계속 달래고 어르고 흔들어 주느라 잊을 수가 없지만, 아기가 조용히 업혀 있으면 아기가 업혀 있는지도 모르고 "업은 아기 삼 년을 찾는다." 『도덕경』 제17장에 지적한 것과 마찬가지로 나라가 편안하여 모든 것이 잘되어 가면, 사람들은 임금이 있는지 없는지도 모르고 살아간다.

남편과 부인도 일심동체가 되었으면, 서로 있는지 없는지도 모르

忘足 屨之適也 忘要 帶之適也 知忘是非 心之適也
☞ 屨(구) - 신발.

며 살아간다는 뜻일까? 부부가 '사랑한다'고 주문 외우듯 외우며 살아야 한다는 것은 실상 상대방을 아직 나와 떨어진 개체로 의식하고 있다는 것이다. 이렇게 상대방을 완전히 잊지 못하는 것은 아직 '꼭 맞지 않았기 때문'이란 뜻인가?

플라톤의 『심포지엄』이라는 책을 보면, 아리스토파네스라는 사람이 옛날 이야기를 한다. 그의 이야기에 의하면 옛날에는 세 종류의 인간이 있었다고 한다. 남자와 남자가 붙어서 하나로 이루어진 인간, 여자와 여자가 붙어서 하나로 이루어진 인간, 남자와 여자가 붙어서 하나로 이루어진 양성(兩性, Androgynous) 인간이었다. 이 양성 인간은 걸어다닐 수도 있었지만, 급할 때는 네 팔과 네 다리, 모두 여덟 개를 사용하여 바퀴돌듯, 굴렁쇠 구르듯, 올림픽 체조 선수가 텀블링하듯 옆으로 굴러다닐 수도 있었다. 이렇게 다니는 것이 너무 빠르고, 힘도 셀 뿐만 아니라 그로 인해 마음이 자고해져 신들에게 도전하기까지 했다. 위협을 느낀 신들은 서로 의논한 끝에, 제우스 신의 제안대로, 이들을 둘로 갈라놓기로 하고 '삶은 계란 자르듯' 모두 반으로 잘라 남자와 남자, 여자와 여자, 남자와 여자로 분리해 놓았다. 인간의 사랑이란 이렇게 본래 붙었다가 잘려 나간 다른 쪽에 대한 동경이라고 한다(*Symposium*, 189 - 191). 아무튼 떨어져 나간 제 짝을 찾아 찰칵하고 들어맞으면 '서로 잊어버리고' 잘 살지만, 본래 짝이 아닌 짝을 만나 딱 들어맞지 못하고 계속 삐걱거리면 한평생 서로 삐걱거리며 살게 마련이라는 뜻일까? 상대방을 의식하지 않는다는 것은 그야말로 '천생연분'이라 삐걱거리지 않는다는 것이고, 의식한다는 것은 삐걱거린다는 것인가? 물론 상대방을 잊을 정도로 서로 완전히 편하게 지내

는 것과 등한히 여기거나 업신여기면서 잊어버리는 것은 비슷하면서
도 크게 다를 것이다.

쓸모 없음과 쓸모 있음

장자가 어느 숲 속을 가다가 가지와 잎이 무성한 큰 나무를 보았습니다. 나무를 베는 사람이 그 옆에 있었지만 베지를 않았습니다. 장자가 그 까닭을 물으니까, 그는 "아무짝에도 쓸모 없기 때문"이라고 했습니다.

장자가 말했습니다. "이 나무는 재목감이 아니어서 천수를 누리는구나."

장자가 산에서 내려와 옛 벗의 집에 머물렀습니다. 그 벗은 반가워하며 머슴아이에게 거위를 잡아 요리해 오라고 일렀습니다.

머슴이 물었습니다. "한 마리는 잘 울고, 다른 한 마리는 울지 못합니다. 어느 것을 잡을까요?"

주인이 대답했습니다. "울지 못하는 것을 잡아라."

다음날 제자들이 장자에게 물었습니다. "어제 산 속의 나무는 쓸모가 없어서 천수를 다할 수 있었고, 지금 이 주인 집 거위는

莊子行於山中 見大木枝葉盛茂 伐木者止其旁而不取也 問其故 曰 无所可用 莊子曰 此木以不材得終其天年 夫子出於山 舍於故人之家 故人喜 命豎子殺鴈而烹之 豎子請曰 其一能鳴 其一不能鳴 請奚殺主人曰 殺不能鳴者 明日弟子問於莊子曰 昨日山中之木 以不材得終其天年 今主人之鴈 以不材死 先生將何處 莊子笑曰

☞ 豎(수) - 아이 / 鴈(안) - 기러기 / 烹(팽) - 삶다, 요리하다. 兎死狗烹(토사구팽).

쓸모가 없어서 죽었습니다. 선생님은 어느 쪽을 택하시렵니까?"

장자는 웃으면서……. (「산목(山木)」 20 : 1)

어제 산 속의 나무는 쓸모가 없어서 살아남고, 지금 이 집 거위는
쓸모 없어서 잡혀 죽고. 도대체 어찌 된 것이냐는 제자의 질문이다.
이런 재치 있는 질문에 장자가 웃었다고 한다. 빙그레 웃는 웃음이었
을까 너털웃음이었을까? 아무튼 "허허" 하는 소리가 들리는 것 같다.

여기 옮기지는 않았지만 장자가 한 대답의 요점은 결국 쓸모 없음
만을 일방적으로 좋게 여길 수 없다는 것이다. 궁극적으로는 쓸모가
있거나 없거나 어느 한쪽에도 매여서는 안 된다는 것이다. 쓸모 있고
없고를 떠나 허심, 무심의 경지, 집착이 없이 자유로운 경지, 자유자재
한 경지가 궁극의 자리라는 것이다.

빈 배

"배로 강을 건너는데
빈 배 하나가 떠내려오다가
그 배에 부딪쳤습니다.
그 사람 성질이 급한 사람이지만
화를 내지 않았습니다.
그런데 떠내려오던 배에
사람이 타고 있으면
당장 소리치며
비켜 가지 못하겠느냐고 합니다.
한 번 소리쳐서 듣지 못하면
다시 소리치고,
그래도 듣지 못하면
결국 세 번째 소리치는데,
그 땐 반드시 욕설이 따르게 마련.
처음에는 화를 내지 않다가
지금 와서 화를 내는 것은
처음에는 배가 비어 있었고

지금은 배가 채워져 있기 때문.

사람들이 모두
자기를 비우고
인생의 강을 흘러간다면
누가 능히
그를 해하겠습니까?"   (「산목(山木)」 20 : 3)

이 '빈 배(虛舟)' 이야기는 시남자(市南子)라는 사람이 노나라 임금
에게 한 충고이다. 나를 비우고 인생의 강을 흘러가라는 기막히게 아
름다운 이야기. 더 길게 주를 붙이는 것은 그야말로 사족(蛇足)이다.
단 본문은 시(詩) 형식이 아니지만 여기에서는 하도 아름다워 시처럼
정리해 보았다.

方舟而濟於河 有虛船 來觸舟 雖有偏心之人不怒 有一人在其上 則呼張歙之 一呼而不聞 再呼而不聞
於是三呼邪 則必以惡聲隨之 向也不怒而今也怒 向也虛而今也實 人能虛己以遊世 其孰能害之
☞ 歙(흡) - 거두다.

미녀와 추녀

양자(陽子)가 송나라에 갔을 때 여인숙에 머물렀습니다. 여인숙 주인에게는 첩이 둘이었는데, 하나는 미인이고, 다른 하나는 추녀였습니다. 추녀는 귀여움을 받고 미인은 천대를 받았습니다. 양자가 그 까닭을 물었더니 주인이 대답하였습니다. "저 미인은 스스로 아름답다고 하여 아름다운 줄을 모르겠는데, 저 추녀는 스스로 못났다고 하여 그 못남을 모르겠습니다."

양자가 제자들에게 말했습니다. "너희들은 명심하라. 어진 행동을 하면서도 스스로 어진 행동을 한다고 하지 않으면 어디 간들 사랑을 받지 않을 수 있겠는가?"(「산목(山木)」 20 : 10)

히브리 성서를 보면, "아름다운 여인이 삼가지 아니 하는 것은 마치 돼지 코에 금고리 같으니라(잠언 11 : 22)"는 말이 있다. 여기 나온

陽子之宋 宿於逆旅 逆旅人有妾二人 其一人美 其一人惡 惡者貴而美者賤 陽子問其故 逆旅小子對曰 其美者自美 吾不知其美也 其惡者自惡 吾不知其惡也 陽子曰 弟子記之 行賢而去自賢之行 安往而不愛哉
☞ 逆旅(역려) ─ 주막집.

여관집 여인들의 이야기와 함께 외부로 나타난 미추를 넘어 마음의 아름다움이 더욱 중요하다는, 어쩌면 싱거울 정도로 당연한 이야기이다. 단 미녀는 외모가 아름답기 때문에 마음 단장을 등한히 할 위험이 추녀보다 더 크다는 사실을 함께 말하고 있는 것인가?

아무튼 실컷 잘해 주고 욕먹는다는 말이 있다. 남에게 좋은 일을 해주면서 거들먹거리며 허세를 부리기 때문이다. 진정으로 남을 생각하는 마음, 겸허한 태도가 없으면 아무리 훌륭한 일을 해도 결국 모두 허사로 돌아간다. 훌륭하면서 그리고 훌륭한 행동을 하면서 그것을 의식하지 않는 사람이 참으로 훌륭한 사람이요, 이렇게 훌륭할 때 어디 가서라도 환영받는 사람이 된다는 것이다.

참된 화공

송(宋)나라의 원군(元君)이 자기 초상화를 그리게 하였는데, 화공(畵工)이 많이 모여들었습니다. 화공들은 지시를 받고 절을 한 다음 줄지어서 붓을 핥기도 하고 먹을 갈기도 했는데, 미처 들어가지 못한 사람이 반은 되었습니다. 한 화공이 나중에 도착했는데 여유 있는 태도를 지키며 서두르는 기색도 없이 지시를 받고 절을 한 다음 줄에 끼지 않고 자기 숙소로 돌아가 버렸습니다. 원군이 사람을 시켜 가 보게 했더니, 화공은 두 다리를 뻗고 벌거벗은 상태였습니다. 원군이 말했습니다. "됐다. 이 사람이야말로 참된 화공이다." (「전자방(田子方)」 21 : 9)

미국에서 『장자』 연구로 박사학위를 받고, 서양에 중국 사상을 소개하는 데 힘쓴 중국인 학자 윙칫찬(陳榮捷, Wing-tsit Chan)은 "이 간

宋元君將畫圖 衆史皆至 受揖而立 舐筆和墨 在外者半 有一史後至者 儃儃然不趨 受揖不立 因之舍 公使人視之 則解衣槃礴贏 君曰 可矣 是眞畫者也

☞ 揖(읍) - 절하다 / 舐(지) - 핥다 / 儃儃(탄탄) - 찬찬하여 여유가 있는 모습 / 槃礴(반박) - 다리를 벌리고 앉음 / 贏(라) - 벌거벗음. '라(裸)'와 같음.

단한 이야기에 중국 미술의 기본 원리가 들어 있다. '두 다리를 뻗고 벌거벗은 상태'라는 것은 중국 미술사의 중요 구절이 되었다. 이것은 예술이란 물리적 사실(寫實)보다 내면적 정신을 표현하는 것이며, 그림은 붓을 자연스럽고 순간적으로 움직여 그려야 한다는 것을 나타낸 이야기"(Chan, 210)라고 했다. 참된 예술가는 내면적 자유를 구가하는 사람이기에 궁극적으로는 인습이나 통상적 형식에 전혀 구애될 수 없다는 것을 말해 주고 있다. 아무데도 구애되지 않으면 그대로 모두 예술가가 된다는 것은 물론 아니다.

의연한 손숙오(孫叔敖)

견오(肩吾)가 손숙오(孫叔敖)에게 물었습니다. "선생님은 세 번이나 재상의 자리에 올라도 그것을 영예로 생각지 않고, 세 번이나 거기서 물러나도 걱정하는 기색이 없었습니다. 처음에는 제가 선생님의 진의를 의심했습니다. 그러나 지금 보니 선생님의 숨결이 허허롭습니다. 선생님의 마음가짐은 도대체 어떠하십니까?"

손숙오가 대답했습니다. "내가 남보다 나은 것이 무엇이겠습니까? 나는 오는 것을 물리치지 아니하고 떠나는 것을 붙잡지 않을 뿐입니다. 얻고 잃음은 나와 관계없는 것. 그러기에 걱정하는 기색이 없을 뿐입니다. 내가 남보다 나은 것이 무엇이겠습니까? 더구나 그 영예가 지위 때문인지 나 자신 때문인지 어떻게 알겠습니까? 지위 때문이라면 나하고는 상관이 없고, 나 때문이라면 그 지위와는 상관이 없는 것. 나는 그저 의연한 마음으로 사방을 둘러보려 하는데, 어느 겨를에 사람들이 나를 귀하게 여기거나 천하게

肩吾問於孫叔敖曰 子三爲令尹 而不榮華 三去之而无憂色 吾始也疑子 今視子之鼻間栩栩然 子之用心獨奈何 孫叔敖曰 吾何以過人哉 吾以其來不可卻也 其去不可止也 吾以爲得失之非我也 而无憂色而已矣 我何以過人哉 且不知 其在彼乎 其在我乎 其在彼邪亡乎我 在我邪亡乎彼 方將躊躇 方將四顧 何暇至乎人貴人賤哉

☞ 栩栩(허허) - 여유 있게 훨훨 나는 듯한 모습. 나비가 나는 모습으로 2 : 32에 나왔다 / 躊躇(주저) - 여기서는 '유유자적(悠悠自適)'이라는 뜻으로 푼다. '躊躇(주저)'와 '四顧(사고)'는 3 : 6에 나옴.

여기는 일 같은 데 마음을 쓰겠습니까? (「전자방(田子方)」 21 : 13)

✖

집착이 없어 '허허로운' 모습이다. 집착을 버리는 일 중에서도 가장 절실한 것은 '사람들이 나를 귀하게 여기거나 천하게 여기는 일 같은 데 마음을 쓰지 않는 것'이다. 이를 요즘 말로 하면 '남이 나를 알아주기를 바라는 마음(approval-seeking mentality)'에서 벗어나는 일이다. 『법구경(法句經)』에는 "육중한 바위가 바람에 움직이지 않듯, 지혜로운 사람은 남의 칭찬이나 비난에 흔들리지 않는다"(제81장)고 했다. 이렇게 '사람들이 나를 어떻게 생각할까' 하는 데서 벗어나야 정말 자유롭고 홀가분하게 주체적으로 행동할 수 있다는 뜻이다.

『논어(論語)』 제5장 19에 이와 비슷한 문장이 나온다. 거기에는 자문(子文)이라는 사람이 재상의 자리에 세 번 올랐다가 물러났는데 좋아하는 기색도 싫어하는 기색도 보이지 않았다고 하고, 이런 사람을 어떻다고 하겠느냐는 질문을 한다. 이에 대해 공자는 그 사람이 '충성스런 사람'이라고 했다. 장자는 아무데도 얽매이지 않는 허허로운 마음을 중요하게 본 데 반해, 공자는 주어진 일에 최선을 다하는 충성심을 핵심적인 것으로 본 것이다. 도가와 유가의 시각 차이를 말해 주는 예라 할 수 있다.

송아지같이

설결(齧缺)이 피의(被衣)에게 도(道)에 대하여 물어 피의가 대
답했습니다.

너는 네 모습을 바르게 하고,
눈길을 하나로 모으라.
하늘의 화기가 이를 것이다.
네 앎을 없애고
네 의식을 하나로 모으라.
신(神)이 찾아와 머물게 되고,
덕(德)이 너를 아름답게 하고,
도(道)가 네 안에 살리라.
너는 새로 난 송아지처럼 사물을 보고
그 이유를 묻지 않게 될 것이다.

(「지북유(知比遊)」 22 : 5)

齧缺問道乎被衣 被衣曰 若正汝形 一汝視 天和將至 攝汝知 一汝度 神將來舍 德將爲汝美 道將爲汝居
汝瞳焉如新生之犢 而无求其故
☞ 若 – 여기서는 '너' / 攝汝知 – 여기서는 '사려를 분별하지 말고 사심을 없애는 것'이라 풂 / 瞳(동)
– 보다 / 犢(독) – 송아지.

제7편 「응제왕(應帝王)」 처음에 나온 설결과 포의자를 다시 등장시켜 정신을 하나에 집중하는 법, '전일(專一)'하는 방법을 말하게 했다. 도가에서 가르치는 일종의 '요가'이다. 『도덕경』에서 노자가 갓난아기(嬰兒) 같아지라고 이야기한 데 반해(제10장), 여기는 사물을 송아지(犢) 같은 마음으로 보라고 한 것이 흥미롭다. 지적(知的), 논리적, 이분법적 여과(濾過) 없이 사물을 직접 인식하는 일, 영어로 'direct perception'이라는 것을 말하고 있다고 할 수 있다.

도(道)는 어디에나

동곽자(東郭子)가 장자(莊子)에게 물었습니다. "이른바 도(道)라고 하는 것이 어디에 있습니까?"

장자가 대답했습니다. "없는 데가 없습니다."

"구체적인 예를 들어 말씀해 주십시오."

"땅강아지나 개미에게 있습니다.

"어떻게 그처럼 낮은 것에 있을 수 있습니까?"

"기장이나 피에도 있습니다."

"어떻게 그처럼 오히려 더 낮은 것에 있을 수 있습니까?"

"기와나 벽돌에도 있습니다."

"어떻게 그처럼 더더욱 낮은 것에 있을 수 있습니까?"

"똥이나 오줌에도 있습니다."

동곽자는 아무 대꾸도 할 수 없었습니다.

장자가 말했습니다. "당신의 질문은 사실 본질에서 먼 것입니다. 장터 관리인이 장터 감독인에게 돼지를 밟게 하여 [살찐 모양을] 물었을 때 발이 점점 더 깊이 내려갈수록 [돼지의 살찐 상태를] 더 잘 알 수 있게 된다고 하였습니다. 당신은 도가 어디에 한정된 것이라 생각지 마십시오. 도와 동떨어져 있는 것은 없습니다. 지극한 도는 이와 같습니다. 위대한 말씀도 이와 같습니다. '두루 있음(周)', '퍼져 있음(偏)', '골고루 있음(咸)', 이 셋은 이름은 다르지만 실제로는 같은 것. 모두 '하나'입니다.

(「지북유(知北遊)」 22 : 11)

도(道)가 무소부재(無所不在)함을 생생하게, 한번 들으면 잊지 못하게 이야기해 주었다. 도(道)의 이런 성질을 '周・偏・咸(주편함)'이라는 석 자로 표현했다. 이 석 자는 중국 수대(隋代)에 발생한 불교의 한 종파인 화엄종(華嚴宗)의 초조(初祖)라 불리는 두순(杜順)의 『입법계관문(入法界觀門)』이라는 아주 중요한 책의 기본 용어로 등장했다. 거기에서는 '주편함용(周偏含容)'이라 약간 변용했다.

이것을 현대적 용어로 바꾸면, 도(道)는 초월(超越)과 동시에 내재(內在), 내재와 동시에 초월이라는 생각이다. 이런 생각을 서양에서는 일반적으로 '범재신론(panentheism)'이라고 했다. '범신론(pantheism)'과 혼동해 오해할 염려가 있다고 하여 맥쿼리(John Macqurrie)는 이를 '변증법적 신론(dialectical theism)'이라 고쳐 부르고, 이런 생각이 신의 초월만을 일방적으로 강조하는 유신론이나 신의 내재만을 지나치게 강

東郭子問於莊子曰 所謂道惡乎在 莊子曰 无所不在 東郭子曰 期而後可 莊子曰 在螻蟻 曰 何其下邪 曰 在稊稗 曰 何其愈下邪 曰 在瓦甓 曰 何其愈甚邪 曰 在屎溺 東郭子不應 莊子曰 夫子之問也 固不及質 正獲之問於監市履豨也 每下愈況 汝唯莫必 无乎逃物 至道若是 大言亦然 周偏咸三者 異名同實 其指一也
☞ 螻(루) - 땅강아지 / 蟻(의) - 개미 / 稊(제) - 기장 / 稗(패) - 피 / 屎(시) - 대변 / 溺(뇨) - 여기서는 '尿(뇨)'로 읽음.

조하는 범신론의 양대 오류를 초극하는 길이라고 했다(그의 책 *In Search of Deity : An Essay in Dialectical Theism*. New York : Crossroad, 1985 참조). 도를 하나의 실체(substance)로 생각한 나머지 세계나 자연이나 인간과 떨어져 초월적으로 존재하는 개별적인 무엇으로 보면 안된다는 말이다.

누구 발을 밟았느냐

장터에서 남의 발을 밟으면 실수를 정중히 사과하지만, 형의 발을 밟으면 따뜻한 손길을 주기만 하고, 어버이의 발을 밟으면 아무 말 하지 않아도 됩니다. 그러므로 이르기를 "예의 극치는 나와 남을 구별하지 않는 것. 의의 극치는 나와 사물을 구별하지 않는 것. 앎의 극치는 꾸미지 않는 것. 사람됨의 극치는 편애하지 않는 것. 믿음의 극치는 돈을 필요로 하지 않는 것"이라 하였습니다. (「경상초(庚桑楚)」 23 : 14)

'형의 발을' 밟은 것을 형이 아우의 발을, '어버이의 발을' 밟은 것을 어버이가 자식의 발을 밟은 것이라고 푸는 주석가도 있는데, 논리적으로 더 설득력이 있지만 문맥으로 보아 곤란하다. 아무튼 친한 사람끼리 판에 박은 듯한 격식을 넘어설 때 비로소 예(禮)가 완성된다는 것을 말했다는 데는 별 차이가 없다.

蹍市人之足 則辭以放驁 兄則以嫗 大親則已矣 故曰 至禮有不人 至義不物 至知不謀 至仁无親 至信辟金

☞ 蹍(전) - 밟다 / 嫗(구) - 따스하게 하다 / 辟(벽) - 물리치다.

사랑하는 사람들 사이에서는 '미안하다'는 말을 하지 않는 것이라고 하던 영화 장면이 생각난다. 지금까지 계속 강조해 온 바와 같이 인간 관계나 윤리적 영역에서도 분별, 구별, 이분, 이원, 대립, 차별의 차원을 초월해야 한다는 말이다.

다스리는 일은 말을 기르듯이

어린 동자(童子)는 사양을 했습니다. 그러나 황제(黃帝)가 또 물으니까 대답했습니다. "나라를 다스리는 일은 말을 기르는 일과 무엇이 다르겠습니까? 그저 말을 해치는 것을 없애는 것. 그것뿐입니다." (「서무귀(徐无鬼)」 24 : 5)

※

무위(無爲)의 정치, 놓아두는 정치, 가만두는 정치를 말했다. '다스림'이란 '치(治)' 자가 보여 주듯이 물을 흐름에 따라 자연스럽게 흐르게 놓아두는 것이다. 여기서는 말(馬)을 기르듯이 하라고 했다. 말을 위험에서 보호하기만 하면 되듯 나라를 그렇게 순리로 다스리라는 것이다.

小童辭 黃帝又問 小童曰 夫爲天下者 亦奚以異乎牧馬者哉 亦去其害馬者而已矣

재주를 자랑하면

오 왕(吳王)이 강을 타고 내려가다가 원숭이 산에 올라갔습니다. 많은 원숭이가 오 왕을 보고 무서워서 달아나 깊은 숲에 숨었습니다. 그 중 한 원숭이는 까불면서 나뭇가지에 매달려 왕에게 재주를 자랑했습니다. 왕이 그 원숭이에게 활을 쏘았더니 원숭이는 그 화살을 재빠르게 잡았습니다. 왕이 시종들에게 서둘러 활을 쏘라고 명했습니다. 원숭이는 화살을 손에 쥔 채 죽었습니다. (「서무귀(徐无鬼)」 24 : 11)

이것은 오 왕이 벗 안불의(顔不疑, 의심 없는 얼굴)에게, 자기 과시를 하고 자기 능력을 과신하다가 당하는 비극을 직접 교훈으로 들려 준 이야기이다. 오 왕은 벗에게 이 원숭이는 제 재주와 민첩함을 믿고 오만하게 굴다가 그 지경이 되었으니 자네도 알아서 행동하라는 뜻으로

吳王浮於江 登乎狙之山 衆狙見之 恂然棄而走 逃於深蓁 有一狙焉 委蛇攫抓見巧乎王 王射之 敏給搏捷矢 王命相者趨射之 狙執死

☞ 恂(순) - 두려워하다 / 蓁(진) - 숲 / 委蛇(위이) - '蛇'를 '이'로 읽음. 자만하는 태도라 함 / 攫(확) - 움켜잡다 / 抓(조) - 움켜잡다.

말한 것이다. 그 벗은 이 말을 명심하여 오만한 태도, 쾌락이나 명예를 추구하는 마음을 버리기 3년. 나라 사람들이 모두 그를 칭송하게 되었다고 한다.

달팽이의 양쪽 뿔

대진인(戴晉人)이 말했습니다. "임금님께서는 달팽이를 아십니까?"

"알고 있소."

"그 달팽이 왼쪽 뿔에 촉씨(觸氏)라는 나라가 있고, 오른쪽 뿔에는 만씨(蠻氏)라는 나라가 있었습니다. 한때 땅을 가지고 서로 다투다가 전쟁을 하였습니다. 쓰러져 누운 시체가 수만이고 도망가는 적군을 쫓다가 보름이 지나서야 돌아올 정도였습니다."

"음. 그것은 빈말일지고."

"청컨대 이제 신이 임금님께 사실을 말씀드리도록 하여 주십시오. 임금님께서는 우주의 사방과 아래위에 끝이 있다고 생각하십니까?"

"끝이 없지(無窮)."

"마음을 끝없음(無窮)에 노닐게 하고, 사람들이 사는 나라들을 돌아본다면 그것들은 있을까 말까 미미한 존재에 불과한 것 아니겠습니까?"

"그러하도다." (「즉양(則陽)」 25 : 8)

위(魏)의 혜왕(惠王)이 제(齊)의 위왕(威王)과 조약을 맺었는데, 위왕이 이를 어겼다. 혜왕이 자객을 보내 위왕을 죽이려 하자 신하가 떳떳한 행동이 못 되니 정식으로 제나라를 치라고 권했다. 그러나 반대하는 사람도 있었다. 이 때 혜왕은 현자(賢者) 대진인에게 자문을 구했는데, 위의 글은 대진인과 혜왕의 대화이다.

땅에서 보면 몇천만 원 혹은 몇십만 불짜리 고급 차와 몇십만 원 혹은 몇백 불짜리 고물차가 크게 다르지만, 63빌딩이나 엠파이어 스테이트 빌딩 같은 데서 내려다보면 모두 장난감 자동차처럼 보여 별 차이가 없다. 땅에서 보면 고급 주택과 판잣집이 엄청나게 다르지만 비행기에서 내려다보면 그게 그것이다. 달팽이 뿔 같은 데서 사는 미물들에게는 달팽이 뿔 위의 바늘 끝 넓이 만한 영토가 중요하겠지만, 우리 인간의 눈에는 그것이 크고 작은 데 의미가 없다. 그 좁디좁은 땅을 넓히기 위해 수많은 목숨을 희생시키며 전쟁을 한다는 것이 우스꽝스럽다.

이와 마찬가지로, 무한한 우주에서 보면 인간이 사는 세계, 그 속에서 나라마다 서로 영토를 가지고 싸우는 일을 비롯하여 인간사의 여러 가지 아웅다웅하는 모습이 모두 우스꽝스러울 뿐이라는 것이다. 실재를 보고 나서 얻는 달관이나 참된 의미의 체념(諦念)을 말한 것이

戴晉人曰 有所謂蝸者 君知之乎 曰 然 有國於蝸之左角者 曰觸氏 有國於蝸之右角者 曰蠻氏 時相與爭地而戰 伏尸數萬 逐北旬有五日而後反 君曰 噫其虛言與 曰 臣請爲君實之 君以意在四方上下有窮乎 君曰 无窮 曰 知遊心於无窮 而反在通達之國 若存若亡乎

🄫 蝸(와) - 달팽이 / 北(배) - 여기서는 '패배(敗北)' 할 때의 '배'. 도망가다 / 通達之國 - 사람들이 다닐 수 있는 나라.

다. '체념'이란 본래 '체(諦)'(불교에서는 '제'라 발음) 곧 진리를 깨달아서 생기는 안달하지 않는 마음, 너그러운 마음을 뜻한다. 이 이야기에서 '와우각상쟁(蝸牛角上爭)'이라는 고사(故事)가 생겼다.

약간의 물만으로도

장자가 가난하여 감하후(監河侯)에게 양식을 꾸러 갔습니다. 감하후가 말했습니다. "좋습니다. 이제 봉토에서 세금을 걷을 터인데 그러면 거기서 돈 삼백을 꾸어 드리겠습니다. 괜찮겠습니까?"

장자가 화난 얼굴로 대답했습니다. "어제 제가 이리로 오는 길에 누가 부르는 소리를 들었습니다. 돌아서 살펴보았더니 수레바퀴 자국에 붕어 한 마리가 있었습니다. 제가 그 붕어에게 물었습니다. '붕어야, 무슨 일이냐?'

붕어가 대답했습니다. '나는 동해의 파도 관리인데, 선생께서 물을 한 말이나 한 되만 길어다 주시면 살 수 있을 것 같습니다.'

그래서 제가 대답했습니다. '좋다. 나는 지금 남쪽 오(吳)나라와 월(越)나라로 가는데, 서강(西江)의 물을 막았다가 한꺼번

莊周家貧 故往貸粟於監河侯 監河侯曰 諾 我將得邑金 將貸子三百金 可乎 莊周忿然作色曰 周昨來 有中道而呼者 周顧視 車轍中有鮒魚焉 周問之曰 鮒魚來 子何爲者邪 對曰 我東海之波臣也 君豈有斗升之水而活我哉 周曰 諾 我且南遊吳越之王 激西江之水而迎子 可乎 鮒魚忿然作色曰 吾失我常與 我无所處 吾得斗升之水然活耳 君乃言此 曾不如早索我於枯魚之肆

☞ 粟(속) - 곡식 / 諾(낙) - 허락하다 / 鮒(부) - 붕어. 옥편에는 '붕어'라고 되어 있지만, 마른 어물 점에 나갈 정도라면 아주 큰 붕어나 잉어 정도 되는 것이라야 할 것 같다 / 激(격) - 물을 막았다가 한꺼번에 흘려 보내는 것 / 西江 - 양자강(揚子江)을 가리킴 / 肆(사) - 가게.

에 흘려 보내 너를 맞도록 하마. 그만하면 되겠느냐?'

그러자 붕어가 화난 얼굴로 대답했습니다. '나는 꼭 함께 있어야 할 것을 잃고 이렇게 오갈 수 없게 되었습니다. 그저 물 한 말이나 한 되 있으면 살 수가 있겠는데, 선생께서 그런 말을 하시니, 차라리 건어물점에나 가서 나를 찾는 것이 낫겠습니다.'"(「외물(外物)」 26 : 3)

도움이 당장 필요한 사람에게는 내일이 있을 수 없다. 적기(kairos)를 놓칠 수 없기 때문이다. 나중에 보자는 사람 무서울 것 없다고 했지만, 도와 달라고 할 때 나중에 보자는 사람, 정말 믿을 것 없다.

쓸모 있는 땅, 쓸모 없는 땅

혜자가 장자에게 말했습니다. "자네의 말은 쓸모가 없네."

장자가 말했습니다. "쓸모 없음을 알아야 쓸모 있음을 말할 수 있지. 땅은 한없이 넓지만 사람에게 쓸모 있는 땅은 발이 닿는 만큼뿐일세. 그렇다고 발이 닿는 부분만 남겨 놓고 그 둘레를 모두 황천에 이르기까지 다 파 없애면 〔그 쓸모 있다는 땅이〕 그래도 정말 쓸모 있는 것일 수 있겠는가?"

(「외물(外物)」 26 : 9)

✿

여기 나오는 '쓸모 없음의 쓸모'는 지금껏 이야기한 것과 약간 다르다. 큰 나무가 구불구불하면 재목으로 쓸 수 없지만, 그 때문에 도끼에 찍히지 않아서, 그림자를 드리워 사람들을 그 밑에서 쉬게 하니 얼마나 요긴한가 하였지만, 여기서는 당장 직접적으로 쓸모가 없어 보이는 것이 이른바 쓸모 있다고 하는 것을 쓸모 있게 해준다는 이야기

惠子謂莊子曰 子言无用 莊子曰 知无用 而始可與言用矣 夫地非不廣且大也 人之所用容足耳 然則厠足而墊之 致黃泉 人尙有用乎

이다. 자전거를 타고 좁은 다리를 지나갈 때, 양옆의 난간은 자전거 타는 사람에게 실제로 도움을 주는 것은 아니다. 그러나 그것이 없으면 자전거를 타고 지나갈 수 있는 사람이 얼마나 될까?

쓸모 없어 보이는 것이 이렇게 '쓸모 있는 것'을 정말 쓸모 있도록 보조하는 것으로 그치는 것이 아니다. 많은 경우에 쓸모 없어 보이는 것은 쓸모 있다고 하는 것을 쓸모 있게 하는 데 꼭 필요하다. 예를 들면, 일견 지저분하고 냄새나는 하수도가 더럽고 쓸데없는 것 같지만 하수도가 없으면 상수도도 있을 수 없으므로 하수도는 상수도의 쓸모를 창출해 낸다는 것이다. 쓸모 없어 보이는 해충이 없으면 해충을 먹는 익충이 살 수 없으므로 이른바 해충이라는 것은 익충을 쓸모 있게 하는 데 쓸모가 있는 것이다. 이렇게 보면 해충도 익충이다.

더욱 근본적인 것은 쓸모 없는 듯이 보이는 것이 없으면 쓸모 있는 것이 쓸모 있는 것이 될 수 없다는 것이다. "쓸모 없는 것을 알아야 쓸모 있는 것을 말할 수 있다는 것"이다. 쓸모 없는 것은 쓸모 있는 것을 쓸모 있게 하는 데 쓸모가 있다는 이야기이다. 잘생긴 여자들은 못생긴 여자들 덕으로 잘생기게 보이므로 못생긴 여자들에게 고마워할 일이다. 못생긴 여자들은 잘생긴 여자들을 창출해 내지만 아예 잘생긴 여자들이 없었으면 이런 미인 창출의 기회도 없으므로 그들에게 또 고마워해야 한다. 그러니 서로서로 고마워해야 할 수밖에 없나 보다.

치질을 고쳐 주고

송(宋)나라 조상(曹商)이 송 왕의 사신이 되어 진(秦)나라에 갔습니다. 떠날 때 수레 몇 대를 받았는데, 진나라 왕이 그를 반겨 수레 백 대를 더해 주었습니다. 송나라로 돌아와 장자를 만나 말했습니다. "이렇게 비좁고 지저분한 뒷골목에서 군색하게 짚신이나 삼고, 버썩 마른 목에 누런 얼굴로 사는 것. 이런 일에 나는 소질이 없소. 수레 만 대를 가진 임금을 한 번 일깨워 주고, 수레 백 대를 받아 오는 일. 나는 그런 데 장기가 있지."

장자가 대답했습니다. "진나라 왕이 병이 나서 의원을 부르면, 종기를 따서 고름을 빼내 주는 의원에게는 수레 한 대를 주고, 치질을 핥아서 고쳐 주는 의원에게는 수레 다섯 대를 준다는데, 치료할 곳이 더러우면 더러울수록 수레를 더 많이 준다고 하더군. 자네는 치질을 얼마나 고쳐 주었기에 그렇게 많은

宋人有曹商者 爲宋王使秦 其往也 得車數乘 王說之 益車百乘 反於宋 見莊子曰 夫處窮閭阨巷 困窘織屨 槁項黃馘者 商之所短也 一悟萬乘之主 而從車百乘者 商之所長也 莊子曰 秦王有病召醫 破癰潰痤者 得車一乘 舐痔者 得車五乘 所治愈下 得車愈多 子豈治其痔耶 何得車之多也 子行矣

☞ 乘(승) - 말 네 마리가 끄는 수레. 옛날에는 국력을 수레의 수로 계산했다 / 閭(려) - 마을 / 阨(애) - 보통 '액'呢'이라 할 때처럼 '액'으로 읽지만 여기서는 '애'로 읽으며 '좁은 골목'을 뜻함 / 窘(군) - 군색함 / 項(항) - 목 / 馘(혁) - 낯 / 癰(옹) - 종기 / 痤(좌) - 부스럼 / 舐(지) - 핥다 / 痔(치) - 치질.

수레를 얻었는가. 자네, 물러가게."(「열어구(列禦寇)」 32 : 5)

※

　의롭지 못한 통치자 밑에서 빌붙어 먹고사는 것을 보는 것만도 매스꺼운데, 일부러 찾아와서 출세하고 치부했다고 거들먹거리며 자기처럼 요령껏 살아가지 않는 사람을 오히려 고지식한 못난이라 업신여기는 속물을 향해 가한 통쾌한 일격(一擊)! 누가 썼는지 모르지만 『장자』에서 '가장 장자답다'고 보는 이들이 많다. 최고의 풍자가(satirist)다운 장자의 면모를 보여 준 문단이다.

장자의 죽음

장자가 죽게 되었을 때, 제자들이 장례를 후하게 치르고 싶다고 했습니다. 장자가 이를 듣고 말했습니다. "내게는 하늘과 땅이 안팎 널이요, 해와 달이 한 쌍 옥이요, 별과 별자리가 둥근 구슬 이지러진 구슬이요, 온갖 것들이 다 장례 선물이다. 내 장례를 위해 이처럼 모든 것이 갖추어져 모자라는 것이 없거늘 이에 무엇을 더 한다는 말인가?"

제자들이 말했습니다. "저희들은 까마귀나 솔개가 선생님의 시신을 먹을까봐 두렵습니다."

장자가 대답했습니다. "땅 위에 있으면 까마귀나 솔개의 밥이 되고, 땅 속에 있으면 땅강아지와 개미의 밥이 되거늘 어찌 한쪽 것을 빼앗아 딴 쪽에다 주어 한쪽 편만 들려 하는가?"

(「열어구(列禦寇)」 32 : 11)

莊子將死 弟子欲厚葬之 莊子曰 吾以天地爲棺槨 以日月爲連璧 星辰爲珠璣 萬物爲齎送 吾葬其豈不備邪 何以加此 弟子曰 吾恐烏鳶之食夫子也 莊子曰 在上爲烏鳶食 在下爲螻蟻食 奪彼與此 何其偏也 ☞ 連璧(연벽) - 둘을 이어서 8자 모양으로 만든 한 쌍의 옥 / 珠璣(주기) - 둥근 구슬과 불규칙하게 생긴 구슬 / 齎送(재송) - 장례에 쓰는 예물 / 鳶(연) - 솔개 / 螻(루) - 땅강아지.

장자 제32장의 마지막 구절이다. 일상적 상식을 바탕으로 한 가치 체계는 믿을 수가 없으므로 일종의 '가치 전도'가 이루어져야 함을 역설한다. 죽음과 삶을 초탈한 사람이 죽은 후 장사 지내는 일 같은 것을 신경 쓰겠느냐는 가르침으로 장자 이야기를 끝맺는 셈이다

후기

　지금껏 『장자』의 '맛'을 조금은 본 셈입니다. 엄격히 따지면 언젠가는 『장자』도 모두 잊어야 합니다.

　물고기 잡는 틀은 물고기를 잡기 위한 것. 물고기를 잡았으면 그것은 잊어야 합니다.
　덫은 토끼를 잡기 위한 것. 토끼를 잡았으면 그것은 잊어야 합니다.
　말(言)은 뜻을 전하기 위한 것. 뜻을 전했으면 그것은 잊어야 합니다.
　나도 자기 말을 잊은 사람을 만나 이야기하고 싶습니다.

　　筌者所以在魚 得魚而忘筌 蹄者所以在兎 得兎而忘蹄
　　言者所以在意 得意而忘言 吾安得夫忘言之人 而與之言哉

(「外物」 26 : 13)

　그러나 우리는 물고기를 다 잡았습니까? 토끼를 몇 마리라도 잡았습니까? 말 속에 숨은 뜻을 완전히 찾아냈습니까?
　우리가 이런 질문에 자신 있게 '그렇다'고 대답할 수 없다면, 어쩔 수 없이 아직은 물고기 잡는 틀도, 토끼 잡는 덫도, 뜻을 담은 말도 완전히 버릴 수 없습니다. 언젠가 그런 경지에 이를 때까지는 계속 말을 쓰지 않을 수 없다는 뜻이기도 합니다. 그런 경지를 향해 부단히 걸어가는 '길벗들'과 더욱 깊이 있는 '대화'를 계속하고 싶습니다.
　고맙습니다.

참고 문헌

I. 『장자』 영어 완역

Balfour, F. H., tr. *The Divine Classic of Nan-hua.* Shanghai, 1881.

Giles, Herbert A., tr. *Chuang-tzu: Taoist Philosopher and Chinese Mystic.* London: George Allen & Unwin, 1926, 초판 1889.

Legge, James, tr. *Texts of Taoism in The Sacred Books of the East,* vols. 39, 40. Oxford: Oxford University Press, 1891, 재판 New York: Dover, 1962.

Palmer, Martin, tr. *The Book of Chuang Tzu: A New, Complete Translation of the Classic Taoist Text.* London: Penguin Books, 1996.

Watson, Burton, tr. *Complete Works of Chuang Tzu.* New York: Columbia University Press, 1968. (제일 많이 쓰이는 표준 번역)

Mair, Victor H., tr. *Wandering on the Way: Early Taoist Tales and Parables of Chuang Tzu.* New York: Bantam Books, 1994. (믿을 만한 최근 번역)

II. 내편 전체 혹은 부분적 번역

Buber, Martin. *Reden und Gleichnisse des Tschuang-tse,* 초판 Leipzig: Insel, 1910, 제3판 Zuerich: Manesse, 1951. (이것의 영어 번역은 Herman의 *I and Tao*를 볼 것)

Chan, Wing-tsit. *A Source Book in Chinese Philosophy*. Princeton: Princeton University Press, 1963.

Cleary, Thomas. *The Essential Tao: An Initiation into the Heart of Taoism through the Authentic Tao Te Ching and the Inner Teachings of Chuang Tzu*. San Francisco: Haper SanFrancisco, 1991. (추천할 것이 못 됨)

de Barry, Wm. Theodore et al. *Sources of Chinese Tradition*. New York: Columbia University Press, 1960.

Fung, Yu-lan. *Chuang-tzu: A New Selected Translation with an Exposition of the Philosophy of Kuo Hsiang*. 초판 Shanghai, 1933, 재판 Beijing: Foreign Languages Press, 1989.

Feng, Gai-fu and Jane English. *Chuang Tsu: Inner Chapters*. New York: Vintage Books, 1974. (번역의 정확성보다 읽고 이해하기 쉽게 된 것. 아름답게 꾸며짐)

Graham, A. C. *Chuang Tzu: The Seven Inner Chapters and Other Writings from the Book Chuang Tzu*. London: George Allen & Unwin, 1981. (거의 직역에 가까운 번역. 학문적 관심이 있는 사람에게만 권할 수 있는 것)

Lin, Yutang. *The Wisdom of China and India*. New York: Random House, 1942.

Merton, Thomas. *The Way of Chuang Tzu*. New York: New Directions, 1965. (『장자』 중 잘 알려진 부분 얼마를 뽑아 시 형식으로 재구성한 것. 한국어로 번역됨)

Waley, Arthur. *The Three Ways of Thought in Ancient China.* Garden City, NY: Doubleday, 1956.

Ware, James R. *The Sayings of Chuang Chou.* New York: Mentor, 1963.

Wu, Kuang-ming. *The Butterfly as Companion: Meditations on The First Three Chapters of the Chuang Tzu.* Albany, NY: State University of New York Press, 1990. (『장자』 내편 3편을 철저하게 분석하고 해설한 책. 학문적인 관심이 있으면 반드시 읽어야 할 책)

Ⅲ. 기타 참고 문헌

A Concordance to the Chuang Tzu, Harvard-Yenching Sinological Index Series. Cambridge, Mass.: Harvard University Press, 1956.

Allinson, Robert E. *Chuang Tzu for Spiritual Transformation: An Analysis of the Inner Chapers.* Albany, NY: State University of New York Press, 1989. (권장할 것이 못 됨)

Creel, H. G. *What Is Taoism.* Chicago: University of Chicago Press, 1970. (도가 사상에 대한 학적 연구서)

Fung, Yu-lan. *A History of Chinese Philosophy*, 2 vols. Princeton: Princeton University Press, 1952, 53. (표준 중국철학사)

Girardot, N. J. *Myth and Meaning in Early Taoism.* Berkeley: University of California Press, 1983.

Graham, A. C. *Chuang-tzu: Textual Notes to a Partial Translation.* London: University of London, School of Oriental and African

Studies, 1982.

_____, *Disputers of the Tao: Philosophical Argument in Ancient China*. LaSalle, Illinois: Open Court, 1989.

Herman, Jonathan R. *I and Tao: Martin Buber's Encounter with Chuang Tzu*. Albany, NY: State University of New York Press, 1996. (부버의 독일어 번역의 영어 번역 포함)

Izutsu, Toshihiko. "The Absolute and the Perfect Man in Taoism." in *Eranos-Jahrbuch* 1967, Band XXXVI, pp. 379−441.(도가 사상의 철학적 측면을 명쾌하게 분석한 논문)

_____, "The Temporal and A-temporal Dimensions of Reality in Confucian Metaphysics" in Adolf Portmann et al. ed. *Norms in a Changing World*. Leiden: E. J. Brill, 1977 (Eranos 1974), pp. 412−447.

Kjellberg, Paul and Philip J. Ivanhoe, ed. *Essays on Skepticism, Relativism, and Ethics in the Zhuangzi*. New York: State University of New York Press, 1996.

Liu Xiaogan. *Classifying the Zhuangzi Chapters*. Ann Arbor: University of Michigan Press, 1994.

Mair, Victor H., ed. *Chuang-tzu: Compostion and Interpretation. A Symposium Issue of the Journal of Chinese Religion*, II (Fall 1983)

_____, ed. *Experimental Essays on Chuang-tzu*. Asian Studies at Hawaii, 29. Honolulu: University of Hawaii Press, 1983.

Murphy, Michael. *The Future of the Body: Explorations Into the*

Future Evolution of Human Nature. Los Angeles: Jeremy P. Tarcher, 1992.

Parkes, Graham, ed. *Heidegger and Asian Thought*. Honolulu: University of Hawaii Press, 1987.

Roth, Harold. "Who Compiled the Chuang Tzu?" In Henry Rosemont, Jr., ed., *Chinese Texts and Philosophical Contexts: Essays Dedicated to Angus C. Graham*, 79 - 128. LaSalle, Illinois: Open Court, 1991.

Saso, Michael and David Chappell. *Buddhist and Taoist Studies*. Honolulu: University of Hawaii, 1977.

Schilpp, Paul Arthur and Maurice Friedman, eds. *The Philosophy of Martin Buber*. LaSalle, Ill.: Open Court, 1967.

Wilber, Ken. *Up From Eden: A Transpersonal Views of Human Evolution*. Boulder: Shambhala, 1983. (노장 사상이나 기타 종교적 신비주의 전통을 이해하는 데 도움이 되는 이론적 틀을 제공한다.)

Wu, Kuang-ming. *Chuang Tzu: World Philosopher at Play*. New York: Crossroad / Chco, Calif.: Scholars Press, 1982. (장자 사상을 전체적으로 해석한 훌륭한 책)

憨山 지음, 오진탁 옮김. 『감산의 莊子 풀이』 서울: 서광사 1990.

金谷 治(가나야 오사무). 『莊子』(第1冊) 東京: 岩波文庫, 1971.

林錦鸞. 『莊子內篇發微』 臺北: 文津出版社, 1979.

리우샤오간(劉笑敢), 최진석 옮김. 『莊子哲學』 서울: 소나무, 1990. (이 책의 원본 일부는 영역됨. 앞에 나온 Liu 참조.)

阿部吉雄(아베 요시오).『莊子』東京: 明德出版社, 1968.

赤塚 忠(아카츠카 타다시).『莊子』東京: 集英社, 1974, 1977.

안동림 역주.『莊子』서울: 현암사, 1993.

오강남 풀이.『도덕경』서울: 현암사, 1995.

李康洙.『道家思想의 硏究』서울: 高麗大學校 民族文化 硏究所, 1985(재판)

이현주.『장자 산책』서울: 다산글방, 1996. (목사인 저자가 기독교적 시각에서 해석한 훌륭한 해설서)

錢穆(치엔무).『莊子纂箋』香港: 東南印務出版社, 1951, 1963.

찾아보기

로마자 찾아보기